温道撷萃

思想的自觉

严晓辉 温铁军 主编

东方出版社
The Oriental Press

图书在版编目（CIP）数据

温道撷萃：思想的自觉／严晓辉，温铁军主编. --北京：东方出版社，2025.8
ISBN 978-7-5207-3960-3

Ⅰ.①温… Ⅱ.①严…②温… Ⅲ.①农业经济发展—研究—中国 Ⅳ.①F323

中国国家版本馆 CIP 数据核字（2024）第 099259 号

温道撷萃：思想的自觉
（WENDAO XIECUI: SIXIANG DE ZIJUE）

主　　编：	严晓辉　温铁军
责任编辑：	李　烨　李子昂
出　　版：	东方出版社
发　　行：	人民东方出版传媒有限公司
地　　址：	北京市东城区朝阳门内大街 166 号
邮　　编：	100010
印　　刷：	华睿林（天津）印刷有限公司
版　　次：	2025 年 8 月第 1 版
印　　次：	2025 年 8 月第 1 次印刷
开　　本：	660 毫米×960 毫米　1/16
印　　张：	20.5
字　　数：	264 千字
书　　号：	ISBN 978-7-5207-3960-3
定　　价：	72.00 元
发行电话：	（010）85924663　85924644　85924641

版权所有，违者必究
如有印装质量问题，我社负责调换，请拨打电话：（010）85924602　85924603

《温道撷萃》书稿编写组成员信息

温铁军

　　著名"三农"问题专家，省部级顾问和政策咨询专家，西南大学乡村振兴战略研究院（中国乡村建设学院）首席专家、执行院长，福建农林大学乡村振兴研究院院长，海口经济学院特聘教授，国家环境咨询委员会委员，中国邮政储蓄银行独立非执行董事。代表著作有《八次危机》《全球化与国家竞争》《去依附》等。

董筱丹

　　中国人民大学农业与农村发展学院、可持续发展高等研究院副教授

杨　帅

　　北京理工大学人文与社会科学学院副教授

严晓辉

　　岭南大学文化研究及发展中心研究员

刘健芝

　　岭南大学文化研究及发展中心生态文化部主任

薛　翠

　　西南大学中国乡村建设学院副教授

张艺英

　　西南大学乡村振兴战略研究院讲师

何志雄

　　国仁乡建社企联盟数字总监，国际金融与政治经济学研究者

逯　浩

　　新疆大学政治与公共管理学院副教授

何慧丽

中国农业大学人文与发展学院教授

潘家恩

西南大学乡村振兴战略研究院（中国乡村建设学院）副院长、教授

张兰英

北京慈海生态环保基金会联合创始人、北京行动源科技有限公司负责人

张孝德

中共中央党校（国家行政学院）社会和生态文明教研部教授

孙 恒

CCTV 17 乡村振兴观察员，乡村民谣音乐人，北京爱故乡文化发展中心副总干事

刘 忱

中共中央党校（国家行政学院）社会和生态文明教研部教授

高 俊

云南省楚雄彝族自治州禄丰市人民政府副市长

邱建生

福建农林大学乡村建设中心副主任、硕士生导师，北京晏阳初平民教育发展中心总干事

王 平

中国经济体制改革杂志社《改革内参》执行主编

杨殿闯

江苏海洋大学乡村振兴学院副院长，连云港市"党建引领富民兴村"研究院院长

目 录

"国仁文丛"（*Green Thesis*）总序 ·················· 001
序　言　"反者道之动也" ·················· 温铁军 / 013

第一部分
天下沧桑，家国叙事

沧桑巨变与家·国·天下
　　——中国可持续经验与启示 ·················· 董筱丹 / 033
乌卡时代（VUCA）的微观变革与世界体系变化
　　——中国特色社会主义政治经济学中的主权
　　外部性问题 ·················· 杨　帅 / 063
三生态视野下的新经济 ·················· 严晓辉 / 072
引重致远　以利庶民 ·················· 刘健芝 / 087
南方觉醒与突围 ·················· 薛　翠 / 101
革命与建设的双重变奏
　　——关于中国近现代史的几个问题 ·················· 张艺英 / 114

第二部分

"三新"指导下的乡村振兴

数字经济时代的乡村建设 …………………… 何志雄 / 133
中道而立的话语构建 ………………………… 谌　浩 / 154
欠发达地区村社理性的社会学解读 …………… 何慧丽 / 168
"共情"之理解
　　——"实践—研究者"的乡村建设叙述尝试 …… 潘家恩 / 187

第三部分

踏遍青山心未老：新时代乡建二十年

七十自述：乡建理论及其思想体系 …………… 温铁军 / 199
乡村建设　生生不息 …………………………… 张兰英 / 207
传承乡建精神、恪守乡建思维：探索再出发 … 张孝德 / 214
乡村建设中的社会创新 ………………………… 严晓辉 / 220
工友与城市社区 ………………………………… 孙　恒 / 227
工友之家：把握时代　再创辉煌 ……………… 刘　忱 / 230
乡村治理机制创新归纳 ………………………… 杨　帅 / 234
把历史作为方法的研究创新 …………………… 董筱丹 / 241
结合体制内工作反思乡建理论体系及其实践性 … 高　俊 / 249
乡建如何相见 …………………………………… 潘家恩 / 253

从全球化到在地化，一个老乡建人实践和认知的

  变迁 …………………………………………… 邱建生 / 263

理论本是灰色，生命之树长青 ………………… 王　平 / 269

传统平原农区乡村振兴路径探索与创新 ………… 杨殿闯 / 280

第四部分
做好中国研究，构建文化软实力

做好中国研究，讲好中国故事 ………………… 温铁军 / 289

知识生产的历史观与现实困境 ………………… 张艺英 / 307

生命总会自己寻找到出路 ……………………… 何志雄 / 311

构建自主知识的一般路径 ……………………… 杨　帅 / 318

"国仁文丛"(*Green Thesis*) 总序

因为有话要说，而且要说在我们团队近期系列出版物的前面，① 所以写总序。

我自20世纪60年代以来从被动实践中的主动反思，到80年代以来主动实践中的主动反思，经两个"11年"在不同试验区的历练，② 加之后来广泛开展的国内外调查和做区域比较研究时已经过了知天命之年……自忖有从经验层次向理性高度升华的条件，便先要求自己努力做到自觉地"告别百年激进"，③ 遂有21世纪以来从发起社会大众参与改良、对"百年乡建"(rural reconstruction)之言行一致地接续，而渐趋达至"国仁"思想境界，亦即一般学人必须"削足"才能跟从制度"适履"，但只要纳入主流就碍难达到的"实践出真知"。

因此，我在2016年暑假从中国人民大学退休之际，要求为今后

---

① 这几年我们会有十几本书分别以不同作者、不同课题成果的名义问世。这些出版物都被要求做单独的"成果标识"。但我们实际上要做的仍然是这几十年的经验归纳总结和理论提升，"实事求是"地形成"去意识形态化"的话语体系。由此，就需要为这个分别标识的系列出版物作个总序。

② 参见即将出版的《温铁军自述——难得5个11年》（暂定名），其中对20世纪80—90年代在官方政策部门开展农村改革试验区工作及21世纪启动以民间为主的新乡村建设试验区，分别作为两个11年的经历予以归纳。

③ 参见温铁军：《告别百年激进》，东方出版社2016年版。这是我2004—2014年这11年演讲录的上卷，主要是与全球化有关的宏大叙事和对宏观经济形势的分析，甫一出版即被书评人排在当月优选10本财经类著作的第一位。

几年的一系列出版物担纲作序，也主要是想明了指出"国仁文丛"是何词何意，亦即这个丛书是个什么思路和内涵。

一、释义之意

"国"者，生民聚落之域也。"上下五千年"是中国人开口就表露出来的文化自豪！就在于，人类四大文明古国除了中华文明得以历经无数朝代仍在延续之外，其他都在奴隶制时代以其与西方空间距离远近而递次败亡。由此看中国，唯其远在千山万水之隔的亚洲之东，尤与扩张奴隶制而强盛千年的西方相去甚远，且有万代众生勉力维护生于斯而逝于斯之域，"恭惟鞠养，岂敢毁伤"，兹有国有民，相得益彰。遂有国民文化悠久于国家存续之理，更有国家历史传承于国民行动之中。

"仁"者"爱人"，本源于"仁者二人也"。先民们既受惠于光风水土滋养哺育的东亚万年农业，又受制于资源环境只能聚落而居，久之则族群杂处，而需邻里守望、礼义相习，遂有乡土中国仁学礼教上下一致维系大一统的家国文化之说，于是天下道德文章唯大同书是尊。历史上每有"礼崩乐坏"，随之社会失序，必有"国之不国，无以为家"。是以，"克己复礼为仁"本为数千年立国之本，何以今人竟至于"纵己毁礼为恶"……致使梁漱溟痛感"自毁甚于他毁"的现代性为表、横贪纵欲为里之巨大制度成本肆无忌惮地向资源环境转嫁而致人类自身不可持续！

据此可知我们提出"国仁"思想之于文丛的内涵：

中国人历史性地身在三大气候带覆盖、差异显著的复杂资源地理环境下，只有以多元文化为基础的各类社会群体兼收并蓄、包容共生，才能实现并绵延中华文明数千年的历史性可持续。

这个我们每个人都身处其中的、在亚洲原住民大陆的万年农业文明中居于核心地位的"群体文化"内核,也被《周易》论述为"一阴一阳之谓道",进而在漫长的文化演进中逐渐形成了极具包容性的、儒道释合一的体系。①

由是,在21世纪初重启中国乡村建设运动之后,我们团队试图把逐步从实践中厘清的近代史上的乡建思想,寻源上溯地与先贤往圣之绝学做跨时空结合,将其归纳为人类在21世纪转向生态文明要承前启后的社会改良思想。②

是以,"道生万物,大德中庸。上善若水,大润民生。有道而立,大象无形。从之者众,大音希声"③。此乃百年改良思想指导下的乡村建设运动之真实写照。

基于这些长期实践中的批判性思考,我们团队认同的"国仁文丛"的图形标志,是出土的汉代画像砖上那个可与西方文明对照的、扭合在一起的蛇身双人——创造了饮食男女,人之大欲的女娲,只有和用阴阳八卦作为思想工具"格物致知"了人类与自然界的伏羲有机地合为一体,人类社会才会自觉与大自然和谐共生并繁衍下去。蛇身双人的扭结表明,中国传统思想中的物质与精神的自然融合,既得益于多样性内在于群体文化规范而不必指人欲为"原罪"而出

---

① 最近10年一直有海内外学者在研究乡建。国外有学者试图把中国乡建学者的思想上溯归源到老子或孔子,国内也有人问我到底偏重晏阳初还是梁漱溟,还有很多人不理解梁漱溟晚年由儒家而佛家的思想演变。其实,我们从来都是兼收并蓄,在儒道释合一的顶天立地和五洲四海的融会贯通之中形成乡建思想。因此,这些海外研究者的关注点对我们来说本来就不是问题。

② 本文丛并非团队的全部思想成果,但在"国仁文丛"设计之前的成果没法再纳入进来,只好如此。

③ 这些年,我一直试图对承上启下的在中国乡村建设运动中形成的国仁思想做归纳,遂借作序之机凝练成这段文言,意味着国仁追求的是一种"大道""大润""大象""大音"的思想境界。

伊甸园,也不必非要构建某一个派别的绝对真理而人为地分裂成唯物与唯心这两个体系,制造出"二元对立结构"的对抗性矛盾。

此乃思想理论意义上的"国仁"之意。

行动纲领意义上的"国仁",十多年前来源于英文的"green ground"。

我们搞乡村建设的人,是一批"不分左右翼,但分老中青"的海内外志愿者。① 大家潜移默化地受到"三生万物"道家哲学思想影响,而或多或少地关注我自20世纪90年代以来坚持的"三农"问题——农业社会万年传承之内因,也在于"三位一体":在于农民的生产与家庭生计合为一体,在于农村的多元化经济与自然界的多样性合为一体,在于农业的经济过程与动植物的自然过程合为一体。

据此,我们长期强调的"三农"的三位一体,在万年农业之乡土社会中,本来一直如是。告别蒙昧进入文明以来的数千年中,乡村建设在这个以农业为基础繁衍生息的大国,历来是不言而喻之立国之本。

据此,我们长期强调的三位一体的"三农",本是人类社会转向生态文明必须依赖的"正外部性"最大的领域,也是国家综合安全的最后载体。

中国近代史上最不堪的麻烦,就在于激进者们罔顾"三农"的"正外部性",把城市资本追求现代化所积累的巨大"负外部性"代价向乡土中国倾倒!于是,我虽然清楚"三农"本属于三位一体,但也曾经在20世纪90年代末期和21世纪最初十年特殊强调"'三农'问题农民为首",主要是因为那个时期的形势严重地不利于农民这个世界最大的弱势群体。实际上,也就是在做这种特殊强调而遭

---

① 中国乡建运动之所以能够延续百年而生生不息,乃在于参与者大抵做到了思想和行动上都"去激进",不认同照搬西方的左右翼搞的党同伐异。

遇各种利益集团排斥的困境中,我才渐行渐知地明白了前辈的牺牲精神。大凡关注底层民生的人,无论怀有何种政治诉求、宗教情怀和文化旨趣,总难免因慈而悲、因悲而悯,也因此,其在中国百年激进近现代史中,也就难免"悲剧意义"地、历史性地与晏阳初的悲天悯人[1]、梁漱溟的"妇人之仁"等,形成客观的承继关系。据此看,20世纪初期的"乡建派学者"也许应该被归为中国最早的女性主义者。[2] 我们作为继往开来的当代乡村建设参与者,有条件站在前辈肩上高屋建瓴、推陈出新,不仅要认清20世纪延续而来的中国"三农"困境,而且要了解21世纪被单极金融资本霸权强化了的全球化真相,及发达国家向发展中国家转嫁巨大制度成本的制度体系。这个今人高于前人的全球视野,要求我们建立超越西方中心主义意识形态的世界观和宏大叙事的历史观,否则,难以引领当代乡村建设运动,遑论提升对本土问题的分析能力。

从2001年中央主要领导人接受我们提出的"三农"问题这个难以纳入全球化的概念以来,即有一批志愿者着手复兴百年传承的"乡村建设"。部分年轻的乡建志愿者于2003年在距北京大约300公里之遥的河北翟城村开始了新时期乡建,一开始根本就没有外部资金投入和内部管理能力。因为这种以民间力量为主的社会运动无权无钱,很大程度要靠热血青年们艰苦奋斗。那,年轻人激情四射地创了业,也激情四射地生了孩子,老辈们就得跟上支持和维护。十

---

[1] 参阅温铁军:《"三农"问题与制度变迁》,中国经济出版社2009年版。记得一位学者型领导曾语重心长地告诫我:农民在现代化的大潮中挣扎着下沉,就剩下两只手在水面乱抓。你的思想无所谓对错,只不过是被溺水者最后抓住的那根稻草,再怎么努力,也不过是落得跟着沉下去的结局……

[2] 乡建前辈、学者梁漱溟因在1953年与毛泽东激辩合作化问题而被后者批为"妇人之仁"。据此,梁漱溟可以被认为是中国20世纪50年代的早期女性主义者。尽管在实事求是的态度面前,贴上何种类别的标签并不重要,但如果这是当代学者们的本能偏好,也只好任由其是。

多年来，有一句低层次的话多次被我在人生低潮的时候重复：存在就是一切。只要我们在随处可见的主流排斥下仍然以另类的方式存活下去，就证明了超越主流的可持续性。我们在最开始就觉得，应该给这个社会广泛参与的乡建运动将来可能形成的可持续生态系统，提出一个可以做国际交流的概念，一个符合21世纪生态文明需要的、大家可以共享的名号。于是我们就跟海外志愿者们商量，提出了这个英文概念"green ground"，若直译，就是"绿色大地"；若意译，则是"可持续基础"，如果把直译与意译结合起来考量，那就是"国仁"。有国有仁，方有国人国祚久长不衰。

从十多年来的乡建工作看，这三个意思都对路。

二、文丛之众

俗话说，三人为众。子曰："三人行，必有我师焉。择其善者而从之，其不善者而改之。"如此看文丛，乃众人为师是也。何况，我们在推进乡村建设之初就强调"去精英化"的大众民主。①

前几年，一直希望整个团队愿意理解我试图"让当代乡建成为历史"的愿望，尤其希望大家能够结合对近代史中任何主流都激进推行现代化的反思，主动地接续前辈学者在20世纪初开始的乡村建设改良运动，在实际工作中不断梳理经验教训。或可说，我"野心勃勃"地企图把我们在21世纪初启动的新乡建运动，纳入百年乡建

---

① 关于精英专政与大众民主的分析，请参阅《人间思想第四辑：亚洲思想运动报告》，人间出版社2016年4月版，第2—19页。

和社会改良史的脉络。诚然，能够理解这番苦心的人确实不多。①

这几年，我也确实算是把自己有限的资源最大化地发挥出来，将乡建志愿者中有理论建设能力的人在其获取学位之后，推荐到设有乡建中心或乡建学院的不同高校，尽可能在多个学科体系中形成跨领域的思想共同体。目前，我们在海内外十几个高校设有机构或合作单位，有数十个乡村基层的试点单位，能够自主地、有组织有配合地开展理论研究和教学培训工作，立足本土乡村建设的"话语体系"构建，已经开始收获丰硕成果。②

总之，我们不仅有条件对21世纪已经坚持了15年的"当代新乡建"做个总结，而且有能力继承和发扬20世纪前辈们所做的乡村建设事业。

我们团队迄今所建构的主要理论创新可以表述为以下五点。

一是人类文明差异派生论：气候周期性变化与随之而来的资源环境条件改变对人类文明差异及演化客观上起决定作用。据此，人类文明在各个大陆演化的客观进程，至少在殖民化滥觞全球之前应是多元化的，不是遵循在产业资本时代西方经典理论家提出的生产

---

① 近年来，我不断在乡建团队中强调对乡建经验的归纳总结要尽可能提升到理性认识高度，并且要努力接续百年乡建历史，并带领团队申报了一批科研项目。那么，要完成科研任务，就要花费很多精力。对此，一些长期从事乡村基层工作，必须拿到项目经费才能维持单位生存，也就来不及形成理论偏好的同人难以接受，甚至有些意见相左之人表达了误解、批评。这本来不足为怪，对批评意见也不必辩解。总体上看，大乡建网络的各个单位还是积极配合的。但，考虑到这些批评说法将来可能会被人拿去当某些"标题党"的报道和粗俗研究者的资料，因此，我才不得不以总序的方式让相对客观些的解释在各个著述中都有起码的文字依据——尽管这些话只是简单地写在脚注中。

② 国内有中国人民大学、中国农业大学、国家行政学院、清华大学、重庆大学、华中科技大学、北京理工大学、上海大学、西南大学、福建农林大学、香港岭南大学，海外有英国舒马赫学院、美国康奈尔大学，近期正在形成合作的还有国际慢食协会的美食科技大学（意大利）等。

方式升级理论而展开的。这个理论有助于我们构建不同于主流的生态化历史观。

二是制度派生及其路径依赖理论：不同地理条件下的资源禀赋和要素条件，决定了全球化之前人类文明及社会制度的内生性与多元性，也决定了近代史上不同国家现代化的原始积累（东西方差异）途径，由此形成了不同的制度安排和体系结构，并构成其后制度变迁的路径依赖。这也成为我们开展国别比较和区域比较研究的重要理论工具。

三是成本递次转嫁论：自近代以来，在全球化所形成的世界体系中，核心国家和居于主导地位的群体不断通过向外转嫁制度成本而获取收益，得以完成资本原始积累、实现产业资本扩张和向金融资本跃升，广大发展中国家及其底层民众则因不断被迫承受成本转嫁而深陷"低水平陷阱"难以自拔。当代全球化本质上是一个因不同利益取向而相互竞争的金融资本为主导、递次向外转嫁成本以维持金融资本寄生性生存的体系。在人类无节制的贪欲面前，最终承担代价转嫁的是"谈判缺位"的资源和生态环境，致使人类社会的可持续发展问题迫在眉睫。

四是发展中国家外部性理论：二战后绝大多数发展中国家都是通过与宗主国谈判形成主权，这可以看作一个"交易"。任何类型的交易都有信息不对称带来的风险，因转嫁交易范围之外的经济和社会承载而为外部性问题，任何信息单方垄断都在占有收益的同时对交易另一方做成本转嫁，由此发展中国家谈判形成主权必有负外部性，导致难以摆脱"依附"地位。但，越是一次性博弈，风险爆发造成谈判双方双输的可能性就越大，发达国家在巧取豪夺巨大收益的同时，其风险也在同步加剧。

五是乡土社会应对外部性的内部化理论：中国作为原住民人口

大国中唯一完成工业化的国家，其比较经验恰恰在于有着几千年"内部化处理负外部性"的村社基础，其中的村社理性和政府理性构成中国的两大制度比较优势。政府同样是人类制造出来但反过来统治人类自身的成本高昂的异化物！遂有政府与资本相结合激进推进现代化之后产生的严重的经济、社会、文化、资源、环境等负外部性问题，这些问题成为中国可持续发展的严重障碍，因此才有如此广泛的民众愿意参与进来，以期通过乡村建设使"三农"仍然作为中国危机"软着陆"的载体。

以上五点核心思想，主要体现于我们基于"本土化"和"国际化"两翼而展开的以下五个领域的研究工作中。

一是应对全球化的挑战。在资本主义三阶段——原始积累阶段、产业资本扩张阶段和金融资本阶段，核心国家/发达国家总是不断以新的方式向外转嫁制度成本，乃是全球化给广大发展中国家、给资源环境可持续带来的最大挑战。这个思想作为全球宏观背景，在我们的主要课题研究中都有所体现，也发表在我们关于全球资本化与制度致贫等一系列文章中。

二是发展中国家比较研究。团队与联合国开发计划署合作，构建了"南方国家知识分享网络"，开展了"新兴七国比较研究"和"南方陷阱"等关于发展中国家的深入研究。目前正在进行比较研究的新兴七国包括中国、巴西、印度、印度尼西亚、委内瑞拉、南非、土耳其。已经发表了有关文章和演讲，两部专著也在起草和修改之中。

三是国内区域比较研究。中国是个超大型国家，各区域的地理条件和人文环境差异极大，对各区域的发展经验进行研究、总结和归纳，是形成整体性的"中国经验"并建立"中国话语"的基础。团队已经完成了苏南、岭南、重庆、杭州、广西左右江、苏州工业园区等不同地区的发展经验的分析，并发表了多篇文章，形成的专著也获得多项国家级、省部级出版奖和科研奖。

四是国家安全研究。国家综合安全是当前"以国家为基本竞争单位的全球化"面临的最大挑战。基于国际比较和历史比较，团队研究表明了中国共产党通过土地革命建立政权与其利用"三农"内部化应对经济危机之间的关系——从历史经验看，新中国在其追求"工业化+城市化=现代化"的道路上，已经发生了九次经济危机，凡是能动员广大农村分担危机成本的，就能实现危机"软着陆"，否则就只能在城市"硬着陆"。团队正在开展的研究是以国家社科基金重大项目为依托的，探讨如何从结构和机制上改善乡村治理以维护国家综合安全。

五是"三农"与"三治（县、乡、村三级治理结构）"研究。我们自提出"三农"问题并被中央领导人接受之后，用了十多年的时间来研究乡村"三治"问题（指县治、乡治、村治）。自20世纪80年代农村去组织化改革以来，作为经济基础的"三农"日益衰败，而作为上层建筑的"三治"成本不断上推，二者之间的错配乃至哲学意义上的冲突日益加剧！其结果，不仅是农村大量爆发对抗性冲突，陷入严重的不可持续困境，还为生态环境、食品、文化等方面"贡献"了诸多问题。比形成对问题的完整逻辑解释更难的，是我们如何打破这个"囚徒困境"。也因此，任何层面上的实践探索都难能可贵，即使最终被贴上"失败"的标签，也不意味着这个堂吉诃德式的努力过程不重要，更不意味着这个过程作为一种社会试验没有记录和研究价值。

综上，"大乡建"体系之中从事研究的团队成员众多，且来去自由，但混沌中自然有序，我认为团队在这五个领域的思想创新，在五个方面所做的去西方中心主义、去意识形态的理论探索，已经形成了"研究上顶天立地，交流上中西贯通"的蔚然大观。仅这个"国仁文丛"的写作者就有数十人，参与调研和在地实践者更无以计数，收录的文字从内容到形式都有创新性，但也都不拘一格。如果从我20世纪80年代就职于中共中央书记处农村政策研究室（简称"中央农研室"）做"农村改革试验区"的政策调研和国内外合作的理论研究算起，我们脚踏实地开展理论联系实际的科研实践活动已经数十年了。其间，团队获得了十多项国家级"纵向课题"和数十项"横向课题"，获得了十几项省部级以上国内奖以及一项海外奖。在高校这个尚可用为"公器"的平台上，我们团队通过这些体现中国人民大学"实事求是"校训的研究和高校间的联合课题调研，已经带出来数百名学生，锻炼了一批能够深入基层调研，并且能够有过硬文章发表的人才，也提高了分散在各地城乡的试验区的工作水平。

由此看，虽然当代大乡建由各自独立的小单位组成，看上去是各自为政的"四无"体系——无总部、无领导、无纪律、无固定资金来源，却能"聚是一团火，散是满天星"，做出了一般有海外背景或企业出资的非政府组织"做不到、做不好，做起来也不长久"的事业。诚然，这谈不上是在赞誉我们团队的治理结构，因为各单位难免时不时发生各种内部乱象。但，乡建参与者无论转型为NGO（非政府组织）还是NPO（非营利组织），都仍愿意留在大乡建之中。否则，再怎么干得风生水起，也难以靠自己的思想水平形成"带队伍"的能力！因此，乡建改良事业得以百年传承的核心竞争力，恰在于"有思想创新，才能有人才培养，才有群体的骨干来带动事业"。君不见：20世纪乡村建设大师辈出，试验点竟以千数；21世纪新乡建则学者咸从，各界群众参与者数以十万计！

这就是大众广泛参与其中的另一种社会历史……

由此看到：以发展中国家为主的"世界社会论坛"（World Social Forum）打出的口号是"另一个世界是可能的"（another world is possible）；而在中国，我们不习惯提口号，而是用乡建人的负重前行在大地上写下"另一个世界就在这里"（another world is here）。

人们说，20年就是一代人。从2001年算起，我们发扬"启迪民智，开发民力"的前辈精神，在新世纪海内外资本纵情饕餮、大快朵颐中勉力传承的"大乡建"，作为大众广泛参与的社会改良事业已经延续15年了！再坚持5年，就是一代人用热血书写的历史了。

作为长期志愿者大家都辛苦，也乐在其中！吾辈不求回报，但求国仁永续。唯愿百年来无数志士仁人投身其中的乡建事业，在中华文明的生生不息中一代代地传承下去。

以此为序，上慰先贤；立此存照，正本清源。

温铁军

丙申年甲午月

公元二〇一六年六月

序 言
"反者道之动也"

温铁军

用道家思想中的辩证表述做本书序言的标题,是开宗明义地表明我们的态度:对内部的不同意见,应以"水善利万物而不争"的态度来互勉;对外部各类批评,则遵"反者道之动"[①] 而持包容、顺其自然的态度。

此书之名《温道撷萃》,本来是个"群名",来源于网上愿意跟我读书讨论的"云学生"自发组建的学习讨论群。

以这样的名义组群的原因,主要在于近代史上的读书人早就不能"两耳不闻窗外事",虽然我们不认同"阴谋论",但 20 世纪 90 年代公用事业市场化大潮之下,教育、医疗、文化、科研等与精神文明直接相关的领域都被裹挟其中,有谁能躲得开依附于西化制度神坛优越地位的"精英群体"借"赛先生"和"德先生"之名抽取社会大众利

---

① 出自老子《道德经》第四十章"反者道之动,弱者道之用。天下万物生于有,有生于无"。

益的"结构洞"①？由此，我们不得不尽可能形成自我组织化以提高能力，这相当于形成了具有一定自主、抗衡地位的"结构洞"。唯其如此，我们才能规避在网络社会中不自觉地被"带节奏"带进沟，还乐在污泥浊水中不自知的恐怖境遇。

实际上读书人和大众一样，都不得不面对大环境的变幻莫测：一方面我们身处的世界正处在从经济全球化走向区域化的"风高浪急"之中，而中国则被动遭遇美国等西方国家封锁打压而不得不考虑把应对"惊涛骇浪"当作"极限思维"！另一方面，在这个"历史上前所未有之大变局"中，某些附庸西化意识形态的流量"大V"博眼球、蹭流量，舆论场粗俗不堪且杂乱无章地演化成了无道江湖。诚然，各种媒体和网络平台上熙熙攘攘背后少不了海内外意识形态及情报部门策划出来的联合作祟……这也是全球软实力竞争之下本土话语长期居于弱势地位的一个重要原因。

瓦釜雷鸣而心存大吕，力尽筋疲仍志在千里。所幸中华民族从不缺乏年轻人奋起一搏唤起广大民众壮志热血的历史经验！当前，我们的知识也能够或多或少地借助网络传播被各界低成本应用而得到"广招天下英才而教之"的条件。由此而组建的"温道撷萃"及几年来满员运行的客观过程，也体现了我20世纪90年代发起乡建行动之夙

---

① 我们身处其中的网络社会形成了很多个体机会，但不可能弱化强势与弱势群体的位差。伯特（Burt，1992）在《结构洞：竞争的社会结构》一书中提出的"结构洞"理论（Structural Holes）认为，个人在网络的位置比关系的强弱更为重要，其在网络中的位置决定了个人的信息、资源与权力。因此，不管关系强弱，如果存在结构洞，那么将没有直接联系的两个行动者联系起来的第三者拥有信息优势和控制优势，这样能够为自己获取多的服务和回报。因此，个人或组织要想在竞争中保持优势，就必须建立广泛的联系，同时占据更多的结构洞，掌握更多信息。

愿——对应着一派黄钟毁弃而在心里认定的"吾辈当中道而立,臂非加长也,而从之者众"!

足以告慰先辈的是,这些年里大批年轻人得以借助"温道撷萃"这个云学生读书群的讨论交流而内外兼修——既然要研究真问题就要坐得住自家冷板凳;既然要应对国家遭际的"惊涛骇浪"就需更重内修;既然要避开"带节奏"而忍得了门外污言秽语,就得常把"枯鱼之肆"当作外炼空间。唯其如此,才能在"大变局"之中坚持"大兴调查研究之风",才能做"格物"需要的范畴界定,才能坚持实事求是的严肃思想讨论实现"致知"。同期,我们在乡建领域坚持知识生产上"实践出真知"的认真,使得"温道撷萃"的参与者皆有不断深入讨论的基础,他们立足本土放眼世界的知识生产能力也有所增强。

2021 年在总结当代乡建二十年的会议上,我曾经说乡建应该体现的是"大音希声,大象无形"①。这种守拙内敛的传统文化内涵在乡建工作中至今仍体现着。既然云学生们参与"温道撷萃"读书群的内修外炼皆有所得,也就应该与广大群外之众做更多交流,因此便有了结集出版的必要性。

一、21 世纪乡建的寓教于行

我们这一代乡建人在 20 世纪末期重启了百年前的先贤们所开启的中国乡村建设运动(亦称"新乡建"行动),继承了清末民初开始的"启迪民智、开发民力"的社会改良活动,倏忽之间已经做了二十几年,称得上"一代人"了……

---

① 出自《道德经》第四十一章。

作为在乡建领域参与较多而既应该博采众长又必须究其所短的"知行合一"研究者,我在叙述经验教训之前,有责任先来厘清时空概念、分析背景与问题,以便后人研究中国人在这段多重演化历史中的乡建进程时,不至于简单化地跟随意识形态及作为其附庸的工具化理论体系,或止步于社会上流行的道德评价。

我们把20世纪80年代中期到90年代后期以官方名义做了十年的"农村改革试验区"单独划出来,作为有历史延续意义的乡村建设运动的不可或缺的一部分经验(类似民国时期中华职业教育社发起的徐公桥乡村改进实验区),与民间乡建适当加以区隔,留待今后有条件时对此再做深度论述。由此,可以把借民间力量重启当代乡建运动的时间,确定为世纪之交。此时,正是亚洲金融危机严重压抑国内外向型经济增长、同步造成金融机构不良率超过三分之一的危机爆发、农民负担超过收入的三分之一、社会群体性治安事件增多的时候,也是"国家八七扶贫攻坚计划"[①]与"农村税费改革"[②]等国家战略和重大改革项目收官之际。无论这些改革的实际执行效果被如何评价,我都殷切期望读者愿意客观地理解新乡建启动之时每个中国人身处其中的

[①] 1994年2月28日至3月3日,中华人民共和国国务院召开全国扶贫开发工作会议,部署实施"国家八七扶贫攻坚计划",要求力争到20世纪末最后的七年内,解决按1990年不变价格计算每户年人均收入在500元以下的全国8000万人口的绝对贫困问题。到2000年年底,农村尚未解决温饱问题的贫困人口减少到3209万人。参见《辉煌70年》编写组:《辉煌70年——新中国经济社会发展成就(1949—2019)》,中国统计出版社2019年版,第383页。

[②] 为了应对1997年亚洲金融危机连带暴露的国内银行坏账提升问题,尤其是要减少粮食购销在金融机构的占款及其造成的坏账,1998年国务院启动与金融改革配套的"全国粮食流通体制改革",随后2000年启动了"农村税费改革"。按照改革方案,农民共缴纳农业税及附加额为8.4%(其中农业税的比例为7%,农业附加为正税的20%),同时要求取消"三提五统"和任何搭车收费,不再承担其他任何收费。此项改革甫一提出,即有"黄宗羲定律"予以警示,其实施结果也不幸被言中。

复杂历史背景。

我认为，这种历史背景与前辈开展民国乡村建设运动所面对的复杂境遇，确有可比性。

……

由于1994—1997年国家以"三年软着陆"为名的大力度宏观紧缩，加之1997年亚洲金融危机造成1998年外需陡然下降，遂发生了主流力量推进"下岗分流减员增效"的国企改革与数千万职工同步下岗。此时，历史上多次承载城市失业压力的乡村，却因为千万乡镇企业大部分被动停产倒闭，遂面临内外需都缺失的双重困境：经济危机之下的财政赤字恶化和银行坏账高企[①]，从而使这个阶段无论怎样强调共同富裕的重要性，都不能缓解农民收入增速连续下降[②]，税费负担却随上层建筑高成本不可逆而不断抬升的内在矛盾。加之，长期以来农村基层刻意的"去组织化"倾向导致农民涣散弱小并缺少市场经济需要的议价的能力，其财产权益更是难以被市场化政策和口号维护，遂有农民负担不断加重而使贫富差别显著拉大。[③]

吾辈重启改良性质的乡建，就是知难而进：在世纪之交那种宏观、微观都跌入发展陷阱的局面之中，唯有勉为其难地尽可能缓解"三

[①] 黄益平、王勋：《读懂中国金融：金融改革的经济学分析》，人民日报出版社2022年版，第57页。

[②] 参见盛来运：《农民收入增长格局的变动趋势分析》，中华人民共和国农业农村部，http://www.moa.gov.cn/ztzl/zjnmsr/zslt/200508/t20050812_437506.htm，2005年8月12日。2024年4月7日访问。

[③] 邓小平是共同富裕大目标的提出者。他说："社会主义的目的就是要全国人民共同富裕，不是两极分化。""如果我们的政策导致两极分化，我们就失败了；如果产生了什么新的资产阶级，那我们就真的是走了邪路了。"[《邓小平文选》(第三卷)，人民出版社1993年版，第111页] 邓小平也是"两手抓、两手都要硬"的提出者。

农"困境：一方面，下基层的乡建志愿者的主要工作是以各种可能的方式（如帮助老年人学习健身养生知识、帮助妇女组建文艺队）"提高农民的组织化程度"；另一方面，在思想理论和政策研究领域的关键性突破，则是**力促 20 世纪 90 年代被实质性地忽略的"三农"问题历经曲折而被正式纳入领导人决策议事日程**……

"二十余年弹指一挥间！"

党中央从 2002 年确立"'三农'问题作为全党工作的重中之重"，到 2022 年把"十四亿多人口共同富裕"作为目标、明确提出中国式现代化的时候，21 世纪已走过第二个十年。这个阶段，我们看到最为深刻的战略调整，恰是自觉区隔西方中心主义发展观的乡村振兴与中国式现代化完全同步推进！①

欣慰之余，我也难免会多想，诚如梁漱溟先生所说的"乡村建设实非建设乡村，而在建设整个中国"；在艰难困苦中重启并且维系了二十多年的当代乡建，不仅延续而且丰富了中国"非主流"人群百年坚守的改良事业。但，以后还有没有人能再做下去？

我自 20 世纪 80 年代开始参与官方推进的"农村改革试验区"、从事技术性的项目监测评估工作，又在世纪之交自觉地成为重启以民间力量为主的乡建事业的骨干之一②，进而促成乡建成为各界人士广泛参与的社会运动；如此，是在大家的共同努力下使得乡建事业延续了两代人。

在世纪之交危机重重之际重启乡建事业的时候，我们就高度重视

---

① 党的二十大确立在 2035 年基本实现社会主义现代化、同年基本实现农业农村现代化，到 2050 年实现全面现代化、同年完成乡村全面振兴的目标。

② 我在谈及乡建的时候自称 Resource person，以此表明我的作用是尽可能地"利用旧体制发育新体制"。

跟中青年志愿者骨干们，乃至于跟海内外的朋友们，做系统性的思想交流。我们深知，若想让大众广泛参与这种明显具有另类特征的社会运动，则必须有某种相对深刻而稳定的思想基础，并且必须不断地有来自实践的创新努力向理论高度升华，才能螺旋式上升地丰富我们的指导思想，才能有动员力——在社会分化出的各种组织中，积极引导中国历史延续下来的乡建运动持续前行。

从可持续的角度来说，我们尤其强调对中青年知识分子的培养，特别是对学生骨干的培养。早在乡建团队把各地高校学生自动组织起来的"大学生下乡支农调研"活动纳入工作重点的2000年，就已经组织各地高校下乡支农学生中的社团骨干一起研修，很多青年人参加过由教师、农民、志愿者等多种群体组合举行的学习讨论，其中很多人虽然现在已经成为社会中坚，但至今还记得2001年的"杂志社"和2003年的"草场地"，把那时候的研讨会和工作坊作为提升自觉思考能力并进行有别于"西方中心主义"体系的知识生产的转折点……

可以说，21世纪乡建这二十多年，从一开始就体现了多元群体互动，这也一定会内生性地形成另类的思想觉悟。

当年担任"梁漱溟乡村建设中心"总干事的刘老石曾经说，"青年是用来成长的，而老师是用来牺牲的"。看着乡建团队人才辈出，我在欣慰之余，也曾经跟大家讲过：就算我现在走了，也已经可以告慰这个百年延续的社会改良事业了；不仅是告慰我们自己，也可以告慰乡建先贤。他们会知道，乡建事业已经后继有人并且可持续发展下去。

二、乡建不是NGO

借此成书出版之机，我觉得有必要做个分析：乡建不是NGO（非政府组织)。

最近这二十多年,中国出现很多海内外社会资本和慈善机构资助的NGO组织,我们对此无可厚非。但,我在大乡建发展中则刻意坚持不同于现代社会的"无领导、无总部、无纪律、无筹款人"的"四无"原则(各乡建单位根据需要可自行构建组织纪律约束),面向大众,带动社会广泛参与,避免乡建NGO化。

尽管如此,2003年开始在河北省定州市翟城村建立"翟城试验基地"的时候,我们也得去寻求各种资助,以应付实体机构每天吃喝拉撒睡的运行成本——这是大多数带着对弱势群体的感情来参与乡建的青年人几乎不愿意认真了解、在所谓经验讨论中也很少被涉及的重点——村委会委托给我们试点的40亩废弃校园是一个陈旧、破败的建筑群,连窗户都关不上。2003年7月"翟城试验基地"正式成立,很快就进入秋冬季节,寒风一起,住在学校里的志愿者们甚至得裹着棉被工作——我们就得想办法改善他们的生活条件,仅有热情而没经费,是很难搞基本建设的。所以,我们当时接触了一些团体和个人,得到了资助。但在渡过了最初的难关后,我们就觉得需要保持作为一个发展中国家的社会运动的自主性,乡建还是得靠自己,于是从2004年开春,年轻人开始在村委会委托的几十亩土地上开展生态农业、生态建造和种养循环等生态化试验,至少能满足大部分食物自给自足。

到2007年,这个办在村里的试验基地基本上可以做到财务平衡了。但接着,"翟城试验基地"于2007年4月12日停办。撤出之后,我们几个深度参与其中的老师就要求工作团队的年轻人认真总结经验教训,同时积极转型为"社会企业"。这不仅为2008年我们与北京市海淀区的农业部门合作兴办"小毛驴市民农园"(由乡建运动的志愿者创办的第一个社会企业)打下了思想基础,也是国仁乡建团队组建的缘起。

把年轻人为主的乡建团队改造成能够自食其力的社会企业之前，我们试图用自己的能力实现乡建团队的收入，例如我在海内外演讲获得的收入等，用来支撑国内民众投身的生态化事业。因此，我们提出了很多一般NGO组织所难以接受的提法，并试图在组织形式上也完全不同于社会上常规的现代民办非企业组织。也因此，才可以说我们不是NGO——试图用不是NGO的"社会企业"方式推进社会运动。当然，这个可持续生存方式不仅带动了更多的中青年加入，其实也带动了社会各界的广泛参与。

二十几年过去，传承前辈提出的"启迪民智、开发民力"为主的乡建事业跌宕起伏地演变成了一个在海内外都相对有些影响力的，并且在21世纪的现实条件下延续相对长时期而不衰败的社会改良运动。

三、乡建中的思想建设

为了让后人能够理解当代乡建人勉为其难的所作所为，我们就得结合实践经验做思想建设。变身为高校老师，恰是上天赋予我开展思想理论建设并且培养人才的机遇——正好是2003年我以"中国经济体制改革杂志社"的名义与河北省定州市东亭镇翟城村联合办起试验基地、我被推举为"院长"之后，2004年我被中国人民大学"人才引进"，担任了在原"农业经济系"基础上组建的"农业与农村发展学院"院长，这就相当于到官方和民间两个单位当院长，确实就有难得的机会兼容官民两个领域的内容。由此，我成了维持当代乡建运动的主要"资源人"（Resource person）之一，我既能给社会各界参与者上课，同时也能在高校组织教学和带研究生。于是，我从学校争取到"农业推广"专业硕士的市场化招生资格，有3年以上实践经验的参与乡建的骨干也有了读书的机会（一般是每年 2 人）；其中获得硕士学位者每年都可以报考博士（一般是每年 1 人）。由于这些乡建青年收入低，付不起学费，要靠资助才能完成学业，这就需要我不仅拿出自己的讲课费，还要尽量争取更多的课题立项；而我这样做，反过来又促使我们团队的科研涉及更为广泛的领域，更多立足于各地、各部门的需求开展实事求是的经验研究。而我在高校的这些年，和同属于乡建"资源人"的进步知识分子们一道，以这种做法带出来一批有学位的中青年乡建学者，他们分散在各地高校和单位，成为当代乡建运动可持续发展的基础力量。

与此同时，我到高校以后这二十年，又是网络体系渐次成为相对比较重要的思想文化传播力量的一个历史时期。乡建运动原来只是口头传播，偶尔也非常有限地借助传统媒体，比如电视、广播、报纸、杂志等。随着网络技术的更新速度加快，我们逐渐借助网络体系进行较为广泛的传播，带动了更多的社会各界人士参与到今天的乡村建设运动之中。无论相关的各类争议如何复杂，都是一个寓教于运——把教育蕴含在社会改良运动之中——的互动过程。因此，我很少转发肯定和赞扬的信息，但对看得到的有信息量的批判（无论其好恶背后是何种价值观）则大都会转发各群，意在自觉地打破我们身处其中的信息茧房。越是广泛包容，坚持不以争论的信条参与到网络江湖的戾气之中，就越是得到努力挣扎出激进对抗沼泽的社会各界认同。如今，我们乡建大团队形成的社会影响已然非常广泛，我们推出的内容累计有十几亿的点击量，得到数以千万计的粉丝关注。在网上有很多年轻人自称是我的"云学生"，无论怎样，我对他们都有一种开展交流、教化的责任。

四、百年变局与另类视野

在这种与时俱进的演变中,我也到了"人生七十古来稀"的年纪。如何使乡建改良运动可持续地延展下去,如何让本土话语构建作为指导思想不断完善并发挥作用,如何使更多的人形成思想自觉的能力……这些工作迫在眉睫。

何况 21 世纪的前两个十年本就波谲云诡,现在进入了第三个十年,更是历史上前所未有的大变局——全球化遭遇挑战、地缘政治格局加速分化的时代。

若在以往,西方中心主义的思想体系几乎毫无疑问地成为所有后发国家的主流思想,西方的所谓现代化发展经验毫无疑问也都成为我们要模仿的样板。

但在 21 世纪,从一开始就出现的大事件演化出一系列动荡,人们当然不会再简单地、粗俗地跟着以前被主流们高度认同的西方思想理论体系,也碍难再对所谓现代化经验亦步亦趋地照搬。越来越多的人开始质疑这些后发国家照搬西方中心主义形成的大量学术成果和教科书体系,乃至于对这些思想理论传播担责的专家学者。

这在 21 世纪愈益明显的金融资本全球化危机迭起大变局中就演化成为社会上影响广泛的大讨论。这个思想理论领域的重要现象,对于当代乡建,既是挑战也是机遇。这么说,是因为我很清楚地知道自己的弱点。实际上,从一开始进入高校,看到各个学院、学科的成体系的知识的时候,我直觉地认识到自己在这种规范化知识体系面前是个进退两难的门外汉:高校各学科划分好比是一个中规中矩的、种满了花卉和蔬菜的高档大棚,哪一畦种的是白萝卜、胡萝卜,哪一畦种的是白菜、辣椒,早已被分得清清楚楚,每一畦都有牌子,被不同的园丁维护着。然而,我过去本来是从事政策研究的,没有学科规范约束,就好比是只野猪,不知道胡萝卜和白菜到底应该归入哪个学科体系,当然是什么好吃就吃什么,不论何种学科学派,只要好用,拿了就用。现在则不同,既然已经身处高校,则一方面要梳理自己的经验归纳,将之适当地提升到理论高度并且做学科归类,另外一方面也得告诉大家实践中到底什么好吃,什么不好吃,或者什么情况下吃什么合适,而不能简单地按照只种胡萝卜的,或者只种白菜的园丁给定的规范解释去做从田间到餐桌的经验归纳。因此,我只能算是个杂食学者,既不是,也不想是"专家",现在被各种媒体说成专家实属无奈。

我从事的主要是政策及其运作机制的研究,本来就没有明确的学科限制。这个世界是复杂多样的,毛泽东当年在《矛盾论》中也重申了列宁的思想,即"马克思主义的最本质的东西,马克思主义的活的灵魂,就在于具体地分析具体的情况"。我们从事政策研究的人遇到任何关系国计民生的现实问题都需要实事求是地灵活处理,不可能遵循某个理论给定的学科规范。因此,一方面很多高校学科中学问功底扎实的老师,对我这种野路子不大认可,我当然应该予以充分理解,还得虚心学习,尊重其长期在某个学科耕耘所形成的知识体系;另一方面也得维持"实践是检验真理的唯一标准",我们从事乡村建设的试验工作,各地团队的科研活动主要是在非常复杂的地理气候条件下的成千上万平方公里土地上生活着的千差万别的社会群体之中进行,我们不可能拿某个学科化的单一知识体系的规律、理论,生搬硬套地解读千差万别的社会。

于是,一方面我们把能够使用的理论工具紧密地和社会实践结合;另一方面,我们在理论联系实际中产生的创新,也不断碰撞着这些学科规范化的知识,当然就碰撞出很多新知。这些新知要想提升为具有普遍性的理论,还需要多方面的包容与合作。即便不能被专家们包容,我们也得虚怀若谷地包容其反对意见。我们对于大众身处的社会经济发展等各种现象做出的逻辑解释,本来就立足于不同团队在基层工作中的经验归纳,据此尝试着返回各地工作中去寻找实际问题的解决办法。从这几十年运用于社会的客观需求来看,我们给出具有普遍性的解释逻辑,相对于西方舶来的代表"普世价值"的理论而言更为有效。

经历了这么多年,特别是在 2016 年我 65 岁正式退休不用再为这些被当作"科学"的学科体系承担责任之后,就想适当回避这些已经被确立了规范的学术讨论。当然,我也还是被其他的院校请去当老师,还是要承担一些参与学科建设的责任,并且在其他地方带的学生还得按照现行的学科规范来完成学业,这也是新的责任。于是,我就只好要求学生们先老老实实按照高校给定的规范学习考试,等到拿完了应该得到的那些学分成绩、毕业文凭,再回头把那些结合实践所形成的知识梳理出来。诚然,这样做太浪费年轻人的精力!

总之,参与乡建运动的、坚持实践出真知的研究者们不必理会网络江湖中那些本来就是蹭流量、博眼球的投机商;也不必在意学术界不同派系的批评,越多批评就越应该兼收并蓄。唯其如此,才能去粗取精、博采众长,形成有别于主流学术界的另类的讨论场域。

五、"温道撷萃"所体现的思想自觉

这本书是"温道撷萃"系列的第一本,其实就是这些年跟学生们不断交流的所思所想,我在学校任职期间本来也是每周都跟学生在一起讨论问题——大家在乡村实践和课题调研中提出的问题,在读书中看到的问题等,都在汇报、碰撞、交流中形成了多元化的讨论意见,每次相应的点评,也大都是既有现实意义又有理论价值的。

由于我们长期坚持紧密结合现实,客观上成为申请到课题很多、科研工作量很大的团队,由此我们也是发表量很大的团队,现在仍然不断地有国家级课题申报成功,也继续形成更多研究积累。近十年来我们团队已经陆续出版了十多本书,总共有300多万册的销量,比较有代表性的是《八次危机》,已有100多万册的销量,此外粗略估算还有几十万册"盗版书"……编辑组的年轻人告诉我:学术著作能超过5万册的印数就已经算是畅销书了,能卖上百万册是罕见的。这本书的英文版叫 Ten Crises(十次危机),也得到了 Springer Nature(施普林格·自然出版集团)颁发的"中国新发展奖"[①]。我们的其他著作也获得多种奖项。有的得到了农业农村部科技进步奖一等奖,有的得到了教育部人文社会科学奖,还有的得到了北京市教育教学优秀成果奖等。我们提交的智库报告和政策建议被采纳的也很多。这些都证明我们这个和实践紧密结合的科研团队确实是认真做理论见之于实践的研究,形成了思想创新、理论创新的能力。

最近几年,我们在不断推出学术探讨和经验归纳的成果发表的同时,每年都要在一起交流讨论。相当于从过去在学校召开学生例会到现在形成国内各种调研、国际比较研究的成果;总之,一直坚持着带动大家开展广泛的多样化的思想讨论。

特别是身处变幻莫测的网络时代,我们每个人在人工智能和数字技术迭代加速度地翻新面前都无处遁形,只能奋发图强地加强学习,以便用其所长,避其所短。近年来越来越多的社会上的青年学者和云

---

① 我已经支付了此书的版权费,任何人都可以免费下载。

学生从网上得到我们的网课和视频、音频，对大家形成思想自觉的能力有很大的帮助，于是大家纷纷加入交流。我们团队在国内影响最大的《八次危机》，在海外也有各种自发组织起来的读书会。我们就借助网上读书会带动的参与者，共同讨论对这些成果学习的体会，提出建议和补充。我甚至希望借此做一种类似"开放源代码"的著述修订，发动各界读者和研习者自愿参与修改过程，只要愿意对书中涉及的某个观点提出质疑或修改，并且有理有据地完成更为得体的逻辑建构，就可以添加补充到原著之中，再发布到修改者参与讨论的网上。这其实是集思广益地更新科研成果，如果可以被责任编辑纳入书稿，岂不是社会参与式的思想理论创新。若把这些讨论集思广益地结合在一起，也可以直接变成一个系列的"温道撷萃"。希望这些努力能使中国乡村建设这个社会各界群众广泛参与，并且和国家的乡村振兴战略相吻合的可持续发展活动得以延续下去。也希望大家一起讨论形成的归纳总结，进一步提升为有理论高度的指导思想，在未来的活动中发挥应有的作用。

由于大部分后发国家以往接受的主要是西方中心主义的思想理论体系，这套理论体系面对后全球化大变局缺乏解释力，因此，后发国家一方面难以形成有力的话语体系；另一方面，越来越多的人被信息茧房控制着，网络信息来源是有局限的，甚至是被筛选过的——有资料表明，AI需要投喂已经输入网络的信息使之能够自我学习，而这个世界范围内的信息体系90%以上是以英语构成的，东亚语言只有大约2%。若然，则大多数发展中国家、大多数非英语体系的人很难有条件形成可被传播的表达。这恐怕是网络时代一种内生性的、更为严峻的话语排斥……

因此，人们在西方中心主义思想体系中不能得到自我解放的条件，这种压力之下人们往往因被信息茧房包围而产生各种因不解派生出的各样情绪，比如烦躁进一步演变成某些社会戾气。人们越是面对这种困境，就越是急于寻求突破。尤其这一代年轻人形成知识的过程正是在一个社会剧烈变化的时代，原来的传统知识体系无论源自哪个政治派别、哪种意识形态，都很难让他们全心认同和全意跟从。有点年纪、经历比较复杂的这一代人也有同感，在过去一个阶段形成的这些思想理论已经越来越难以让人们听了以后就心服口服。这也许是各种被泛化的"卷"泛滥成灾的内因之一。

在戾气弥漫、"卷"气包围与不可能突破信息茧房的共同作用之下，社会压抑程度受内生性相互加压的作用越来越明显。要么压力积累到可能被任何一个荒唐的理由引燃自爆，要么就需引导性地使得各类创新的努力能够有空间做突破性释放。

现在的这种氛围中，乡建各类参与者做的理论和实践结合的这种努力是有积极意义的。为了保护积极性，我们不会限制任何人表达他的观点、思想；但在这个"自愿加入，自由退出"的平台上，也请允许我们既不回应各类批评，也不掺和任何热点炒作。

诚然，我们几乎每年都强调自我反思，也认识到团队自身的问题——乡建团队和大多数自以为是的小知识分子扎堆的群体的毛病差不多；何况我们既然自我定性为社会参与式的改良行动，那社会本来就存在蝇营狗苟、良莠不齐、怨天尤人、讳疾忌医；既无须揭露也不必掩盖以冠冕堂皇的借口做个人私利包装，或以高大上的口号掩盖自由主义的不负责任……这些属于任何群众运动都与生俱来的毛病，不仅碍难纠正，而且如万花筒般不断演化。

由于认识到我们自身的缺陷，所以我们才要有取舍。在本书发布的讨论及思想建设过程中，我们通过"温道撷萃"读书群做的表达相对还是比较稳妥、理性的。但，不论群主怎样谨小慎微，我们的分析和交流也还是不可避免被社会上不同群体或个体加上了他们的观点，做了"远近高低各不同"的修饰和转述，还不时刻意转化出各种对外部俗务的张冠李戴；何况有某些势力作为背景的、带节奏的"大V"——不同于江湖人士借助网络扩散作用使严肃话题庸俗化，发起的是在社会信息茧房随处可见的以偏概全的激烈斗争。于是，网络中充满各种戾气，带动各种江湖行为混迹其中，多边敌视大量发生……在这样一个混乱局面之中，越是刻意编造、耸人听闻，越是容易到处流行，负面影响也越大，也引起了对这些表达的各种舆情反应。一方面，我们做到了对所有批评一概兼收并蓄；另一方面也得理解，无论能力多大，谁都不可能去廓清什么，因为无论权威多高，谁都难以出面"以正视听"！目前，有司的应对是借助关键词核查处置；民间则只能听之任之，抑或急流勇退。由此看，乡建人拒绝参与粗俗的争论，不加入无聊的派系斗争，乃是最低成本的网络生存方式。

我们发起"温道撷萃"微信群，借助网络的便利筛选了一批愿意读书学习而且愿意心态正常地讨论问题的人参加，意在为21世纪中国提升话语竞争力及其在世界话语建构中必须让大众有所作为而培养骨干。为此，我们每年都组织"五一六"思想交流会；在既往这类交流中，无论是正面的、负面的，大家都以"平常心"对待。参与者皆言所得颇丰。我们应该在现有成果的基础上继续组织比较成体系的思想讨论，把大家追求思想自觉的努力尽可能变成大众参与的知识生产过程，在"人与自然和谐共生"之中共同创造新知；增强乡建团队的思想理论创新能力。至少在乡建团队中，借助"温道撷萃"读书群的筛选作用，我们还可以维持一个相对客观公正的、相对心平气和的讨论氛围；诚然，这恐怕也是我们能够吸引大量青年乃至于社会各界愿意参与改良运动的客观原因。

第一部分

天下沧桑,家国叙事[①]

[①] 本篇所收录的内容根据2021年5月16日第二次"温道撷萃"(五一六)交流会上的发言整理。

沧桑巨变与家·国·天下

——中国可持续经验与启示[①]

董筱丹

一、中国有着最长寿的可持续发展经验

一般的可持续发展研究，仍然聚焦于"发展"，把林、牧、渔等资源依赖型产业作为研究对象，研究各类资源在其特定的再生产规律下如何更新、管护、治理，以使其经济产出能力保持代际均衡。

依笔者的理解，这样做有两个风险。一方面，人类现在掌握的知识还不足以解释地球生态系统的完整运作机制，对可持续问题的答案仍然是片面和有限的；另一方面，人们普遍忽视了中国历史经验，可

---

① 2020年秋季学期和2021年春季学期，笔者给所在学院本科生讲授"可持续发展"课程。一年多来，笔者沿着中国人民大学可持续发展高等研究院2009年创办时就有的一些思路做了文献搜集和框架构建，2021年5月在一次小型内部会议上将课程纲要进行了简要汇报，2022年3月修改定稿（中国人民大学可持续发展高等研究院是温铁军教授在担任农业与农村发展学院院长期间，为了呼应2007年中共十七大确立的"生态文明发展理念"而在中国人民大学校内成立的推进交叉学科发展的"学术特区"，相当于与农发院平行的二级科研教学机构）。

能会导致其知识结构不完整。中国历史上没有这么多学科化知识，也实现了中华文明的万年可持续。**所以，中国经验本身就是世界上最长寿的可持续实践**，为树立中国特色的可持续发展话语提供了最雄辩、最有说服力的基础事实和最正本清源的理论奠基，了解可持续问题不应该忽视这一历史留给当代的基本事实。

二、建立理解中国可持续内涵的时空框架

中国的可持续经验是在一定的时空条件下发生的。说起空间，大家脑海中会有一幅图：地球整体上是一个蓝色球体，中国**是一个超大型大陆国家**，像一只大公鸡位于亚欧大陆的东方。将地球和中国的基本数据放在一起，能看到一个非常有意思的结构：地球表面的71%是海洋，29%是陆地，大约就是"三七开"；而中国恰好是倒过来的"三七开"，基本地形结构是**"七山二水一分田"**——山是七，水和其他是三。地球的正"三七"和中国的倒"三七"，恰好像是太极图的阴阳两鱼，一阴一阳，一正一反。地球是阴中有阳，中国是阳中有阴。这是地球和中国的基本空间结构，也是每个中国人都必须面对的基本资源禀赋关系。

在阳鱼中，水就是鱼眼，具有至关重要的地位，由此引出讨论中国历史的"时"——气候变迁。

水和气候冷暖之间有很强的相关性。当气候变暖的时候，中国疆域内就有更多的大气降水和地表径流，不仅在西北地区导致农业和牧业的交界线推移，引发中华文明早期农业和牧业部落关系的变化，还会对全国各地农牧业生产的组织方式乃至国家形态产生重大冲击，而使得中国的历史经验具有在压力挑战之下实现存续的"可持续"内

涵。因此，我们可以将气候周期性变化作为时间主线。

有了时和空的基本场景，中国历史上重要的人和事依次登场，逻辑上的相关性也逐渐显现。

"中国"不是一个天然的国家概念，而首先是一个地理概念。中国是如何形成国家的？这个问题因现实挑战的严峻性而凸显重要性。近代以来的全球化竞争以民族国家为基本单位，在核心—半边缘—边缘国家组成的现代世界体系中，当代可持续发展面临的最大挑战是强权国家以暴力为支持的国家犯罪，导致边缘国家之国、民、疆域上的自然资源和生态环境从根本上失去可持续的基础。而中国能够免于被彻底殖民化，成为原住民为主的发展中大国中唯一完成工业化的国家，与漫长的国家史中形成强大的组织和动员能力高度相关。对这一过程的客观叙述，对跳出西方中心主义的话语体系、建构中国话语和树立"四个自信"，具有重要作用。当下，中国面临的时局挑战更加严峻，理论建构任务也更加紧迫。

以"国家演化"为线索①，中国历史演进中几个重要时间节点和

---

① 在形成认识的基本过程中，我们作为研究者确实不存在一条先入为主的逻辑主线。甚至，这正是我们要去打破的思维方式。研究者通过资料去了解客观经验是什么，尤其是和大多数人的生活密切联系在一起的那些基本面的客观经验是什么，从而形成对重大历史事件的"立体"了解，历史变得生动而鲜活了，仿佛它就发生在当下，仿佛研究者就是事件发生时的一个平头百姓。这种"古今一也"的通透感，让研究过程充满魅惑。对那些"特殊性"事件，偶尔能从经济学角度做一点"一般性"归纳，也让研究者兴奋不已。把研究中所罗掘到的"立体"事件串在一起，形成一个更立体真切的、至少自己前所未曾看到的、带有一定穿透力的中国历史叙述，分享到课堂上，作为一门课的内容分量已经足够了。……梳理这些重要的历史演变，确实能够发现规律，获得启示，但直到"集思广益"讨论会下半场开始前半小时，"国家形态的演化与主权消长"这条逻辑主线的灵感才来敲门。学术界有关"国家能力"的研究很多，但对于全球化条件下因强权国家的主权外部性而导致的"主权残缺"问题则讨论较少。

商业、能源这两个重要方面的作用机制，值得特别关注。

三、早期的气候变化与国家权力凝结

我国早期的国家史时间跨度比较大，且真实性一度被质疑。21世纪以来，中华文明探源工程取得重要进展，中华文明的"信史"可以追溯到5000年以前，为我们理解中国历史演变提供了重要的依据。下面选取中国国家形成中几个重要的时间节点进行分析。

（一）炎黄结盟：农牧部落融合与中央权威地方化

中华万年文明长河①中，我们选择的第一个重要时间节点是大约4700年前黄帝出现。黄帝之前虽然也有"龙师火帝，鸟官人皇"等"帝"的说法，有良渚文化等早期的完成了区域性整合的国家形态，但并没有跨区域形成大一统国家。

黄帝被称为华夏人文始祖，有关他的传说很多，其时空背景也基本一致，但人们很少把它们与气候变化联系起来。

大约5000年前，地球开始进入一个相对干冷的时期。

黄帝所处的西北地区在历次气候冷暖变迁中都会首当其冲地受到影响。有效生存空间不足则势必对适宜生存地带上的其他部族造成空间挤压。黄帝也叫轩辕氏，关于这个名字，有说是因为黄帝所在的轩辕之丘的地形从高空俯视像一辆马车，也有说轩、辕都是车的一部分，

---

① 过去人们常说"五千年华夏文明"，现在已经有很多学者提出"万年中华文明"的概念，从考古发掘的一系列重大发现来看，这个概念是有事实依据的，比如在浙江义乌墓葬发掘出的"8000年前的浙江人"及其怀抱的"9000年前的红色陶罐"，显示当时已经有高度发达的人类文明。

这代表黄帝部落是游牧民族中一个有车的部落。但不管怎么说,黄帝部落作为游牧民族,流动性比较强,相对于农耕群体的战斗力比较强,其在气候变冷带来的生存压力下向南移动,在与农业部落的冲突中获胜,这应该是黄帝传说的史实原型。

黄帝故事的后半部分也很重要。黄帝、炎帝结盟,意味着部落间形成了新的融合关系而不再是战争敌对关系;并且,黄帝部落虽然在打仗中更有优势,打败了炎帝,但今天我们这些后人被称为"炎黄子孙",注意是"炎"排在前边,恐怕也不是偶然。炎帝号称神农氏,识五谷、尝百草、稼穑纺织,代表了农业部落在漫长的生产生活中积累了对自然界的丰富知识。如果放到一个长时段去看,炎黄结盟应该有程度很深的农牧融合过程。

美国有一个医生在其著作《吃出来的免疫力》一书中提到,旧石器时代的人类,如果能活下来的话,寿命一般都很长,饮食多样而且健康,人类的免疫系统很强大。① 可以想象,当游牧民族进入农业地区,人口生存率比以前提高了,一块土地上要承载的人口数量提高了,不能再靠过去牧业的生产方式来维持生存,而农业则相对能产生较多剩余以养活更多人口。所以农牧部落的融合不是出于谁的主观意愿,也不是说炎帝比黄帝更好,而是一定的资源和环境之下人类生存和环境相匹配的内生性结果。西北地区农业考古发现也显示,在气候暖期,人们更多养猪;而在气候冷期,人们更多的是养羊,因为羊上山吃草,有更高的流动性,对自然资源的利用更充分,而猪是定居饲养的动物,

---

① 现代人类的食物中,谷物太多了,尤其是为了提高产量而增加了淀粉含量的这些玉米、小麦,包括提高蛋白质含量的鸡蛋等,其对人体免疫系统会产生一定影响,在正常的情况下可能看不出来,但是对于敏感的或者已经生病的人影响就比较显著。

并且要喂饲料。

牧有畜牧和游牧之分。在农牧交错带，畜牧和农耕之间有很强的共生性和互换性，对农业社会的存续造成直接威胁的其实不是农业边缘地带的畜牧民族，而是远在中亚一带的游牧民族，尤其是当气候发生持续的重大变化时。比如研究者通过对中东地区某溶洞里钟乳石横截面的分析①，认为那里曾经发生过长达600年的干旱，降水非常稀少，年复一年总共持续几百年的干旱足以使一个地方彻底绝望，人们面临灭顶之灾，就要不惜生命的代价向其他地方去探寻维持生存的途径，那么，不管他们走到哪儿，都很难做到平和地和当地人进行融合，他们没有这份时间和耐心，最直接有效的办法往往是简单粗暴的，即把当地人赶尽杀绝，彻底占有这个地方，再以此为据点去寻找更富饶丰美的地方。这种情况下，游牧民族和农业民族之间，就变成了你死我活的高度对抗性矛盾。

而在4700年前的中国，当黄帝和炎帝形成农牧融合的主要生存方式的时候，部落之间是一种联盟形态。黄帝有20多个儿子，分处全国各地，在血缘关系的加持下，各部落之间的协商和交流得以加强。21世纪之初一项重大考古发现，在河南荆山黄帝铸鼎塬发掘出了黄帝议事厅的遗址，是一个516平方米的大厅，推测曾有几百个部落首领一起在这里开会。黄帝议事厅在国内多个地方都有发现，多地都有黄帝陵和黄帝在此升天的传说，可见，中央权威下沉到地方是比较普遍的。中国文化不再是多地分散独立的"满天星斗"，而开始有了融合和统

---

① 钟乳石的主要成分是碳酸钙，在潮湿的条件下形成可溶性的碳酸氢钙，滴落到地面上再分解成不溶于水的碳酸钙，一点点累积形成石笋。不同的湿度下，石笋的生长快慢不一样，就像树木的年轮一样，石笋也有"轮"，其对时间的记录是高度浓缩的，很小的一段石笋就记载了相当长一段时间的气候变化，因此可以通过研究石笋的剖面来了解当地的气候变迁过程。

一的核心。

这是"地理上的中国"成为"政治上的中国"的第一个重要节点,农业和牧业部落的融合,奠定了中华民族多元化生存方式并存、相容的基本形态。

(二)大禹治水:中央财政制度化,确立"结构洞"地位

第二个重要节点是大约4000年前的大禹治水。

我们现在从地图上仍能看到,在青海和甘肃的交界地带,有一个地方叫作积石山,这是《尚书·禹贡》里记载的大禹治理黄河开始的地方,也是女娲补天神话传说产生的地方。巧的是,女娲补天的故事开头是洪水四溢、民不聊生,这恰好也是大禹治水的背景环境。当我们把这两个故事放在一起,会感觉它们并不是祖先对世界的一种纯然想象那么简单,虚实之间有很多高度契合的元素,这些元素迫使我们认真思考神话的现实原型问题。

2016年《自然》(Nature)杂志的一篇文章向世人呈现了一个厚厚的掩埋层遗址,掩埋层是地震诱发泥石流滑坡所形成的。这是发生在中国大地上的、近万年以来人类遭遇的最严重的地质灾害之一。由于在掩埋层下游不远处,就是2002年发掘出来的喇家地质灾害遗址[①],有学者进而敏锐联想到二者的关联,最终确认了就是这场万年最严重的泥石流,以迅雷不及掩耳之势将洞穴里正在吃面条的人们掩埋。

据推测,这也是触发大禹治水的事件原发点之一。3800—4200年

---

① 喇家遗址刚发掘出来时,人们比较关注的是"4000年前的一碗面条",惊叹那时候就可以用小米做出直径0.3厘米的面条,具体工艺是什么现在还不得而知。

前，中国进入多雨期，洪水、泥石流等一系列的地质灾害不断，迫使当时的人们对水患进行彻底治理。

有人认为"大禹治水"尽管有文字记载，但没有考古物证支持就算不上"信史"，只能算传说。现在人们找到了灾害的地质记录，识别出了4000多年前的气候变化，也发掘出了二里头夏都遗址，"传说"的可信度进一步提高。

4000多年前地球进入雨水充沛的气候周期，东西方在这个阶段都有大洪水的记录。充沛的雨水不断冲刷地表，而积石山这个地方正是黄河咽喉，再往下游不远就是著名的刘家峡水电站——河道窄、落差大、水流湍急是水电站选址的重要因素。但河道狭窄就会经常拥堵，形成堰塞湖，壅高水位，则山体在高位浸泡下日益松软，很容易在地震时发生堤岸垮塌、山体滑坡；滑坡下来的泥石流得不到治理，持续在山中堆积，又为下一次泥石流埋下隐患，形成一系列的次生灾害……这不正是女娲补天里所写的共工氏怒撞不周山（地震）导致天柱折断、洪水漫溢的场面吗？……

洪水、泥石流频繁发生，就要避险防灾。在洪水期之前，治水可以用"堵"，用堤陂把水围起来，成为"水利"；但洪水期降水带北移到山陡岸窄的地带，这种做法就行不通了，一旦堤岸溃决会引发更严重的灾难。这样看，禹的父亲鲧治水不利，有可能是其在雨水不那么多的时空条件下所积累的经验不适用于洪水期的新情况。

禹之治水，改堵为导，就不再是点状的围堵，而要对河流的上下游、干支流进行系统性疏导。水利学界认为，大禹是北川人，其治水最早是从长江上游开始，"岷山导江，东别为沱"[①]，在积累了疏

---

① 《尚书注疏》卷六《禹贡第一》。

导治水的经验后,再去对黄河进行全面治理:"导河积石,至于龙门;南至于华阴;东至于厎柱;又东至于孟津;东过洛汭,至于大伾;北过降水,至于大陆;又北播为九河,同为逆河,入于海。"①从中或许可见,系统性思维的形成是治水的内生性要求。如果下游不治,则上游无法顺畅排水;如果上游不治,下游或将功亏一篑,干支流之间也是如此。

禹对山川的治理深度是依次推进的。"洪水滔天,浩浩怀山襄陵,下民昏垫。予乘四载,随山刊木,暨益奏庶鲜食。予决九川,距四海,浚畎浍距川;暨稷播,奏庶艰食鲜食。懋迁有无,化居。烝民乃粒,万邦作乂。"② 从事情的先后看,禹先是带领人们在山上砍伐林木,让住在山下被淹的部落到山上来居住;之后,由于山上吃的东西有限,于是疏浚九川,搞小流域治理,人们可以下山来耕种;播种收获之后需要有烹煮食物的炊具,就促进各地物资交换。可见,4000多年前,"以人民为中心"就有很成体系的治理实践。

大禹治水最早地体现了山水林田湖草沙是一个生命共同体的思想。要对疆域内的山系、河系、湿地和土地进行总体的谋划布局,比如依据山脉走向确定如何泄洪,依据地势高低确定哪里蓄水,才能形成人与自然相依共存的局面。大禹治水历经13年,最终实现"九州攸同:四隩既宅,九山刊旅,九川涤源,九泽既陂,四海会同"。

在这样一个遍及全国的水利基本建设的浩大工程中,产生了一个重大的制度变迁——中央财政,将中国国家的形成从地理意义上

---

① 这段话的参考译文:对黄河的疏导从积石山开始,到达龙门山;再向南到达华山北面;再向东到达砥柱山;又向东到达孟津;又向东经过洛水与黄河汇合的地方,到达大伾山;然后向北经过降水,到达大陆泽;又向北分成九条支流,再合成一条逆河,流进大海。

② 《尚书·虞书·益稷》。

的大一统到政治意义上的大一统的进程大大推进了一步。《尚书·禹贡》第一句话就是"禹别九州,随山浚川,任土作贡"。中央财政由此有之。

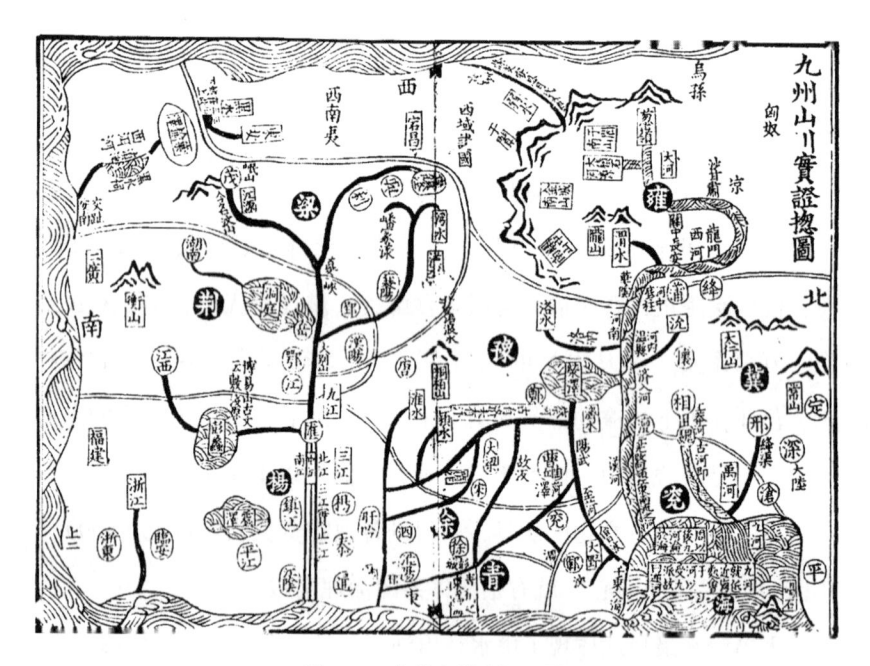

图 1-1　九州山川实证总图
注：选自《禹贡山川地理图》，南宋程大昌撰，淳熙四年（1177年）成书。

《禹贡》中对于田赋的规定比较笼统，分了九个等级，而特产和贡品则说得很详细。比如，青州靠海、产盐，盐即为其贡品之一；东南扬州贡铜、美玉、美石、皮革等；荆州贡旄牛尾、椿树、柘木、杨梅、大龟；兖州贡漆和丝；豫州贡漆、麻、绸、绵等；西南梁州贡铁、熊等；西北雍州贡美玉。

禹为什么要"任土作贡"？过去人们从阶级斗争理论出发，认为贡赋是为了统治阶级奢侈消费。现在结合治水的历史背景，可以认为这是形成中央获得地方支持、促进全国范围内统筹协作、迅速恢复生产的需求。九州之贡，列举了九州地界、土壤性质和等级、特有物产，规定了赋的等级、贡的物品以及运输贡赋的通道，从运作机制看，地方将自己的特色物产交给中央，中央可以通过对这些物品进行跨区域再分配而获得主导地位，支付治理水土的成本并对有功德之人进行封赏。比如：要对兖州的河道进行疏导，这个地方的土不好，耕作 13 年才和其他各州一样，河道疏通后人们才能从高地搬下来居住，获得更多更稳定的产出。

总之，从国家形成的视角看，大禹通过治水加强了国家协调体系，建立了国家财政的基本制度框架。

(三) 周"以荒政十有二聚万民"：国家与小农之间的新关系

商末至周，气候进一步变冷。《周礼》中有一句话："周以荒政十有二聚万民"，"荒政"和"聚万民"这两个要点的信息量非常大。

其一，"聚万民"并非像现在的农村人口向城镇集中一样，和周当时的情境相结合，这其实是确定以农业作为主导方式来渡过灾荒的一种变化。周的"封建"是指"封土建国"，不是分封到哪个地方去建国，而是找一块地，四周挖上沟渠，沟渠里边是水，沟渠挖出的土建成高台，形成"封"。"封"里边实行井田制，有公田、私田，农户在里边耕作；"封"与"封"之间是流动四方的牧民。可见，"封"是耕稼民族在气候变冷，游牧民族侵袭增加的情况下的一种自保方式，在外部形成一个地理屏障，在屏障内部形成相对平等的耕作和生活方式。由此看，"在地化"的生活方式至少在周这一时期就有一些尝试或者一些基本制度，我们今天讲的村社成员权、村社理性等，在这个时期都有体现。

其二,"荒政",即灾荒时期政府所采取的对策。周的"十二荒政"涉及贡赋、山林管理、婚丧礼节、治安、刑罚等多个方面,奠定了中国延续了2000多年的应对灾荒的基本制度框架,可见其制度的完备性。后世在此基础上有一些完善和补充,比如汉代的常平仓制度①、北魏的更加人性化的缓刑制度等。

"荒政"还提供了另外一种思考视角。很多人都说中国历史上的制度安排没有经济效率,进而有各种文化虚无和自我否定之说,自毁文化长城乃至自毁甚于他毁等。但是如果和中国地理情况结合起来,我们就会发现这种批评恐怕不够理性。中国人多地少,同时又是世界上地质灾害最多发的国家,在这样的基本地理环境下,人们只能是以长期生存作为基本目标,在此之上才能谈及效率等问题。

就村庄来说也是如此。如果隔几年就有一场威胁村庄生存的灾害发生,人们还会置基本生存于不顾,以追求效率最大化为目标吗?哪怕每百年发生一次大洪水,也就是四五代人就面临一次灭顶之灾,也一定会深深地刻在家庭的记忆中。可以想象,传统社会中当洪水奔涌袭来那一刻,村社只能靠自己的力量来固防御险,不可能靠外援。如果在千钧一发的时候,村社内部能一声令下使所有青壮年劳动力都顶上,也许这个村就守住了。这种维持基本生存所派生的劳动力刚性需求对村社内部维持相对公平、和谐构成一个反向约束。既然面对危机短时间内最能动员的就是本村村民,那么,为了维持这种动员力,就必须在村内维护基本过得去的关系……所以,乡土社会的内部,不可能形成排斥性极高的以追求财富积累为单一目标的规则,乡绅、地主一定要有危急时刻协调和动员劳动力的考虑。这其实也就给出了历史

---

① 今天金融市场运用期货套期保值的时候,有人说"没有常平仓做保障的期货就是耍流氓",深得精髓。

上制度选择的自发排序,即生存大于效率,而不像西方几乎都是从短期的经济效率最大化来考虑问题。那些流传甚广的地主残酷剥削贫雇农的故事,恰恰主要发生在任由效率原则畅行乡里的民国时期,而不是传统社会。

村社理性能一直延续几千年,不是人们刻意故步自封地要去延续它,而是人和环境的互动内生性地使这种制度不断加强。比如2020年江西很多地方发洪水,有的村就发出通知,号召在外地打工的小伙子们赶回家保村,很多人接到通知就返乡了。这个时候村庄基于成员归属感的劳动力动员机制再次发挥作用。

总之,周代所形成的"荒政"的基本政策,让更多的民众愿意以"封"的方式共同生活在一起,这些民众可能是游走的牧民,也可能是星散的耕者,依托这种形态,耕作农业在这个国家中占据了更加主导的地位,人口规模进一步增加;周代政府的施政理念更加清晰地聚焦于逆周期调控,尤其是在和生存相关的反周期措施上,和我们今天遭遇经济危机时政府出手"做多"、进行逆周期调控,也有一定的内在呼应性。

一般都视秦始皇统一六国为中国大一统的始点,但以上分析表明,中国朝着大一统的方向迈进,是和自然气候变化带来的挑战同步进行的。某种程度上,气候变化带来的挑战越大,越需要有更进一步的国家整合能力作为基础。

四、商业对早期国家主权的影响

当触碰到"重农抑商"是否阻碍了我们在近代世界经济领域的发展这个问题时,我们需要先客观地梳理历史上商业的演变历程,再来看中华民族历史上的"轻重之辩",也许从中归纳出的新视角——商业对于国家主权的两面性——有助于我们加深对问题的理解。

(一) 商代之前的商业与政治

原始社会的农商并不对立。《周易·系辞下》说:"神农氏作……日中为市,致天下之民,聚天下之货,交易而退,各得其所。"可见当时的交换不仅是经常的,而且有固定的时间和场所。

舜擅长从事交易获利,用商业来加强自己的政治权威。传说舜担任部落首领时,曾"作什器于寿丘,就时于负夏"①;"顿丘买贵,于是贩于顿丘;传虚卖贱,于是债于传虚"。② 此时已经有了赊欠等商业信用的运用。为了掌握河东池盐,舜在当上尧的继承人后,把政治中心迁于靠近盐池的蒲坂之地,花力气发展食盐生产。先秦佚名的《南风歌》即相传为舜帝所作:"南风之薰兮,可以解吾民之愠兮;南风之时兮,可以阜吾民之财兮。"意思是夏季熏风从南而来,池盐自然结晶,部落的财富就可增多。

禹在治理洪水时,也曾设法组织粮食在地区间的调剂,通过交换以解决洪灾后人民的生活问题,《尚书·虞书·益稷》有"懋迁有无,化居。烝民乃粒,万邦作乂"的记载,懋迁即贸易,但是否属于获利性的商业活动,还有待考证。

商部落,在夏代就以善于交换出名。商的部落首领王亥曾亲自带着牛车同其他部落开展贸易。商的势力扩大也和他有直接关系。王亥

---

① 寿丘,今山东曲阜;负夏,今河南濮阳附近。"就时"即乘时逐利进行交易。

② 顿丘,今河南浚县,舜在这里出售舜部落的特产——上好的陶器及其他什器;传虚,今山西运城,舜在这里赊购(债)产品,主要是河东池盐。

有一次到黄河以北的易水附近去做贸易，部落有易氏杀了王亥并夺走了牛车和仆从，王亥之子上甲微为报父仇，起兵灭了有易氏，商的势力由此拓展到易水流域。大约3600年前，中国进入商朝。商王朝十分重视商业，贸易范围非常广泛，可以取西方玉石，采南国铜锡，获东海鲸贝，来北地筋角。

（二）国人暴动：工商业发展驱动社会阶层变化

周在气候冷期虽然也确立了以农耕为主业，但周朝国运和商业有着密切关系。周的始祖后稷善种谷物稼穑，教民耕种；但周的商业也很发达，现可追溯的最早由国家发行的货币即出现在周朝。铸货币需要铜，同时铸造礼器、兵器、工具、农具也要使用大量的铜料，铜锡的交易或入贡向来是与南方（荆扬、淮夷）物资交流的主要部分，也驱动着中央和地方关系的演变。如周昭王时，南方以楚为首起兵反周，昭王率兵伐楚，中道中楚人之计（楚人以胶船进王渡江，至江中胶解船沉），卒于江上，六师丧亡。这一事件就与对铜资源的争夺有关。

周时期向西北的地缘扩张也有商业动力。周对既可作贵重饰物，也可兼作"上币"的美玉也极感兴趣，穆王时犬戎势力强大，阻碍了周朝和西北方国的来往，于是穆王西征犬戎，重新打开了通向大西北的道路，行踪直到今新疆，甚至到达中亚之地，发展了中原和西方的通商关系。

随着铁器的推广，周的一些小贵族开始开垦私田收租，因经营农业而致富，还有的招人开发川泽，其中就有对渔业和铁矿的开发利用，成为新的工商业者。《诗经》的变风变雅即反映了西周中后期阶级关系的新变化，旧贵族没落破产，新有产者暴发勃兴，被称为"富人""富子"。新兴的身份不高的农夫和工商业者，构成"国人"的一个主要部分。周厉王为了抑制这些庶姓家族的经济势力增长，决定加强对农业和工商业的控制，对山泽之利更完全掌管起来，私人不能染指。这一全面垄断的专利政策，损害了新兴的工商业主的利益，对于与新兴起的铁器制造业有关的一大批手工业者、商贾与用户，尤其有直接的负面作用。从平民到中小贵族纷纷起来反对，公元前841年，历史上有名的国人暴动终于爆发。周厉王狼狈出奔，最后死在彘（zhì）地（今山西霍州市）。①

（三）管仲伐谋：以商代兵智取霸业

到了春秋时期，中国的商业已经非常发达。商品交换不仅对于社会贫富分化具有重要的推进作用，在交换中占有利地位以至握有权力的新兴家族和氏族首领不断富裕起来，也加速了国家之间的分化。春秋五霸的第一任霸主齐桓公，就反复通过商业运作吞并别国，扩张领土。其后的第二任霸主、位于山西的晋文公，也"轻关易道"，招徕商旅。

齐国本是一个海边的小国，姜太公初封时地不过方圆百里，而且很多是不适合粮食生长的盐碱地，粮食产量和人口都不多。《管子》里记载了管子帮助齐桓公吞并鲁、梁、楚、代、莱、莒、衡山等国的策

---

① 参见吴慧：《中国古代商业》，中国国际广播出版社2010年10月版。

略。近来流传较多的是服绨降鲁梁①、买鹿制楚②、买狐皮降代国的故事，其中，买狐皮降代国是用影子价格来抬高民众收益预期，制造主权负外部性的经典案例，不费一钱，仅用三年外交就让代国归顺于齐，堪称神来之笔，兹录于下：

> 桓公问于管子曰："代国之出，何有？"管子对曰："代之出，狐白之皮，公其贵买之。"管子曰："狐白应阴阳之变，六月而壹见。公贵买之，代人忘其难得，喜其贵买，必相率而求之。则是齐金钱不必出，代民必去其本而居山林之中。离枝闻之，必侵其北。离枝侵其北，代必归于齐。公因令齐载金钱而往。"桓公曰，"诺。"即令中大夫王师北将人徒载金钱之代谷之上，求狐白之皮。代王闻之，即告其相曰："代之所以弱于离枝者，以无金钱也。今齐乃以金钱求狐白之皮，是代之福也。子急令民求狐白之皮以致齐之币，寡人将以来离枝之民。"代人果去其本，处山林之

---

① 齐桓公想起兵吞并旁边的鲁国和梁国，管仲说，可以不战而屈人之兵。鲁梁之民素来织"绨"（一种以丝作经线、棉作纬线的纺织品）。管仲劝齐桓公在国内力推绨料衣服，齐国绨价由此大涨。管仲还鼓励鲁、梁商人向齐国贩绨，每千匹给金三百斤，万匹给金三千斤。两国财政因之上涨，国君遂要求百姓改粮为桑，养蚕织绨，放弃农业生产。十三个月之后，鲁、梁往齐国运绢匹的车辆和商贩挤满了马路，道路扬尘使得十步不相见。管仲认为时机已经成熟，劝齐桓公率百姓服帛去绨，闭关，禁止与鲁、梁的绨、粮贸易。十个月后，鲁、梁百姓不断陷于饥饿，连朝廷"一说即得"的正常赋税都交不起。两国国君命令百姓停止织绨而务农，但粮食却不能仅在三个月内就生产出来。此时，鲁、梁的百姓买粮每石要花上千钱，齐国粮价才每石十钱。两年后，鲁、梁百姓有十分之六投奔齐国。三年后，鲁、梁国君也归顺齐国。

② 齐国强大后，齐桓公欲伐楚。管仲献计让桓公以高价收购楚国的活鹿，并且告诉楚国商人：贩鹿到齐国可以发大财。于是楚国男女都为捕捉生鹿而奔忙，因此放弃了粮食生产，粮田被荒废了。齐国则趁此时囤粮，"藏谷十之六"。当楚国百姓无粮可食用之时，管仲再次关闭了国界，并终止活鹿和粮食交易。楚人拿着钱也买不到粮食，降齐者十分之四。"三年而楚服"。

中，求狐白之皮。二十四月而不得一。离枝闻之，则侵其北。代王闻之，大恐，则将其士卒葆于代谷之上。离枝遂侵其北，王即将其士卒愿以下齐。齐未亡一钱币，修使三年而代服。①

客观来看，齐国位于黄河下游，靠海，有盐、鱼等特产，相对来讲容易以这些特产获得"第一桶金"，进而有其后一系列的商业运作。齐国通过两次商品再定价侵蚀了邻国国家主权的基础，而鲁、梁、楚和代等国，则在追求高现金收益中，被"诱致"发生劳动力资源配置的重大调整，渐渐失去了维护国家安全主权所需的粮食、兵力等基本物资，以居于弱势或亡国告终。这些历史版"货币战争"的故事在今天仍具有重要的启示意义。

（四）重农抑商：秦统一六国

继齐桓公之后占据霸主地位的是距离盐业资源近的晋文公，他也是通过商业来加强国力，比如通过减少口岸降低关税吸引经营者前来经商。可见，早在春秋时期，商业对国家政治安全的影响就表现得很明显。

战国时期，商业进一步繁荣发展，但，最终终结了列雄纷争一统天下的，恰恰是实行了"重农抑商"政策的秦。

这个反转不是历史的偶然，而有其内在机制。一般情况下，商业发达会导致全社会的自然资源、劳动力不断被再定价，因为商品交换的背后是各种要素不断被交易、不断被发现价格，一方面导致劳动力被商业再定价，国防所需的征用劳动力成本被阶段性推高；另一方面，财富向少数人集中，尽管对社会底层影响较小——因为小农家庭仍然

---

① 《管子·轻重戊第八十四》。

是以农业生产为主，商业在家庭开支中占比很低，但是对上层建筑具有较大的结构性影响，某些巨商甚至可以垄断一国的国政，此时该国内政就更多地倾向于维护商人的既得利益，国家权力就受到了影响。

"反者道之动"，通过商鞅变法强大起来的秦，恰恰是反其道而行之，实行重农抑商、奖励军功。一方面，作战的"士"不再由贵族担任，而是由平民定期服兵役，平民可以依据军功受到封赏实现身份晋升，这样的"兵农一体"极大降低了国家维持常备军的巨大人员成本。秦国地处西北，商业本来就不如他国发达，重农抑商的制度成本相对较低，但制度收益明显，平抑商业降低了劳动力的机会成本，重农引导劳动力更多投向垦荒垦殖，提高了全社会的农业总产量；另一方面，政府还强制农户分家析产，形成以小农户为基本纳税对象的基层治理结构，也降低了对劳动力统一调度、组织和管理的难度，使得都江堰、郑国渠等大型国家水利工程的修建成为可能，为秦国应对气候进一步干冷的挑战及其最终统一六国提供了重要基础设施。

至此，商业与国家主权的正反两面关系都得到了非常充分的呈现。在乡村实行重农抑商政策，维持小自耕农的主体地位，也成为之后历代政策的主基调。但，如下文所述，中华文明的发展脉络仍然不可避免地受到商业盛衰周期的影响。

五、商业盛衰周期与国家经济主权

秦统一天下后，将十万富户集中迁到咸阳。秦因为整个朝代存在时间很短，又因为长城、直道等大规模基本建设和统一文字、度量衡等更吸引眼球，后世可以观察到的商业运行情况很少，我们直接看其后西汉、东汉商业的周期性盛衰。

西汉时期，虽然朝代初期就确定了儒家思想作为主导意识形态，商业逐利性受到有效约束，并且通过"盐铁官营"使得最重要的两项物资的运营掌握在政府手中，但整体上商业繁荣程度仍然很高，社会上商品流动和财富集中都达到很惊人的规模。张骞出使西域之后，商业上的联合对于西汉巩固地缘格局也发挥了重要的支撑作用。

而到了东汉时期，商业却开始萎缩，而且以奢侈品为商业主要内容。东汉政权是由大地主拥戴刘秀所产生的，没有重新分田、免赋这个过程，国家政治的基本结构是大地主支持下的门阀制度。大地主庄园有一定的财富集中度，具备成为商业流通主体的条件，按说东汉的商业应该比较繁荣，但纵观东汉，其社会的基本生产、交换、分配和消费过程却是以大庄园的自给自足[1]为基础，而与西汉的商业繁荣形成鲜明对比。

对此，结合气候周期变化从政治经济学角度能够给出的解释是：自西汉王莽以后气候趋冷，气候变冷导致农作物可利用的太阳能下降，整个社会的总剩余减少。根据马克思对于流通问题的分析，商业通过促进商品流通和价值实现而分享社会的平均收益，在传统社会，商业占有的剩余最终来自农业。在气候暖期，整个内陆地区的农业生产力都比较高，这时农业剩余可以支持更多的人专职从事商业，带来整个社会物品流通和贸易的繁荣，西汉初期就是如此。但到了王莽时期国内受气候变冷的影响就已经很明显，此后东汉时期一直到三国两晋南北朝都在持续变冷，此间社会的总剩余减少，商业也在不断收缩。

对于气候变冷，当时人的自发调适方式是不断南迁。北方游牧民族向中原地区迁移，中原地区人口向南方山区和长江中下游地区迁移，

---

[1] 许倬云：《汉代农业》，广西师范大学出版社2005年8月版。

二者都需要通过不断打仗来争地盘、保地盘。我们今天看到的很多历史故事，都反映了汉人不断南下的过程。① 需要注意的是，越是战争频繁，整个社会的消耗性越大，越是难以支持稳定的商业队伍，同时战争频繁也使得全社会缺乏稳定的营商环境。

中国至唐代迎来了历史上新一轮的大一统，商业也开始了一个新的大繁荣。

这个商业盛衰的跨朝代大周期几乎没有人讨论。一般讲的商业周期是"小周期"，比如农业生产上"六岁一稔，六岁一歉，十二岁必有大饥荒"的自然周期性波动使得商业也呈现出同步波动，这个时间上的不均衡往往被大陆型国家所拥有的空间多样性和差异性部分地对冲掉，因而从整个系统上看波动并不明显。

商业的"中周期"和朝代的更替周期结合。一个朝代在早期往往都实行均田免赋，形成以自耕农为主的基层生产主体，政府着意防止土地兼并，因此地主和农户之间的关系相对比较平和，商业对小农的渗透相对较轻；但到了朝代后期，因为中央对地方的监督趋于弱化，地主往往是既兼商人身份又兼高利贷者身份，借此不断地盘剥小农，兼并土地，导致流民起义等。主流的历史叙事往往更关注这一层次。

---

① 比如《三国演义》里"诸葛亮七擒孟获"，其历史背景就是一个很好的注脚。刘备是中山靖王后代，祖居河北涿郡，黄巾起义的时候招募组建了一支队伍，但即使因作战有功受到封赏，北方也已经没有可立足之地，从定州、徐州到新野，他不是被中央官员（督邮）勒索，就是被诸侯挤压，颠沛流离，最终稳定的落足之地是被当地的实力派死死把控的益州。这里与长江中游隔着三峡，与关中平原隔着秦岭，地理的阻隔使得代表中央力量的北方曹军和下游的东吴都难以进入，并且成都平原的富庶足以养军。刘备费了很大力气打下这里，才有条件形成地方割据中稳定的一极。诸葛亮北伐之前要扩大军费来源，就得再往南打，主动进入少数民族地区，首领孟获被打服之后献上图册，保证年年按时交贡赋。刘备和诸葛亮接续南下的故事是有一定代表性的。东吴也是中原地区的大部族迁徙而形成的移民政权。

从历史演进的脉络看，商业"长周期"与气候周期之间有着密切的联系，西汉和唐代的商业繁荣阶段恰好和气候变暖期高度吻合，二者之间的相关性明显；但宋之后二者却呈现出反向相关性。

唐代后期气候开始变冷，到明季达到低谷，一直到20世纪末，总体上形成一个千年大周期。按照以往的历史规律，中国到宋、明时期会出现商业萧条的景象，但实际上商品经济却非常发达。为什么呢？一个新的解释变量是国际贸易。宋、明之际商业贸易不再局限于国内，而且通过大船运输，辐射的地理范围以及贸易的商品类别大大拓展了。从微观基础看，小农家庭内部农业和手工业的劳动组合，形成稳定的劳动剩余析出方式，其价值凝结在商品中，通过集市贸易和内河运输汇总成庞大的商品总量输送到国际市场。尽管北宋被人们惯常地贴上"割地求和"的标签，但在气候冷期通过海外贸易扩展小农剩余产生的途径，以此支持国内文官为主的上层建筑，进而用这种治理结构规避武官主导地方政治所形成的互相倾轧①，弱化了"暴力欺凌经济"的或然制度成本②，是北宋在国家治理方面做出的重要探索，奠定了其后一千年的制度基础。相较于汉末、唐末在北方少数民族内迁时内部实力派之间的"踩踏"，宋在天然不具备地理屏障条件下（公元938年石敬瑭割让幽云十六州，长城以北地区对契丹完全敞开，影响了其后400年地缘格局），维持疆域内的和平与繁荣167年，其抗压能力已经明显增强。

从"国家能力的视角"看，在黄帝、大禹、周、秦时期，国家制

---

① 钱穆：《国史大纲》，商务印书馆1996年6月版。
② 一个经济体如果时时处于暴力的威胁下，则沉淀性投资就难以达到理想的水平。如果通过暴力对抗暴力来维持内部的财产安全，则势必要将一部分社会财富配置到暴力部门，而使社会资源配置偏离最优水平。参见[美]道格拉斯·诺斯等：《暴力与社会秩序》，格致出版社2013年6月版。

度不断成形、完善，国家作为一个整体的能力不断加强；但是当地理上的整合与国家领土主权的范围几近重合时，国家能力建设的制度收益就达到地理临界范围。这些地理敏感地带同时也是气候敏感地带，气候冷暖决定着在这些地带进行地缘控制的成本与收益。气候暖期可以通过屯兵垦殖就地给养，成本较低；而当气候变冷，这个在地化的平衡就被打破，远途运输给养的成本过高，迫使国家的地缘边界内缩，甚至连维持大一统的制度成本都支付不起。而宋、明的启示是，地缘收缩导致的土地浅表资源缺失，可以通过"商缘"的扩大来弥补，这个替代机制使得国家政权在气候冷期仍能维持强有力的存在状态。客观来看，在气候条件更趋于严苛的情况下，宋、明两朝的国家治理能力比以前更有提升。

明初曾因为海外利益集团对内政影响过大而强制"闭关锁国"，实行海禁，时人已经注意到商业对国家治权的侵蚀，并有所防范；但在国内巨大的经济、政治压力以及外部白银洪流的诱惑下，大明再次开启沿海地区边贸，在国际贸易中收割白银，在满足西北边防之余形成充裕的财政储备。

真理向前多走半步即是谬误。随着强大的对外贸易竞争力带来更多的白银流入和沉淀，白银更适合作为货币的优势愈加明显。如同周代以铜为主要币材要支付王室更迭的制度成本，明以银为币也支付了货币主权残缺的制度成本。当明开始以白银作为主要货币，而白银又是大量地来自遥远的异域美洲，那就意味着大明的货币调控主动权不掌握在自己手里。[①] 所以，当墨西哥银矿发生罢工，或是从墨西哥到菲律宾马尼拉的白银运输线发生了战争（比如欧洲战争），导致白银

---

① 参见韩毓海：《五百年来谁著史》，九州出版社 2011 年 11 月版。

的运输路线断裂，遂使依靠白银不断输入来维持日常商品化生产生活的江南地区骤然跌入无钱买米的困境；其他地区持久蒙受银荒之痛，丰年尚难有剩余，面对17世纪气候小冰期的连番打击几无缓冲余地，西北发生500年一遇的大旱，全国多地连年暴发蝗灾，农业严重歉收，西北农民起义和东北清朝南下两股力量将大明王朝推到悬崖的边缘。

把明代放到万年历史长卷里，我们看到中国的国家主权经历几千年演进，在渐次充实完善达到高峰后，至此开始被侵蚀。西方国家历史上一直没有太多的国家建设，教权高于政权，但在最近五百年气候冷期的打击之下，国家权力和海盗、远洋探险、白银、黄金、贸易等结合在一起，其国家力量总体上呈加强趋势，和中国国家力量的减弱交汇，呈现出东西方之间彼起此伏的势头。我们目前仍然是处在这样的进程中，西方的国家力量仍然占有优势。

六、能源开发利用对国家权力的内生性影响

气候变冷和生产力进步的步伐相交，又引出一个新的视角——能源。

地球不断变冷之后，欧洲的很多生产生活方式也被迫发生了变化。比如，1812年开始欧洲连续数年气温下降，1816年更是被称为"无夏之年"，农业歉收，数十万人被冻死，牲畜疫情蔓延……马匹大量死亡，贵族连马车都没的坐，于是加速了代步工具——自行车技术的更新迭代。

近代史上很多重大发明都是被类似的事件促发的，人们在自然动力减少的情况下寻找替代性动力。

其中之一是煤炭开始使用，替代过去植物所给予的一部分能源。在短期内，采掘煤矿获得的燃料远高于砍伐森林。当燃煤蒸汽动力用于轮船，海洋国家争夺霸权的能力极大增强了。中国作为一个大陆型国家，过去的能力建设都是基于陆缘形成的，中国依靠组织创新、人力动员、不同地区间的统一协调来不断加强自己的能力建设，都是基于陆地的，而陆地上的生产生活要和不同的浅表资源相结合，因而是多样化、在地化的，其最小生产单位是小农户，集体要在不同层面上对小农户进行整合才能发挥组织力。而在海洋上，由于海洋风暴的力量巨大，要求领导者拥有丰富的经验和敏锐的反应并且全体海员上下一致，最大限度避免全员葬身海底。因此，海洋航行对队伍组织化、集中化的要求比陆地高得多，海洋上的力量最小单元比陆地大得多。当技术、国家权力和征服海洋的愿望结合起来，所产生的暴力强度远高于中国陆地国防一般情况下的防御能力。

煤炭之后，电力、石油等重要能源出现了。这些新兴能源行业都要求资本极度密集地投入，要有极高的初始资本投入进行勘探、开发、冶炼、加工，还要投入大量资本建设分销网络，比如铁路网和火车站节点、公路网和加油站节点等。资本和新技术发明结合在一起，把一套全新的货物运输方式和人口流动方式成体系地赋予社会，将社会重新编织进资本和新技术发明组成的新的网络。

这些网络体系具有强烈的规模经济特征，与农业社会中生产资料分布式占有不同，这些行业要求覆盖更多的人口、更广的地域，巨额的资本投入才能得到回报。市场集中度提高的过程是各种利益集团、地缘势力重新洗牌的过程，既有同业竞争者之间的激烈斗争，也有与金融、科技等力量的新型合作。石油、汽车和公路三者组合起来，重塑了人们的生产生活方式和空间布局，矿产资源的勘探开发、发动机技术的出现、路桥的技术攻关与建设，都对资本投入提出了极高的要求，越是重资产投入，其对金融系统的依赖也越强。金融系统也在与这些基础设施体系的结合中不断发展壮大，占据了社会主导地位。随着人类进入石油时代，金融系统的集中度达到前所未有的程度，甚至要求在全世界范围内形成唯此一家的自然垄断，它与主权国家维护金融主权的要求之间的对抗性矛盾也日益激烈。

气候变冷趋势下人类维持生存的各种努力所衍化出来的国家和能源、技术、金融体系之间互相加持、叠加的效应仍然很明显。任何后发国家想要后来赶超，所面临的竞争压力是成体系的，所要完成的资本积累是多方面的。在发展中国家不断被发达国家"剪羊毛"的情况下，赶超变得更加不可能。

中国相对于其他发展中国家的优势在于，中国在接受这些来自国外的挑战之前，积累了在全国范围内进行组织动员的经验。宋明清时期全社会的商品化程度比较高，加之以文官为主的治理方式，人力组织动员经验刻意被弱化，在外部突如其来的挑战面前就显出措手不及。越是"师夷"，追求工业、农业、国防现代化，越是陷入这些现代化的高成本陷阱，越会因这些成本只能由剩余有限的小农来负担而加剧国内矛盾……毛泽东相当推崇的一段历史经验是王安石变法，他一改对王安石的"千年恶评"，认同列宁所说的王安石是"11世纪伟大的改革家"。王安石面对强敌压城、国力不振的危局，力图通过青苗法打压高利贷，鼓励农业耕种，增加物资产出；通过保甲制轮派兵役，降低供养常规军的成本，这些大胆的尝试给了20世纪的奋斗者们新的思路，落后国家学不得西方发达国家对外殖民扩张的老路，落后国家的弱势党派更学不得，而这些上承千年以前商鞅变法重农抑商、编户齐民之思想的改革措施却可以学可以用。中国共产党"山沟沟里的革命"正是这样做的，通过高强度的人力动员开垦荒地，增加土地产出；通过土地革命分地实现兵源的低成本动员；通过抑制交易活动和价格发现从而进行农业剩余向工业的转移……

对于中国这样一个地理版图面积居世界第三的陆地国家来说，仍然需要靠着那些历史上行之有效的手段，形成在全球挑战当中抗打压的能力和成本内化的能力。

成本内化意味着能够获得机会收益。这个思维逻辑听上去很"机会主义"，但，在成本全球化转嫁的大潮中，机会收益对于发展中国家来说具有必要性。能否抓得住机会取决于成本内化成功与否。比如，中国从洋务运动开始引进外资，但具有核心竞争力的机器和技术往往有严格的输出管制；那，在机会窗口暂时打开的时候，能不能迅速集中国力最大限度地利用机会，能不能经受得住外资撤退时资本突然短缺的打击，就是至关重要的。中国恰是抓住了 20 世纪 50 年代和 70 年代全球因地缘战略格局变化而发生的两次产业大转移的机遇，形成了完整的工业结构。这背后相当重要的两点：一是通过统购统销最大规模地集中了农业产出用于与苏联交换，在苏联答应我们需要什么就列清单的时候，我们连烧瓶和化学试剂都列进去了，尽最大可能地全面启动了中国的工业化进程；二是当 1957 年以后中国接受的苏联援助中断同时又要偿还外债时，中国靠着成规模地投入劳动力替代极度稀缺的资本，用这种成本内化方式维持了工业化的不中断。

资本的运作规律决定了这种机会窗口必然会不时出现。一方面，像萨米尔·阿明提出的资本主义会不断发生内爆，即成本积累到一定程度很难正常消化，就会产生内爆。那么，"内爆"恰恰给了中国一个外部机会，比如：当美苏争霸的时候，外部因素是苏联开始需要把中国作为它的腹地，于是向中国进行工业援助建设；内部因素能否发挥效用取决于中国能否把这些机会利用好或者利用这些机会能产生多大的能量和变化，同时接受这些援助的有古巴、印度等其他国家。中国和这些国家相比建设成就如何有很强的比较意义。

另外，人诚然不能拔着自己的头发离开地球，但当我们都在地球上讨论问题的时候，有没有可能拔着一个高个子的头发跳到半空？这听起来是一个很机会主义的想法，但也确实是一种现实的发展策略。当外部的事件变化给了发展中国家一个"机会之窗"的时候，谁能更多地捕捉到制度收益，谁就有可能向上跃升一步。比如，当国民党法币严重贬值的时候，也就是其历史制度成本积累的问题严重爆发的时候，这就给了中国共产党在根据地另类货币支持的政权建设一个很强的获得机会收益的时机。如果一国有较好的内部整合能力，当外部机会来的时候，它就很容易抓住。苏州工业园区、战旗村等地方的经验研究，给了我们很大启发。出版《再读苏南》的时候，有人问："苏州工业园区是不是可复制的？"我认为，至少对于其他后发国家来讲，看它在"练好内功"的基础上如何捕捉到机会，是有借鉴价值的。比如1994年美国利率放水，全球资本市场比较活跃地寻找新的概念，苏州借助巨额的资本流入提升产业结构、发展区域经济，这是一个很难得的机会。而战旗村不断地加强内部组织建设，当成都开始着眼土地，要把更多的建设用地指标集中起来拿到地票市场上交易的时候，那些能把村内资源整合起来的地方就得到了很高的制度支持，战旗村短期内就能动员全体村民把自家院坝拆掉集中居住，就有400多亩的建设用地指标换出1亿多元——对于一个村改善整体面貌就有了足够撬动杠杆的作用。所以，机会总是留给有准备的人的，对一个国家来讲也是这样。中国在不断地利用过去形成的组织基础抓住向上跳跃的机会，如"四三方案"、"八二方案"、加入WTO等。

至于加入全球化的时候，中国一方面享受了市场扩大的机遇，但另外一方面也产生了很多负面的成本。很多国家就在这种一里一外、一高一低的炒作中直接倒下了、穿仓了。我们之所以没发生这样的事情，是因为有其他的成分可以不断地补充进来弥补这种成本，所以说，成本内化机制对于一个国家的可持续发展仍然是非常重要的。

七、新的时空条件下乡村对于可持续发展的作用的展望

过去，我们对于能源的所有开发都集中在气候变冷期，也就是在气候冷的时候，会从地下发掘出更多的过去储存的太阳能能源，这是一个互补的过程。但现在完全反过来了，我们处于一个空前的气候变暖期。这种情况下我们继续加强过去能源化工的那套体系，只能导致地球的整体熵值、余热不断地向外释放，毫无疑问，这是一种自杀式行为。值得关注的是，最近的技术发明有很多利用的是分布式能源，并且呈现出"摩尔定律"，每隔一段时间技术效率翻倍提高，就像电脑的应用。现在太阳能技术已经发展到了只要将薄膜贴到房子上就可以并网发电的时代；汽车重要的零部件都是可以用 3D 打印技术制造的。太阳能、风能、3D 打印这几项技术极大程度上改变了过去需要集中体系才能形成的物资供应体系。比如 3D 打印可以打印房屋、打印大部分的机器部件，不需要集中生产、集中配送，几乎就可以在地化地满足基本生存所需。

最理想的情景是：几个地方联合起来，白天黑夜虽然时段不同，但是太阳能并网发电就可以保证能源的基本需求，太阳能汽车在小区域内传输 3D 物品，可以不需要额外的能源供应，太阳能就可以满足。这样人类生存所需要的能源就会整体下降，甚至对过去不断地进行权

力或者能源等其他方面的集中而强化的国家体系来讲也具有内在消解作用。

  乡村资源过去是讲土地，现在可以"三产融合"，有更多的空间资源，这个空间如果有更多的风能、水能、太阳能等，那么乡村资源就更多地具有生产性并且自给自足。若国家陷入战争，哪个地方有更多的乡村，哪个地方就有更多的腹地资源，乡村就可以给更多的人口提供一艘避开战争或者其他灾难的"诺亚方舟"。对于大多数人来讲，这是一个更可持续的生存方式。

乌卡时代（VUCA）的
微观变革与世界体系变化
——中国特色社会主义政治经济学中的主权外部性问题

杨 帅

"乌卡时代"不是一个严谨的学术用语，是现在比较热门的一个网络用语。本文主要汇报四个问题：第一个问题是从摩登时代到乌卡时代的变化；第二个问题是摩登时代的世界体系和微观基础是什么；第三个问题是当前"乌卡时代"的微观组织产生了哪些变革；第四个问题是从这些微观组织的变革看当前所谓的"乌卡时代"的世界体系会发生什么样的变化。

一、从摩登时代到乌卡时代

摩登时代这个词源自卓别林的电影《摩登时代》(*Modern Times*)。摩登时代映射出资本主义生产方式已经高度成熟，生产组织高度等级化、秩序化，有很强的控制性。所以它代表的是资本主义生产方式走向高度成熟之后，产生的一种微观的生产秩序，即等级、秩序、控制和确定。乌卡时代（VUCA）是由四个英文单词的首字母组成的缩写词,第一个"V"是指 Volatility(易变性),第二个"U"是指 Uncertainty(不确定性),第三个"C"是指 Complexity(复杂性),第四个"A"是指 Ambiguity(模糊性)。乌卡时代反映的是易变性、不确定性、复杂性、模糊性,恰好与摩登时代形成了鲜明的对比。

二、摩登时代的微观组织基础和世界体系

这个时代到来的时候,实际上是有很多准备的,关键是我们能不能捕捉到这些散落在各个领域已经发生着的变化,进而去探索未来的变化。

(一)微观基础

从摩登时代特点来看,其核心就是等级和秩序、确定和控制,即"Order"。摩登时代的形成有整个资本主义200年的发展作为准备。在管理领域,形成了泰勒制,即流水线生产方式通过对生产流程的控制形成了对工人的严格管控,到后来福特制的T型车生产线,可以实现10秒总装一部车。在经济思想领域,亚当·斯密1776年在《国富论》里提出分工和专业化,即越分工越专业化越会提高效率,而越是专业化就越需要把工人固定在某一个专一的岗位上,使得人跟机器统一。在社会学领域,马克斯·韦伯提出了"工具理性",所有的职业都世俗化、职业化,人也变成一种理性的工具。在这个体系下形成了科层制,或叫作官僚组织(Bureaucracy),这种组织架构成为整个资本主义运作的微观基础。从微观到宏观都呈现出一种等级化和科层制的运行状态。微观的核心落实为科层制,在这种生产的组织模式下,人成为资本的奴隶。在哲学思想领域,马克思提出"异化",人类社会创造

了资本这个异化于自己的异化物,人反过来成为资本的奴隶。在技术领域,通过把生产系统、生产流程标准化,使劳动力也成为生产流程中间的一个标准件,劳动力就成为生产机器的一部分,从而实现人成为资本的奴隶。这就是微观组织的核心。

(二) 摩登时代的世界体系

进而,微观组织形态逐渐扩散,影响了整个宏观层面世界体系的结构。宏观层面内在的机理是资本要不断扩张、不断扩大再生产。从形式上看,微观企业组织的控制体系会不断扩张、不断扩大,会兼并其他的组织,最后就不断地从兼并走向集中,形成更大规模的控制体系,谁的规模越大,谁就越具有优势。从资本主义世界发展来看,这个趋势是非常明显的,早期西方的企业不断地兼并垄断,最后形成跨国的兼并和垄断,19世纪末到20世纪初的时候走向巅峰,在这个时期列宁提出了"帝国主义"论断。帝国主义产生之后,整个资本主义世界就把原来人类分散的生活状态完全打碎了,形成了沃勒斯坦的世界体系理论所描述的状态,即由核心、半边缘和边缘国家组成的世界体系。宏观世界体系的微观基础和机理在于资本的扩张,而资本扩张的微观组织依托科层制,这是它的一个核心的问题。

从逻辑上讲,资本扩张必然要求这样一种集中的组织形式,在宏观上也必然发展出这样一种等级化的世界体系结构。这只是事物的一个方面,事物的发展往往还有另一个方面,有反向的力量,一旦这种极化达到一定程度的时候,会产生被压迫阶级;当形成跨国垄断,形成帝国主义阶段的核心—半边缘—边缘的世界体系的时候,就会有压迫民族和被压迫民族;哪里有压迫哪里就有反抗,就会产生马克思所描述的反向力量。

从形式上看，这种世界体系就使得很多边缘国家里的、原来在马克思的经典论断中不属于革命阶级的力量，变成了革命的力量。比如在中国，20世纪二三十年代，随着世界经济大危机传导到国内，危机和代价一层层地转嫁到最底层，工商业不断往农村扩张，剥夺农民的利益，农民赤贫化，就成为革命的力量。中国的农民就是革命的主要力量。再比如拉丁美洲，土著居民原本也不是马克思笔下的革命阶级，他们不属于无产阶级、工人阶级，但他们也成为革命的力量之一，甚至连最不具革命性的神父都加入了革命的阵营，产生了解放神学。这就是在不断极化的世界体系倾轧下自然产生的一种反向的力量。反向力量的另一面在于任何事物最终都必将走向它的反面。

现在网上比较时髦的一个词叫"内卷"，任何事情发展到一定程度的时候都会产生内卷的问题，这也必然成为一个反向的力量。在这种反向力量的作用下，有一些国家在核心—半边缘—边缘这个体系中的位置、角色就开始上升。比如俄国，当时列宁说，俄国是帝国主义链条中最薄弱的一环。在这种情况下，爆发了十月革命，诞生了苏联。苏联以国家为单位形成了一个超大的科层体系，它在规模上、微观体系结构上还是延续着摩登时代的内在要求，就是等级化、秩序、控制，并且以高度集中和巨大规模作为其竞争力最主要的一个方面。苏联以国家为单位形成一个超大的控制型的科层体系，所以在规模上也不是一般的微观企业所能比拟的，也因此它在短时间内创造了一般的微观企业所不能创造的巨大生产成就和辉煌。当然我们可以从很多方面来解释，但毋庸置疑它本质上体现了通过高度集中短时间内形成生产规模的能力。

新中国成立后实行的是计划经济。计划经济就是把基层的生产科层组织嵌入大的国家行政体系里。农村里面是集体化、公社，城市里面是单位制，本质上是大的国家行政体系下面嵌入两个科层化的生产组织体系。实际上，只有这样一种超大的规模才能在短时间内应对各种风险，完成内部的积累，去抵御一般的发展中国家所面临的西方的自由竞争、逐渐进入市场、逐渐实现资本积累带来的各种风险。事实上，发展中国家大量出现的是要么陷入债务危机，要么停滞不前，根本没有进入现代化的发展轨道，很难真正完成工业化原始积累。这恰恰在我们这个以国家为单位的大科层体系里面实现了，通过内部化机制处理各种外部性的风险、处理一般的微观企业所不能承担的市场风险，还可以处理内部利益分配问题。比如在新中国成立初期工农两部门之间的交换关系，只有在国家强有力的主导下才能实现内部化的处理，一般发展中国家可能就是另外一种景象。而在民国时期，农村因城市工业化加速、遭到巨大剥削和侵蚀，三要素加速流出，农村加速衰败，最后农民赤贫化，纷纷加入革命。

当苏联从资本主义体系的薄弱环节上升为世界的另一个中心的时候，原来核心—半边缘—边缘的体系发展成双核结构，即以美国为中心的核心—半边缘—边缘的体系和以苏联为核心的核心—半边缘—边缘的交换体系。两个体系的本质都是一个等级化的模式，所不同的是苏联的体系是物物交换，美国的体系是以货币为主进行计量的交换，最后导致两个体系的竞争。美国在 20 世纪 70 年代后走向了货币化，布雷顿森林体系解体之后美元跟黄金脱钩，此后美元不受限制地扩张，货币化程度加速，意味着经济体系里面的流动性加快、极化能力进一步加强，最后形成的是金融法西斯主义的控制体系。苏联恰恰货币化程度浅，它有庞大的实物资产，还处在物物交换的阶段，所以以货币计量的经济规模和增长速度远远比不上美国。最后竞争失败，这是其中一个非常重要的原因。

摩登时代的世界体系中还有一个问题是，在现代化的分工过程中，很多处于边缘和半边缘的国家，如果过早地让渡了自己的资源主权，尤其是涉及生存的领域的主权，很可能带来灾难性的后果。

三、乌卡时代的微观变化

尽管"乌卡时代"这个词并不严谨，但还是能反映很多问题，体现出个人从时代巨变中能感受到易变性、不确定性、复杂性和模糊性。我们把这个词先抛开，看看近些年一些新的变化。

从生产力领域来说，首先是信息革命，这是一个主要的方面；其次，从当前我们研究的领域来看，生态空间所衍生的空间生产力及其所形成的空间经济，成为未来发展的一个重要的方向。上述变革预示着将来的经济发展的方向，出现了两个新的重要领域：数字经济和生态经济。数字经济依托的是高度充分的信息，然后形成的是未来的分散化、分布式生产的可能性，未来大量的个性化、定制化的产品及其所要求的智能制造，不一定集中在工厂里面，更有可能依托分散的组织形式。生态经济由于它的非标准化特点，也必然要求有这样一种分散性的生产形式与之匹配，它也不是那种大规模的集中生产，而是散落在无数个广大的空间里面的一种生产方式。所以生态经济所要求的一种分散化的生产形式，还有数字经济本身提供的分散化生产的技术，两者结合，就有可能使得未来的生产方式走向过去几百年资本主义导致的高度极化的趋势的反面，也就是会走向社会化。极化的趋势依托的是集中性控制化的生产方式，它的反面就是多元化、社会化的一种生产方式。

我们可以从网络流行词里面看出来某些变化。比如现在一个很热门的网络词叫"Z世代",相对于以前的千禧世代,它是指 1995 年到 2009 年的这一代人,出生、成长于互联网时代,对信息化的感知和信息技术的运用程度非常高。关于这群人的职业特点有一个很有意思的说法,叫"斜杠青年"。"斜杠"的意思是兼职,白天他可能是一个白领,晚上可能是一个博主等。相比于原来在韦伯作品里所描述的高度职业化、专业化的技术官僚和亚当·斯密所讲的高度专业化分工,斜杠青年从职业特点来看是向多元和多样的回归。

那么,进一步看"斜杠青年"现象背后的生产组织变化,未来形成的可能是一种网络状、扁平化的组织方式。如果是网络状态,它就必然是分散的,也不一定非得要集中,所以将来更多地会形成一种本地化的经济。比如现在给某个地方规划的县域生态公共品牌,肯定不是过去那样集中化的方式,头部企业进来圈地,把农民搬走,腾出一片山谷,圈起来,搞一个集中养老地产,进行重资产的投资。这种方式本身在商业上也被证明是失败的,更何况还会引起生态、社会方面的诸多问题。现在我们提出的县域生态公共品牌开发,是分散在各个村落里面,跟本地人形成一种生活生命的价值的共同体。在共同体里面,我们看到每个人的创业形态是多元多样的。比如我们到村里面看这些人的职业,他们是各行各业来的,有艺术家,也有企业老板,还有其他职业的人,在这个地方他可能经营的是一个民宿,也可能是一个画廊,还有可能是做电子动漫设计等,或者是知名的博主。这实际上就是一种社会化的、高度分散的、网络状的生产状态。当要做一个高科技的数字经济的创意产业时,也不必集中在北京中关村的某个创业园或者上海的某个创业大厦,在一个很偏远的环境优美的山村就可以实现。吸收自然之灵气,激发创作灵感!

所以,未来生产领域的微观组织的变化趋势就是网络状和扁平化。

有了网络状的组织结构，必然带动的是在地化，以及产权的分散化，进而扩展到整个生产体系，未来的企业形态就会出现一种反科层体系的形态。这就是我们讲的社会企业的含义。我们以前讲社会企业更多是从分配层面讲的。实际上，从生产组织方式层面看，网络状的组织方式，网络化、分散化的生产形态，也是社会企业的一个非常重要的特征。这就不仅仅是在分配环节，而是在生产环节就能够形成社会广泛参与，真正实现大众创业、万众创新，让参与主体广泛分享收益。这才是社会企业真正区别于原来企业形态的本质特点。因为原来讲到社会企业时，实际上延续的是原来的科层制的生产方式，只不过它是在完成积累之后再去做社会慈善和社会公益。实际上它跟真正的社会企业还是有差距的，真正的社会企业除了分配以外，更重要的是在生产形式上有一种网络化的变革，彻底的反等级化、反科层制、反秩序、反命令，也就是形成网络状扁平化、多元化、社会化的生产方式。

当微观生产组织领域出现这种变革之后，金融极化的速度和趋势将会被极大地减弱，甚至是彻底改变。为什么这么说？过去金融之所以能以这么快的速度集中，追大追快追强，脱离实体经济，恰恰就在于实体经济本身形成的这样一种金字塔形的结构。而在数字化时代，如果一切信息都是充分的，信息是互通的，也是高度分散的，进而生产也是高度分散的，那么金融资源就有条件配置到每一个真正需要融资的主体和环节，会回归它服务于实体经济的本质。因为当所有的信息都公开以后，所有的节点上的生产状况，全部都能变成一种可得的信息之后，金融资源就能精准地投放；同时，当所有的生产节点高度扁平化、网络化以后，资金的流动必然会随着这些实体生产领域的网络化变革，而呈现一种分散流动的状态，不再像以前集中服务于某些顶端的企业了。

一个典型的例子就是区块链,货币发行都可以去中心化,金融资源的流动自然可以去中心化。当前一个非常具体的应用场景是,如果实现网络化、扁平化的生产,又有了充分的数字信息,金融资源从理论上讲就可以配置到每一个从事生产的节点。因为每一个生产节点的数据都是可追溯的,它是否健康、是否具有赢利能力、是否能够规避金融为它提供服务时面临的各种风险,都是非常容易识别的。所以,金融资源是可以流向网络上的任何一个生产节点的,这就造成了回归到实体经济的条件,并且服务于分散化、在地化经济。

当微观的组织形式和生产体系,都实现了这样一种变革,未来的世界体系就会从全球化走向全球的在地化或者是全球的地方化。

三 生态视野下的新经济

严晓辉

当我们谈论乡村建设、社会改良或者社会运动时，都预期了一个求变的过程。无论是尝试改造社会还是构建另类社会，都是希望改变一些对当下不利的或者使之变得恶劣的局面。但是，到底怎么改变，怎么实现这些变化？或者说我们所参与的、想要推进的这些变化，怎样才能够发生？同时我们作为乡建者、参与者来推动这些工作，又应该怎样去看待这些变化？怎么理解变化当中的世界，并且尽可能去介入和把握它？这是本文思考的切入点。

通常，我们会提出各种批判，例如，对资本主义、对发展主义、对现代化、对金融化等各种不公平都有很多的批判。批判当然不是简单反对，也不是停留在概念上，它必须是一个解构的过程。在这个过程中，自我反思是怎么开展的，或者说我们经常强调的思想的自觉是如何发生的，怎样去重新构建或想象各种不一样，这是我们作为一个乡建者所关心的问题。

也因此，我们经常会强调，如何超越"左右"，跳出西方意识形态，走出各种知识陷阱，打破各种信息的堡垒等，希望寻求的是相对独立的思考，鼓励思想的创新。到底怎么跳，或者怎么谈，怎么去超越,这是我们应该要探讨的方法,也是我们作为人站在一个思考者的位置,可以自我改造的地方。

一、生态哲学是自然的哲学

本文要探讨的是关于三生态视野下的新经济,主要观点:一是思想创新需要新的哲学支撑,因此我会把生态哲学(Ecosophy)作为一个方法来介绍;二是要在逐渐进入的数字经济时代促成新的经济实践,新经济需要引导价值实现非资本主义单一方向的多元化,只有多元化才有可能防范数字经济时代的金融资本主义法西斯化。

什么是三生态?西方哲学有一个三分法,将哲学划分成自然哲学、社会哲学和精神哲学。与这种划分所对应的探讨是自然存在、社会存在、精神存在的问题(这里的自然被当成对象,人自外于自然)。当然,社会科学也会有类似的划分。如果从中国天人合一的哲学思想来看,这种划分方法始终是互相割裂的,难以弄清楚彼此之间的相关性。如果要做去西方化或者去西方中心主义的知识生产和思想构建,除了强化基于在地化的实践经验的总结和梳理,也需要了解西方知识体系的由来,了解它的哲学基础,以及在西方学界内部的自我批判乃至拆解其结构的方式,至少可以拿来做一些借鉴。况且对中国来说,今天的知识体系和教育系统其实已经完全接纳和采用了西方的这一套东西,所以也有必要借用西方学者自我解构的理论和方法。

从比较局限的认知角度来说,所谓人是认知世界、解释世界也是知识生产的主体,所以我们可以从关于主体的形而上学开始讨论。过去西方的大多数的哲学家认为"存在"的英文是"Being",他们把存在视为固定的自在之物,是一种存在主义,我们现在理解的很多西方哲学其实都是建立在存在主义的基础之上的。但是也有一些比较被边缘化的、冷门的哲学家不这样探讨问题，例如德勒兹（Gilles Deleuze）、瓜塔里（Félix Guattari）等哲学家使用"变化"，也就是"Becoming"来描述存在，所以他们的哲学思想也被称为生成哲学或生产哲学。从这个角度来看，中国的哲学从来就是生成哲学，只是我们不用他们那一套语言来表达，例如"道生一""三生万物"就是一个不断地"生发"的关系；再比如说"周行而不殆"表达的是道不断地运行，不断地循环的过程；又比如"阴阳"的变化互为因果、"五行"相生等。所以我们传统的哲学从一开始就是"自然"的，存在主义是"自在"的哲学，我们是"自然"的哲学（这里的自然是指自然而然，自然发生和演化）。我们不去专门追问关于存在的问题，没有把自然、把存在作为一个外在的"对象"，因为自然就是一个生成的过程，一个生产的过程，它不断地生成和再生产，世间万物不断变化。

二、资本主义主导了我们的"欲望生产"

后来西方的所谓后现代哲学（德勒兹他们并不认同这些派别划分，都是后人这样说的）这个学派的思考都会围绕关于"生产"的问题，像福柯（Michel Foucault）、阿甘本（Giorgio Agambe），包括德勒兹，尤其这些哲学家的后期的思想，都有涉及关于生产的议题，也就是在生成哲学的基础上来讨论。也可以说他们是从马克思晚年对东方社会认识的不足开始的，其实恰好契合了东方智慧的精华部分。他们主要用生成哲学来干什么呢？主要是针对源于西方的资本主义制度，专门在资本主义最核心的地方开展反抗。也因此，算是异曲同工，我们的"自然"哲学、"生态文明"都是未来可能抗衡资本主义制度的思想基础，这些无论源于东西，都是我们开展社会运动，尤其是摆脱资本主义可以借鉴的思想资源。

对德勒兹等人来说，经历了20世纪60年代的运动，在那些挫败的经验中反思，从生成哲学出发，形成了一个关于"欲望生产"的思考模型，所以他们发明了"欲望机器"等一系列听起来很奇怪的概念。但在概念阅读中，如果用"生命力"或者"欲力"来代替"欲望"的概念，就比较好理解了，即是说：用生命力的自我生产，由生命力驱动生命生发的模型。生命是求存求生的过程，这样就不把生命看成一个固定的对象，而看作一个持续生产自己、持续创造自我的过程。德勒兹和瓜塔里用这个思考模型来研究人类的生命，尤其是底层的人，是如何被资本主义利用的，如何被它改造，如何被限定，如何被压榨，以及最关键的是探讨如何摆脱资本主义体系对我们的统治。换句话说，从马克思主义出发，生命与资本的关系，不仅仅是资本剥削劳动，而是演化为资本主义对我们的欲力、我们的所有生命力的全面压榨。

生命的存在需要依赖我们生存的环境当中不同的条件，这些条件包括了自然的、非自然的，物质的、非物质的，以及各种各样的关系。我们生命的运行就是不断重复和这些条件建立关系的过程，其间会达成某些相对稳定的关系，也持续寻找和建立新的关系。我们的精神、欲望都取决于和外界建立什么样的关系，这些关系包括了与环境的关系、与社会的关系以及与我们自身在身心层面的自我达成。

"三生态"，就是自然生态、社会生态和身心生态。因为我们说身心一体，身心不二，所以叫身心生态。自然、社会和身心这三者被西方科学语言切分开来，各自发展成不同的学科方向，在生成哲学的语境下，要重新探讨三者之间或各自本身是互相影响、互相改造的关系，因为这三个范畴本来是不可分割的一个整体，但我们现在又不能不表达已经有的区别，所以我用了"三生态"，不加量词，即不用"三种生态"或"三个生态"来表示。所以三生态视野把自然环境、社会和人的身心贯穿成一个互相关联的复杂系统，任何一个系统的改变，都会关联另外两个面向，例如人心的问题一定跟社会状况和所处自然环境有关系；社会条件的变化一定跟人们怎么去构想、设计和组织，以及和对应的地理、气候等条件相关，所以它们之间是互相关联、互相贯穿的，形成的是一个整体。

但是，无论如何，人又是思考问题的主体，与人的身心生态形成有关的东西的，或者说是构成主体的各种条件组合，我们称之为"主体性"，主体的生成，或者说人之成为人的过程，是贯穿三生态的核心的枢纽。换句话说，我们要讨论的重点其实是人的生产，主体的生成，不仅仅是关心我们自己身心的建设，关心学什么知识，获取什么信息，而是同时要看我们所处的自然环境、社会环境是如何介入我们的身心，参与我们作为一个人的生产过程的。我和温铁军老师在《南方世界观》里首先强调气候变化和文明演化的派生关系，也强调文明差异对不同文化思想体系的生成作用，气候和地理条件怎么缔造文明，不同的文明酝酿出不同的文化和思想，这是在宏观层面的理论表达。回到主体性，群体（主体）如何看待气候变化及文明的演进，若我们把演进看成一段历史，好像自然变化也是一个已经发生的所谓客观历史，那么，怎么对这个历史做出不同的解释？不同的主体对同一历史事实的解释会有很大的不同，这些重新阐释过的历史和对文明的差异化认知又会参与到新的思想创新当中。这就形成了一种互相贯穿、互相生成的关系。怎么看待历史一定涉及我们用什么方法，用什么视角，带着什么样的思想去认识和讨论它。我们寻来的历史素材，新的历史发现，对事件的不同解读，都会作为新的构件，参与到对历史的认知和建构之中，这样"历史"就不只是一个客观对象，而是与认识它的主体有密切的互动关系，认识"历史"本身对于构建我们当下的想法，对于我们想象未来，对于产生新的思想，都是参与其中的。所以，我们的"主体"也不是一个本质化的存在，"主体"与构成主体的"条件"是互相生成的关系，要生成新的主体就需要找到新的条件来介入。

指出这一点，并不是想要表达空洞理论，而是想更有效地面对现实。这些讨论来自20世纪七八十年代新自由主义刚兴起的时候，在西方中心地带对那些反抗资本主义运动的分析，德勒兹和瓜塔里有几本相关的著作，《反俄狄浦斯》(*Anti-Oedipus*)、《千高原》(*A Thousand Plateaus/Mille Plateaux*) 两本是他们合著的，这两本书中都有"资本主义和精神分裂"的内容，看似在谈精神问题，但实际上是在批判资本主义，解构资本主义，探讨怎么反抗资本主义。他们认为，知识是一种被固化的信息结构，知识作为一种认知语言，是被一套"编码系统"编译而结构化或者标准化了的。不同的经验之间、不同的社会之间要交流，就会用到翻译，其实翻译不仅是语言，而且是编码系统之间交流的工具，或者不同规则、不同理论工具去定义和解释不同的经验也需要翻译工具。

其实在"中国式现代化"提出之前，很多时候"现代"直接等同于西方现代化，也就是现代化已经被西方现代知识，被资本主义编码，包括我们自己和触及的知识系统也已经被它编码，套进一系列标准化的规则，你会发现资本主义所创造的西方现代知识霸权的霸道之处，或者说最霸道的地方也是最局限的地方，就在于我们往往是单方面地用现代（西方）知识——资本主义这种单一的现代的编码系统去翻译或者解释各种各样的非原生的不同经验。例如用西方的编码体系来解释中国经验，用资本主义的语言套用所有的发展经验，这就是它的局限，也是被它霸凌的地方。所有知识，其背后一定有一套解释体系，这个编码体系将决定这个知识最终是什么形态，也都会参与到主体性的塑造之中。

三、在无意识的层面改造我们的主体性

从以上角度出发，作为一个思考者，要思考改变，或者思想创新，首先要反思的是我们是如何形成当下的想法的，这就和已经被编码的知识相关。但是这里我们要进入另一个和编码有关的部分，就是"无意识"。我们所说的思想创新，所表达出来的所谓思想"自觉"，其实也已经是经过严格地组织和结构化的"意识"的部分。这是什么意思呢？就是我们能意识到、能觉察到、能感知、能表达，我们才觉得自己在思考，在组织这些"有意识"的思考的过程中，所用到的"原材料"，即各种符码、信息、知识，除了已经显化的、结构化的部分，比如我们日常生活中积累了很多知识，读了很多书，看了很多新闻，这些都是显化的信息结构，如果只看这部分，你会觉得自己是"自主"的，觉得自己可以有选择地"独立思考"。而在这些之前，其实有大量潜意识存于我们意识深处的部分，这部分我们把它称为"无意识"，因为是无意识，所以通常根本感觉不到它在我们的身体里，不会察觉它在我们的大脑里运作。但是无意识对于构成我们的所谓新知识、新想法、新思想，其实能起到更大的作用。就是说，我们能意识到的、能调动理性去组织起来的知识，只是冰山一角，冰山下边有大量的无意识构成一个更大的底座，这个底座通常是不能被感知和察觉的，无意识的部分在我们"不知不觉"中自我组织，生产意识，形成能被

我们知觉到的"冰山"那部分。这不是在谈论心理学的问题，而是通过区分意识和无意识，重新关注进入我们身心的各种信息，除了我们有意识地思考、选择、组织的信息，还有更大量的信息不被我们意识到，在习以为常、潜移默化、不知不觉中参与进我们的身心，是主体性生产的重要部分，却被我们忽略了。

资本主义恰好是利用很多这种无意识的信息来改造我们的主体性，让我们不知不觉地形成某些认知。举个例子，比如说"要有钱"，如果我们处在一个纸醉金迷的环境里，金钱是以各种方式作用在我们的身体上的，不只是物质的、实用的东西，还有非物质符号的、象征意义的、实惠的、计较的、预期的等，它通过各种方式跟我们的身心发生关系。无论我们怎么保持清高，如何去调动理性克制自己的欲望，其实都很难做到出淤泥而不染，时间长了，在这个环境里边浸润久了，它怎么改变的你，你自己也不知道，却合乎情理地认同了，这就是无意识的部分在发挥作用。

《反俄狄浦斯》和《千高原》这两本书的标题都含有"资本主义与精神分裂"。虽然后期它们不再使用"精神分裂"这个概念，但是这个概念反映了，在主体生产的过程中，资本主义一方面借用、鼓励、吸纳我们对资本创造价值有用的部分，激发我们这部分欲望；一方面打压、限制我们不能被资本利用的部分，压抑我们的"非资本主义的"欲望生产。资本主义就是这样"精神分裂"，它一边打击和限制我们反抗它的能力，用金钱和消费符号把我们改造了，早在无意识的层面就把我们的知识生产和可能发生的认知方向改造了，同时它也是鼓励和吸收我们的创新能力，吸纳我们可以为它产生价值的东西，鼓励我们去为它创新。在持续的一手打压一手鼓励的反复的、分裂的操作下，我们的能力——我们在各种社会条件、各种知识条件、各种所谓甚至是绝对正确的真理基础上所形成的这些认知，最终被限制在只是为资本主义服务的领域内，即"辖域化"（Territorialization）。当主体的欲望生产被限定在一个有限的只有利于资本主义发展的方向上，但是在无意识的层面，我们会把这部分被限定的欲望看成是自己的"主观能动"和"自由意志"，而不会意识到资本主义在无意识中已经改造了我们的意识。比如资本主义想要把所有人变成"消费者"，而多数时候人们都会认同自己是消费者。无意识的信息是一些重复的"信调"（Refrain）或者符码，它并不经过意义的理解和转化，而在更低级的信号层面起作用。例如，简单重复的调子、广告歌曲、音乐，醒目的符号、色彩，直接成为参与主体性的组成部分，能直接调动你的兴奋、恐惧和各种条件反射；好比交通灯，它在语言学里是最低级的信号，不是让你辨识三种颜色，而是通过它来传递一个命令，直接让你的身心有响应；更多的还有审美的层面，比如美丽的容颜会让你不需要思考就心跳加快，金碧辉煌的奢华场面让你立刻眼前一亮，某些短视频里配的背景音乐让你一听就上头，等等。资本主义正是通过控制这些信调、符码的数量，让主体性在单一维度上重复生产，让你上瘾，同时长期处在一种"匮乏"和"空虚"的状态，难以生产出反对资本主义的主体性，资本主义就这样裹挟着我们走向单一方向的发展。

"反抗激进发展"，老子在《道德经》里称为"反动"，反者道之动，弱者道之用。老子认为这种反对发展的"保守"思维，是中国古人一种最朴素的可持续思维。道是反对激进发展的，它是"反动"的，今天来理解这种保守也可以称为"社会的自我保护"，即反对破坏的力量。

我们再看热力学第二定律——熵增定律，也是从物理学意义上描述物体在系统内自动走向某种均衡的一个原理，是持续地减少差异，达至系统内互动的平衡状态，自然的物体不是调动能量去走向极端化的所谓秩序，而是消减差异达至均衡。从这个角度看，热力学第二定律描述的"熵"跟老子谈论的"道"其实是一样的。

在一个社会里，如果当下的体系，人们所处的环境对其生存非常不利，尤其是对大多数底层人民不利的话，那人们就会起来求变，推动发展，这是不可阻挡的。道是反动的，反发展的，当某种方式的发展走向极端化，其中的一部分群体就会起来推动新的改变，或者扭转激进的局面，让社会回归公平，让生态重归均衡。社会运动也就是在这样的层面上去谈改变，是去打破当下少数控制的恶的体系，回归有利于大众的公平与和谐。其实任何社会都是这样，任何生物种群也都一样，一边是维护已经获得的既有的有利条件，另一边是消除不利的因素，同时抓住各种机会创造新的有利于大众的条件。

四、走向非资本主义的新经济

当资本主义给大多数人带来的是危机的时候，为了走出危机，我们必须想象不同于资本主义的新的经济方式，跑赢资本主义自我更新、不断扩张边界的旧经济。因此，乡建运动要推动的新经济的方向是非资本主义的经济，非资本主义不只源于传统，也源于资本主义自身发展和分化中的各种裂隙。

资本主义推动下的新经济也是基于不断分裂的趋势展开的，世界不断地分化，事物不断地分裂，它们之间也就像是"道生一""三生万物"，再"生"下去，构成经济的各种要素之间的关系就会越来越复杂，而且走向复杂化程度的速度会越来越快。可以被资本主义编码的对象，可以被用来作为资本主义价值实现的对象会越来越多。包括在数字化时代，仅仅从货币的增量来看，当有形的生态资源，和无形的生态都被资本化，被资本吸纳，例如自然资源、社会资源或社会资本，还有创意资源或文创、文化产业，无论是实实在在的物的层面，还是想法（Idea）的层面，统统都被资本吸纳，资本主义在数字虚拟空间会缔造出无数个经济"新"领域，与之对应的可以创造的货币数量将越来越不可估量。通过其分裂式的吸纳方式，最终把所有这些所谓的社会资源、人力资源、自然资源等各种资源都编码为财富，使其成为可以交易的资本。进一步看，人的劳动、生产活动反而对资本主义越来越不重要了，留下的除了消费还是消费，生命的行为和意义越来越被限定在消费上，不断被创造出来的新的消费方式，不断被强化的消费欲望，支撑了资本主义的新空间。

数字化作为经济领域的新的要素，一定会推动经济模式产生新的变化，在这个过程中，乡建工作应该要介入这些新的变化，寻找不一样的多元化价值的实现路径，避免被资本定义的单一价值吸纳。也就是说在数字时代，乡建者要找到机会脱离资本主义对传统货币、传统价值的解码，解码以后再用数字化的方式重新编码。在重新编码的过程中，如果能分裂出一些不一样的编码规则，尝试脱离被资本主义规则全盘吸纳的路径，就可能产生出一些非资本主义的方向。

三生态或者相关的生态哲学、生态智慧等理论，是专门针对西方资本主义解构的，它是从资本主义内部核心地带所发生的反抗运动中生出来的。如果经济方式越来越被资本主义侵蚀，我们所面临的社会问题、我们的乡建行动、我们的生态文明构建，就需要突破这样的阻力，需要一些根本上的突破。其实我们也看到所谓信息大爆炸还没有到来，但是信息量已经开始爆发，而且在新的量子科学、人工智能（AI）技术背景下，都需要有新的伦理、新的哲学，所以三生态提供的是一个动态的视野，它不是线性的逻辑或简单的辩证思维，而是一种"量子式"的思想。在这样的视野下，我们可以更容易、更完整地把握世界的变化。同时，三生态又不仅仅是一种视野或方法，它表达了生态系统之间、不同结构之间的互动关系，而不是一个固定的结构关系。它是生产性的，它高度契合中国的传统哲学思想，摆脱资本主义发展方式的重点之一是新的不一样的主体性的生产，是对解决问题的人的生产，是对自我组织的群体或集体生产，或者是对底层人类的生存方式本身的生产。三生态也是一种构建不同的伦理政治的模型，社会运动本身就带有这样的关怀。三生态指的就是没有终极的或者完美的模型，只有不断地生产再生产，在夹缝中寻求变化再变化，逢山开路，遇水架桥，这样一个不断寻求出路的过程。

推动社会变革的核心是人，人的生产是最重要的，乡建也探讨关于人的培养的话题，通过前文的论述可以看出，人的改变是无意识的，不是简单地学习新知识，学会新思维，而是要从调整身心生态开始。资本主义的运作方式无处不在，就像无法摆脱的幽灵，它不仅破坏或损毁了自然环境，还改造了社会环境、经济方式。资本主义也改变了人和人之间的各种关系的连接方式，例如用钱取代人情就是一种改变。我们传统社会人和人之间的关系，最后变成市场交易的关系，这就是一种改变。这些改变我们都很清楚，但重要的是它破坏了我们的身心，破坏了我们的思想。年轻人经常说"心态崩了"，可能就是在说，我们的思想、我们的心灵、我们的身体都被它改造了，无意识的部分也被改造了。我们身处这个环境，就会被改造，而且改造我们的过程真的就是潜移默化的、无意识的，它不断反复用它所编码或筛选的信息知识来改造跟它相关的人。

因此乡建也好，各种社会运动也好，任何谈反抗、谈改变、谈创新的议题，可能首先都要从它作用于人的这种我们忽略的、隐蔽的方式入手。我们经常谈保护环境、保护生态，其实我们应该先谈一下保护身心生态，我们的身心如何不被资本主义所污染，要审视那些进入我们无意识的重复的信息（比如重复的短视频），在无意识的层面寻找一些改变的空间。如果结合前面说的自然、生态、社会环境，社会条件是如何作用于我们的身心生态，或者我们的主体性的，那就可以创造条件或者创造一些可以引发改变的事件。就像我们把历史资源拿来用一样，它在改变我们身心的时候，就把一些自然的条件、社会的机会，一些事件拿来放入我们创新的生产进程中，让它们介入我们新的主体性的生产，就可能推动下一个进程的生产改变。

资本主义方式也是由历史上不同的社会关系方式和要素组成的，这些要素不完全都是坏的和无用的。比如我们把一座危楼推倒了，这个砖头还是可以用的，可以拆解和重新组合，可以重新编码，这样我们需要生产一批重新掌握新的编码语言的人，例如新的程序员、新的建筑师等，这就是思想创新的重要性。

如今的资本主义的生产方式已经从物质生产彻底转变成非物质生产主导的阶段。金融资本主义是一种非物质的生产，它早就脱离了马克思的价值理论意义，它变成虚拟的可流动的、不以生产和交换为前提的，甚至是虚无的财富形式。在非物质的生产领域，数字化、信息爆炸将作为金融资本主义的新方式，为它再一次带来新的、更巨大的吸纳或容量的空间，也就为它走向极端化提供了条件。

例如，按照美国现代货币理论（Modern Monetary Theory，MMT），也是美元的经验，货币最后会变成一种银行强行发行的债券，货币就是债务。现代货币理论颠覆了原来的马克思所阐释的货币跟价值、流通、财富相关的观点，它变成一种很直白的债务，你有多大的货币量，或是多大的所谓财富量,就代表有多少人对它负债!有钱不再代表你拥有财富,而是你持有了对别人甚至对政府的负债,这种债务关系统治了所有使用货币的人。

当然,金融资本、数字资本绑定虚拟资本的体量越大,统治力就越大,人类社会的风险就越大。乡建角度的新经济的目标,应该走向价值的多元化,从资本主义的一元走向非资本主义的多元。无论是自然之物还是社会关系或是人的劳动,虽然可以说它表达不同的价值,或用不同的方式来衡量它的价值,但重点是这些所谓的价值最后不能都被金融资本内在规定的虚拟的、单一的价值所统一,也就是说,不能都变成用钱衡量的价值,不能持续地变成为资本增值服务的原料。因为我们可以预期所有这些物质的、非物质的、实在的、虚拟的资源、条件或各种生产活动,在数字化时代被数字化的货币或数字化的价值符号去编码的时候,可以产生出无可估量的、没有上限的所谓价值。如果没有多元的价值观来分解或分化这些被单一货币价值所绑定的资源,全部被现在这种资本计量的方式吸纳,就非常可怕。

我们要去寻求不能被资本符号所衡量的、所吸纳的多种多样的价值方式。每一种都是在地化的,也是独特化的,只被社群内部认可和共享;也许它不需要统一的度量衡,甚至没有跨社群的流通,只被在地的群体共享,为本地、为社区自己服务。如果一开始还是被某种统一的计算所量化,采用所谓科学方式,就生产不了多元的价值,最后还是被资本主义所吸纳,就是那些看起来对发展资本主义没用,不能被标准的价值计算的,才是可贵的。

在2019年的乡建会议上,我们讨论过乡建生态券,其实出发点就是基于在地化的多元价值设计,我们当时写了一篇文章,第一句话就是乡建生态券不是流通意义上的货币,它只是社区成员内部被认可和流通的积分或者信用值，就是一种通证。这种通证的生产或者计量信用的锚定一定是脱离标准定价的。一千个社区有一千种不同的通证设计，什么标准可以大家一起讨论，每个社区都不一样。当时有一些朋友希望用这个方案取得投资，然而乡建券的设计有各种可能，获得投资是唯一不可能的；反之，如果被资本认可了，就不可能是一个去资本化、去标准化、去金融化的设计。听起来这好像有点过于理想化，换一个范畴就比较容易理解：世界各国如果要去美元化，本币就好比一种社区货币，美元是世界货币，如果不能脱离美元对本币的计价和控制，本币不换锚，本币的价值不由本国国内的需求决定，就不可能摆脱美元，也就不可能摆脱被美元持续洗劫收割的命运。这样来理解的话，前文说的多元价值就是每个社区、每个地方自己发行的数字通证、生态券，由内部要素或成员协商确定所定义的价值，这个价值跟外边流通的货币可以没有关系。数学上的分形理论（Fractal Theory）强调大系统是对小系统规则的复制，在这个方面也可以借用温铁军老师对于国家竞争层面的理论创新，我把它套用到更微观的世界、更微观的社会。

总之，三生态的视野，强调了主体性的重要，反资本主义的社会运动之主体的生产就是人的生产，可以摆脱资本主义的人（集体）。人不是完全被动的产物，也不是完全的自由意志的产物，而是各自历史的产物，当有新的要素、新的条件介入主体性的生产，就会有新的人、新的力量生产出来。社会在演化中，不断出现的新条件可以被资本主义所利用，也可以被非资本主义的经济方式所用。从这个角度来说，资本主义的危机也是生产非资本主义的新的条件。

引重致远　以利庶民[1]

刘健芝

> 服牛乘马，引重致远，以利天下，盖取诸《随》。
>
> ——《周易·系辞下》
>
> 庶，屋下众也。
>
> ——许慎《说文解字》

一、南南论坛与全球大学的缘起

2011年12月12—14日，第一届南南论坛（South South Forum on Sustainability）召开。论坛开宗明义，阐释何为南南精神，以可持续实践与多样化的生态文明为理念，立足边缘国家的经验与现实，促进全球民间另类实践广泛开展对话与交流，形成南南多元合作，寻求全球化挑战下包容性可持续实践的新途径。在论坛参与者中，有来自30个国家的120位学者和活动家，他们分华北、华东、西南三条路线，先实地参观和考察中国内地各处的城乡经验，再到中国香港参加论坛。

同一时间，"全球大学"（Global University for Sustainability）酝酿筹

---

[1] 本文原载于《文化纵横》2023年第2期。

组,广泛联系全球南方与北方的进步知识分子,在2015年由200位创始成员宣布正式成立。发起人包括埃及的萨米尔·阿明(Samir Amin, 1931—2018)、比利时的弗朗索瓦·浩达(Francois Houtart, 1925—2017)、美国的伊曼纽尔·沃勒斯坦(Immanuel Wallerstein, 1930—2019)、日本的武藤一羊(Muto Ichiyo)和武者小路公秀(Mushakoji Kinhide, 1929—2022),中国学者有戴锦华、温铁军、汪晖等。全球大学秘书处设在中国香港,由我担任秘书长。在200位全球大学的创始成员里,18%是华人,这一比例在国际交流的组织和活动里算是比较高的。我们特地邀请了年青一代的学者和行动者,其中有创办工友之家和"爱故乡—村歌"计划的孙恒,主持国仁乡建社企联盟的严晓辉博士,在香港当全职农夫、发展生态农业与生态教育的周思中博士,曾任全球和平妇女中国办公室主任的赵玲,等等。

之所以在2011年筹组这些民间交流活动,大背景是2008年的华尔街金融海啸和全球气候变化。两场危机都预警了全球南方将要承受被转嫁的资本主义经济与环境恶果,因此必须寻找替代方案,团结全球南方,维护自身权益。有鉴于此,上述国内外知识分子,基于信奉共产主义理念和推动社会变革的志向,走在了一起。能彼此相识相知是难得的因缘际会,南南论坛和全球大学的取向,离不开这些创始成员的思想指导。

阿明教授可以说是主要的奠基人。早在1988年,他就出版了《欧洲中心主义》(*Eurocentrism*)这本经典著作,以这一开创性的名词对欧美世界的殖民侵略和文化霸权做出了尖锐批判,提出南方国家和人民必须对抗西方霸权、建立公平合理的社会和世界秩序。1997年,阿明教授与浩达教授合力创建了"另类实践世界论坛"(World Forum for Alternatives),联系亚非拉的进步社会力量;几年后又参与策划了"世界社会论坛"（World Social Forum）。

我和阿明教授的初识，带着一点戏剧性。2002年3月1日，在西班牙巴塞罗那，联合国教科文组织前总干事费德里科·马约尔（Federico Mayor）召开"民间社会联网世界论坛"（UBUNTU: World Forum of Networks of Civil Society）百人会议。早餐时，我恰好和阿明教授同桌。阿明教授问我来自哪里，我说，中国香港。他眼前一亮，热情地说，你一定要联系一个非常优秀的亚洲组织，许多杰出的知识分子都在那里从事出色的思想和实践工作，总部就在中国香港。我洗耳恭听。阿明教授说，那个组织叫亚洲学者交流中心（ARENA）。我说，我是ARENA现任联合主席。他哈哈大笑，这一刻奠定了我们的友谊。

出席大会的有很多知名的诺贝尔奖得主、思想家、政要，但是阿明教授除了被"粉丝"拉着拍照之外，一直跟我坐在一起。他要了解他的老朋友武藤一羊教授、武者小路公秀教授、苏瑞侪·温格（Surichai Wun'gaeo）教授等ARENA前辈的近况，我们也谈论了亚洲和非洲的共同命运和挑战。阿明教授一直在推进民间的思想与行动交流，尤其主张亚洲与非洲之间要加强联系，他认为，亚非的共通之处，是没有被帝国主义制度及意识形态全面地腐蚀。阿明教授于1973年成立了非洲社会科学研究会（CODESRIA），这是一个积极介入社会实践的泛非洲学者组织，性质与ARENA类似。

浩达教授任教于比利时天主教鲁汶大学社会学系，曾任"三大洲研究中心"（Tricontinental Centre）主任。除讲学和著书立说之外，他还长期奔走于拉丁美洲、亚洲与欧洲之间。浩达教授是做到解放神学知行合一的佼佼者，古巴、委内瑞拉、玻利维亚、厄瓜多尔、哥伦比亚、斯里兰卡、印度，到处都有他的足迹，到处都有他的门生，他是卡斯特罗（Fidel Castro）、查韦斯（Hugo Chávez）、科雷亚（Rafael Correa）、莫拉莱斯（Evo Morales）等拉美政要的座上宾，也是拉美社会学学科的奠基人，深受人们的爱戴。

南南论坛和全球大学至今维持了10多年，靠的是核心成员在情感上的相互认同和信任，不计较名利得失，保持高尚品格，才得以合作无间。同时不可或缺的，是大家对一些基本立场的认同，这个知识共同体弘扬广义的左翼进步观点。由于我们提供的平台是论坛与网络，参与者会根据本身的志趣以及具体的研究焦点与社会议题激发思辨，乃至策划研讨活动并且出钱出力，开展平等交流。物以类聚、人以群分，过去九届参与南南论坛和全球大学研讨活动的海外朋友们，具有不同背景、学科和文化，在对主流弊端的批判和对未来理想社会的憧憬上，其实有着不少差异，但他们却能在这个求同存异的开放空间里互相砥砺。

二、抵抗的全球化

阿明教授和浩达教授等有公信力的知识分子，为南南论坛和全球大学指引了立场方向。为了推进知识分子与民间运动的连接和交流，他们从2003年开始，每年都出版《抵抗的全球化》文集，邀约全球各地的公共知识分子撰文，既反思各地的运动经验，也寻求思想的汇聚与交锋。我从英文版和法文版选编了《抵抗的全球化》中译本合集，上、下两卷在2009年由人民文学出版社出版。《抵抗的全球化》与一般学术文集最大的不同之处，是自觉警惕知识界主流的欧美中心话语体系，试图建构"亚非拉"视野——不仅由本地学者阐述以亚非拉为主的各地运动的抵抗历史，而且将欧美与亚非拉之间紧扣的、复杂的关系展现出来。

"亚非拉"这个词，在风起云涌的20世纪60年代盛极一时，它不是一个地理概念，而是指代位处边缘的力量。"亚非拉"象征着抵抗——抵抗帝国资本主义的猖獗，抵抗其主导的世界秩序的腐朽；"亚非拉"指代着新的能动主体，既指被殖民的民族国家摆脱被侵略被劫掠的命运，也指全世界被压迫者和劳动人民突破民族国家的框架，摆脱资本主义逻辑，寻求全人类解放。

可是，在殖民主义的霸权话语中，尤其在20世纪八九十年代新自由主义横行时期，"亚非拉"几乎就是"贫穷落后"的代名词。这个代名词并非一面反映现实的镜子，而是一种功能运用：通过对"他者"（亚非拉）的界定来确立"中心"（欧美）的位置。这种"魔法"倒果为因：亚非拉因为贫穷，所以需要发展，而且只能在"已发展"国家的帮助下，以"发达"国家的政治、经济和文化制度为楷模来发展；它们需要被纳入全球化，进行现代化，从"欠发展"状态中走出来，以求享受繁荣和安定。这类在二战之后冒起并成为一般常识的"欠发展"话语，是资本主义通过经济和贸易的新扩张策略，以发展之名不断制造贫穷的粉饰。所谓"发展"，一方面是对与民众息息相关的大自然进行掠夺和破坏，通过种种手段迫使民众成为发展所需要的劳动力；另一方面则通过推销"发达"国家的文化优越性，产生对"落后"地区民众的同一化作用，摧毁传统的文化和社区，瓦解尊重生态、着重合作、相互依存以能相对自给自足的文化基础，为商品化的扩张铺设"高速公路"。在此，"亚非拉"这个代名词发挥着第三个作用：掩盖"落后地区"民众多姿多彩的差异，因为这是同一化所不能消灭或压抑的。但恰恰是这种差异，戳穿了同一化真正要掩盖的东西——它本身的贫乏与不公；也恰恰是在多样性的生态中开绽出来多姿多彩的差异，才能打开可能性，超越资本主义"确保同归于尽"的逻辑。

的确，资本主义关系的扩张已蔓延到全球每个角落，也已渗透至每个社会日常生活的深处，它把闲暇、信仰和家庭关系等各种"私人"范畴，通过商品化的手段纳入其日益庞大的监察操控之内，人们的欲望、嗜好、价值观不知不觉被编入资本主义贫乏与不公的逻辑之中。当人们迷失于对"欧美生活方式"的追求，成为物质至上、物欲横流的社会的生产者和玩物时；当社会进步以量化的国民收入和金钱交易为首要指标，社会生活的各个层面都被置于经济至上的淫威之下时——非资本主义的社会和文化就必然相形见绌，被视为"落后"和"低劣"的东西。

因此，对抗帝国主义的掠夺和蚕食，除了经济和政治层面的抗争之外，日常生活中种种与实践紧扣的文化价值也是激烈争持的战场。和生活密不可分的社会关系和政治经济制度，是抗衡资本主义文化价值宰制的关键领域，不能被化约为可以与"自我"完全分割的"外在敌人"。

要有效地抵抗欧美中心主义，不能单纯地以本质化的"亚非拉"主体来取代"欧美"主体，即不能把"亚非拉"树立为"欧美"的对立面，自诩为反抗的代表。"欧美"与"亚非拉"的关系，可以说是"既爱且恨"的关系，而不是简单的否定关系。换句话说，得从建构和维系"中心"的种种手段所力图掩盖的内在矛盾和张力上着手，从边缘位置质疑权力中心的运作，从亚非拉民众所谓的"失败者""被征服者"的现代历史经验，来批判欧美所谓"成功"经验的血腥不仁，拒绝资本主义的内在逻辑。

如果以这种视野来细看亚非拉被殖民的历史，就会看到爱德华多·加莱亚诺（Eduardo Galeano）的名著《拉丁美洲被切开的血管》中详列的史实所昭示的境况——拉丁美洲的血管被殖民者切开，至今，血仍在汩汩流淌。今天，资本主义许诺的"发达国家带领欠发达国家逐步前进"的神话，在亚非拉广大的遍布贫困、战乱、死亡的土地上，成为极为残酷的反讽。在科技如此"昌明"的年代，在资金、商品、劳动力和生产资料全部"过剩"的年代，年复一年，日复一日，每天有数万儿童因贫病死去，全球数亿人活在赤贫的生死线上。只要我们不把这些数字仅仅看成是数字，只要我们睁眼直面数字后面的一个又一个孩子、一个又一个家庭的苦难和挣扎，只要我们把这些死亡和贫困与亚非拉几百年来、至今未息的被掠夺残害的历史联系起来，我们便无法相信资本主义的神话，无法接受欧美中心主义的各种诡辩，无法称庆亚非拉部分国家的少数人群得以跻身中产阶级和极少数人的大富大贵、奢华挥霍。是的，如果我们不让心灵被殖民化，那么我们就能看到，殖民主义并没有披上华贵的新衣，而是赤裸裸地站在抢掠来的财富堆上，贪婪地继续掠夺。

今天，资本主义三大危机——生态危机、食物危机、金融危机——同时爆发。新冠疫情下，更是哀鸿遍野，惨不忍睹。百年内，全球变暖和地球资源的破坏将导致大量物种灭绝，以致地球大部分地区都不适宜人类居住；投机倒把令粮食危机严重爆发，饥饿贫困的人群雪上加霜；严重泡沫化的全球金融体制性危机爆发，资本主义体制苟延残喘，短期的应对措施只是饮鸩止渴。阿明教授著名的批判用词是"资本主义的内爆"。资本主义不断扩张，打造了一环又一环相互牵制又相互促进的网络，把个人、社会和自然不断地卷进去，成为其继续扩张的力量。这样的逻辑导致了资本主义的多重危机，继续下去，只能让危机愈演愈烈，受害者首先会是贫苦大众，不仅是亚非拉的绝大多数民众，也包括欧美日增的底层民众。

无论是解燃眉之急还是解人类灭亡之忧，都需要提出有效的另类选择：既要对资本主义几百年来的历史和现状做深刻的批判，也要对百年来试图突破资本主义体制的各种尝试——包括社会主义的理论与实践——做回顾反思；同时，在多样化另类实践的基础上，提出本土的另类方案以及全面的合作方案。这正是各位前辈的毕生努力所在，也是2011年以来南南论坛和全球大学的研究重点。

自召开第一届南南论坛以来，至今已有十余载，多位前辈均已仙逝。如何继承他们的精神遗产？我的体会是：在与欧美中心抗衡时，"亚非拉"不是单一的运动。正如墨西哥萨帕塔原住民运动的口号所言，"我们的世界容纳多个世界并存"。反对资本主义的运动，不是简单地倒转资本主义的权力世界，由另外一个或多个权力中心取而代之；而是要开辟新的人类社会的关系、新的人与自然的关系，同时，如切·格瓦拉所说，要"打造新人"。资本主义的野蛮统治，把大量族群社会和文化习俗毁灭或推向边缘，美其名曰"破旧立新、汰弱留强"，实质却是那推动资本主义肆无忌惮扩张的无边欲望永远不能满足，要把全世界都吞噬进去。

另类选择，是要建构自我塑造的新人民的运动，要摆脱无尽贪婪的物欲、尊重多姿多彩的差异，既扎根本土，又相互扶持。尊重差异，就是尊重有不同的世界存在、有不同的界限存在；这并不表示执着于封闭和僵化的界限，而是让由不同的思想、行为和习惯所界定的界限，在相遇和互动中产生变的力量。界限从来都是在动态中被界定、碰撞以至转化的。对界限的尊重，是让无边欲望失去用力点，同时也让差异在相遇中发生作用——界限是让变的力量得以生成的条件。

因此，南南论坛和全球大学，不是通过消除差异以求把所有力量统一起来，而是尊重差异，努力孕育在地行动多样性的生命力，促进新人民运动，塑造出众多不同的道路。

三、推动南南合作的实践经验

（一）E7 研究与南南论坛

2011 年春节，温铁军教授与我商讨在理论思考与实践经验层面做全球南方的比较研究。当时构思的是两个项目：一个是新兴七国（中国、印度、印度尼西亚、巴西、委内瑞拉、南非、土耳其）的比较研究（以下简称"E7 研究"），另一个是举办南南论坛。前者是研究报告，后者是论坛平台，两者相辅相成，共同建构南南精神，推动形成南南共识。

推出这两个项目的根本考虑是，南方国家在摆脱殖民主义束缚和争取独立自主的发展道路方面，有着丰富的经验教训，我们需要搜集、诠释与比较这些多样化的国别经验，找出主流话语不能解释的困境与灾难，并且在开展南南合作的对话中，探寻化解危机的途径。

2011 年 12 月，新兴七国比较研究团队完成报告，在中国人民大学举行了报告会。接下来的九年里，研究团队参照沃勒斯坦教授的世界体系论和阿明教授的去依附理论，通过中外实地调查研究，持续观察、分析、比较七国的发展，深入探讨全球南方遭遇西方危机打压的经验教训，并总结"后发"国家现代化的两难。E7 研究课题组因应时局变化，经多番修改后，最终完成书稿《全球化与国家竞争：新兴七国比较研究》，于 2021 年 2 月由东方出版社出版。出版两年以来，该书印刷了 21 万册，反映了读者希望了解南方国家的强烈愿望。

当今全球危机环环相扣，盘根错节，威胁着人类可持续生存与地球可持续生态。南方国家的思想家与行动者，需要集思广益，群策群力，探索理论与实践并重的解决良方，推动地域乃至全球范围内的协作，重读历史的真实经验，构建新话语与新行动。

第一届南南论坛的中外参会者宣告，要共同推动"南南共识"（South South Consensus）。一、我们申明南方国家关于生态文明"3S"的基本主张：只有维护资源主权（Sovereignty）、加强南方国家的社会团结（Solidarity），才能促使世界回归以可持续人类安全（Security）为前提的生态文明。二、我们确立南方国家要构建不同于金融资本全球化的话语权和制度文化的基本要求，批判不利于加强"3S"的政治主张并揭露其背后的跨国资本利益集团。三、南方国家应该与北方国家中认同生态文明的社会群体结成广泛的联盟，共同反对威胁生态文明与人类安全的恶劣制度。我们呼吁：南方国家联合起来，以"3S"为基本原则，构建不同于金融资本帝国主义的"另一个世界"——人类与生态和谐共存的、具有更大包容性的、以多样化为内涵的生态文明。由此，"南南共识"成为以后各届南南论坛的指导纲要。

自2011年12月主办第一届南南论坛以来，我们已经成功举办了九届论坛。除了第二届以外，每届南南论坛都在香港岭南大学举行。我们邀请来自世界各地的专家学者、社会实践者会聚一堂，就人类文明、另类实践、民众生计、生态文明和可持续发展等议题进行深入的对话与交流。由于经费所限，第三届论坛在相隔4年之后才恢复举办，之后每年如期进行。2020年，新冠疫情暴发，催生了网络会议蓬勃发展，第七届论坛改为线上举办，反而方便了全球各地的参会者，有过半的全球大学创始成员都来参加。第七届至第九届南南论坛，每年平均设置35个场次，有50个国家、150位讲者、逾千位参会者进行思想、理论和经验上的交流。

以第九届南南论坛"现代文明崩解与人类未来"为例，论坛检视了现代文明迷思的两大支柱：崇拜金融、科学至上。当今的极致表现莫过于号称现代文明佼佼者的美国，实施单极金融与军事霸权，穷兵黩武，其终极目标乃是强加给他国腐朽的食租经济制度，喂养以华尔街为代表的1%的全球金融资本权贵。然而，这种金融帝国主义的外衣，即民主、人权、自由三位一体的"普世信仰"早就破产了。陷于深渊中，我们不禁考问：许诺全球人民幸福快乐的现代文明何以崩解？人类的未来在何方？人类还有未来吗？

（二）全球大学的传播与出版工作

全球大学的主张是："当前的全球危机是旧体制及思考行动模式的漫长崩溃过程。面对全球资本主义的暴力扩张，全球各地涌现出种种新实践及新思考，挣脱形形色色的宰制及压迫。全球大学是支持另类知识生产及传播的实验性论坛，旨在超越商品化及奴役性的知识模式。面对足以毁灭人类文明及导致地球生态崩溃的疯狂体制，我们需要回顾历史经验，拓展新的想象，连接全球不同层面的实践及思想，展望超越资本主义的多重可能性。全球大学聚集多元化的公共思想资源，汇聚传统智慧、创新思考，在全球和在地化的不同层面及领域促进团结实践，争取实现生态和社会经济公益。"

"全球大学"的设计，是为了探索既能包容各方差异，又能提供对话空间、鼓励论争的运作方式；"大学"之意，是广纳善言，百家争鸣。全球大学秘书处作为组织者，协助筹办南南论坛，组织各种网络联系和媒体传播。

2016年开始，全球大学不定期邀约杰出讲者做系列讲座，包括温铁军教授分别用英语和普通话讲"十次危机"；厄瓜多尔经济部前部长佩德罗·帕埃斯（Pedro Paez）讲"全球金融危机"；法国学者雷米·埃雷拉（Remy Herrera）讲"发展理论与增长理论"；巴西学者何塞·惠灵顿·桑托斯（Jose Wellington Santos）讲"农业生态学"；印尼学者埃卡·斯瓦迪安萨（Eka Swadiansa）讲"战略建筑"；等等。

2020年，我们开始系统地举办"南南大讲堂"讲座系列，批判金融资本主义，了解边缘国家底层人民的社区建设经验。聆听亚非拉底层人民艰苦奋斗的故事，给我们提供了非常重要的经验。他们复兴的不是一个民族国家，而是黎民百姓的生态文化与社区，这些人都是各地民间运动的模范。唯有虚心学习他者经验，认同劳动文化价值，才能体会何为"人民的逻辑"，即失败、再奋斗、再失败、再奋斗。我们在薄弱环节寻找持续突围的能量，在绝望中积累反抗的力量，继而践行"希望的政治"。

疫情防控三年，借助南南论坛转移到线上的经验，全球大学与国仁乡建团队在B站、今日头条、抖音等平台开设账号"国仁全球大学堂"，不定期更新全球杰出思想家的观点，全部附有中文字幕，推出的视频栏目包括温铁军的"温铁军践闻录"、迈克尔·赫德森的"文明的抉择"、戴锦华的"未完戴叙"、卢麒元的"麒元视角"，还有"另类视野""南南论坛""国仁云讲座"等，深受青年欢迎。

除了筹办讲座之外，全球大学也在积极推动南方知识与思想的出版传播工作。全球大学已陆续出版了几本英语著作，包括 *Biography of Francois Houtart*（《弗朗索瓦·浩达传记》）、*Dreams Without an Expiry Date*（《不会消亡的梦想》）、*200 Years of Marx*（《马克思200年》）、*Bandung at 60*（《万隆会议60年》）等，全部可以从全球大学网站上免费下载。

2021年，我们与施普林格·自然集团（Springer Nature）旗下国际学术出版社帕尔格雷夫·麦克米伦（Palgrave Macmillan）合作，策划

Global University for Sustainability Book Series（"全球大学"丛书），我和薛翠任主编。该丛书旨在深入分析全球在生态、社会、政治和经济上的多重危机，梳理全球大学创始成员的理论与经验，探讨可持续的愿景与实践。目前，已出版的丛书专著包括温铁军的 *Ten Crises: The Political Economy of China's Development（1949—2020）*（《十次危机：中国发展的政治经济学（1949—2020）》），法国左翼经济学家雷米·埃雷拉的 *Money: From the Power of Finance to the Sovereignty of the Peoples*（《金钱：从金融权力回到人民主权》）等。

近期，我们也在和东方出版社策划中文版"全球另类思想"丛书，2023年打头阵的是迈克尔·赫德森的专著《金融帝国：美国金融霸权的来源和基础》（*Super Imperialism*）和《文明的抉择》（*Destiny of Civilization*）。接下来，将推出萨米尔·阿明的《全球南方的漫长革命》（*The Long Revolution of the Global South*）、《历史只靠人民创造》（*Only People Make Their Own History*），以及沃勒斯坦的《时事评论五百篇》，等等。

四、引重致远

2018年8月8日，我和法国巴黎大学的雷米·埃雷拉教授去医院看望病危的阿明教授。他坚持跟我们讨论时局，认为需要有国际主义的全球社会大联盟，对抗资本主义美、欧、日三寡头。他特别寄望于中国人民和政府在其中扮演重要角色，延续社会主义革命传统，尤其是加强与亚非拉人民的团结。阿明教授对中国革命的热爱至死不渝，他的谆谆之言是：中国与南方国家不要复制资本主义核心与边缘之间的剥削关系，不要向野蛮的资本主义全球化妥协，不要参加金融全化。阿明教授认为,中国是实施去依附战略最为成功的主权国家,能够为全球劳动群众抵抗全球化、追求自力更生指引道路。

在阿明教授的词典里,"绝望"一词并不存在。我们无处安放绝望,唯有付诸行动。"要有胆识,要更有胆识!"(Audacity, more audacity!)这是阿明教授对我们的鞭策。

沃勒斯坦教授在最后一期评论中说:"能够走向更民主、更平等的社会变革的可能性,是50%。只有50%,但还是有50%。"这并不是自嘲我们付出努力不能保证成功,而且很有可能依然走向世界终结。沃勒斯坦教授这篇评论的题目是"这是终结,这是开端"(This is the end, this is the beginning)。他的告别,同时也是祝福,激励我们勇于改变,提醒我们不断进行真诚开放的辩论与合作,以此来持续推进改变自我、改变世界的革命。面对野蛮,面对逆境,我们只有一个选择:接过棒,引重致远。要相信,历史会让我们始料不及。

南方觉醒与突围

薛 翠

一、世界的三场浩劫

我们要创造另一个世界,因为"另一个世界是可能的"(Another World is Possible)。早在20多年前,2001年,第一届世界社会论坛(World Social Forum)就喊出这句口号,意即如果不收拾殖民、工业、金融资本主义所造成的烂摊子,人类就难以活下去。

21世纪前两个十年,**世界经历了三场浩劫,造成的劫难至今无穷无尽**。第一场浩劫是2008年全球金融危机,"占领华尔街"运动打响批判国际金融权贵第一枪,参加运动的民众控诉1%的金融资本家盘剥99%的民众。第二场浩劫是2011年3月11日发生的日本福岛核灾难,对于核灾难的分析,武藤一羊(Muto Ichiyo)指出,除了要针对现代化高度依赖电源的陷阱,也需要理解国际地缘政治与核武器的关联,这正是东亚长期处于核威胁之下的根源。第三场浩劫是新冠疫情。

研判未来20年甚至更长的时间内,人类仍然需要面对三大浩劫:

金融盘剥、核灾难，以及大瘟疫。根据世界卫生组织的数据，截至2021年5月15日，新冠疫情累计确诊病例161513458，累计死亡人数3352109。① 实际具体数字可能比这个还要多。疫情最严重的三个国家分别是美国、巴西和印度。新闻报道里很多照片触目惊心：印度的火葬场堆满尸体，熊熊火焰连天；巴西坟场铺盖新棺木，十字架插满整个山头。

我认为，中国乡村建设运动，不仅要关注本国的命运，更要从天下或者国际的角度理解乃至承担改变现状的历史责任。

二、借鉴梁漱溟

梁漱溟的《中国民族自救运动之最后觉悟》原刊于《村治》1930年6月，后收入《梁漱溟全集》（第五卷）。梁漱溟指出，"要知今日已是西洋化的中国民族自救运动之终局"，而"最后觉悟"四字透露了紧迫感。梁漱溟苦思中国的出路，认为欧洲近代民主政治与苏联共产党发明的路，都是走不通的道路，力主中国两者皆不遵循。梁漱溟即便批判苏共，但他敬重对手，给自己的孙子取名梁钦宁，"钦宁"意即"钦佩列宁"，对手虽有可取之处，但不等于跟从。梁漱溟分析，中国困局的根源在于自毁："震撼于外力，诱慕于外物，一切落于被动而失其自觉与自主故也。"他呼喊要从本身的国情出发，重拾自觉与自主的能力，"反求诸己""尽其在我""向里用力""中国人其果审于世界文化转变之机已届，正有待吾人之开其先路，而毅然负其历史的使命，则民

---

① 数据来源：世界卫生组织网站。见新华社：《世卫组织：全球累计新冠确诊病例达161513458例》，m.xinhuanet.com/2021-05/16/c_1127450722.html，访问时间2024年11月15日。

族前途之恢张，固又于此日之志气卜之矣。所谓民族自觉者，觉此也"。

梁漱溟指引"中国民族唯一的出路"就是"乡治"，但这种自觉既源自中国知识分子以天下为己任的传统——先天下之忧而忧，后天下之乐而乐，却又超越中国，以世界为本位，放眼天下，建立大同。如果用左翼的语言表述就是国际主义，以世界人民为本的国际主义。苏联于20世纪90年代初解体，而中国共产党始终坚持马克思主义，而且沿袭历朝历代必然施行之均田免赋，重组财产关系，致力于解决贫富悬殊。换言之，均田免赋乃动员民众手段，其终极目的为彻底消除"富者田连阡陌，贫者无立锥之地"，建立共同富裕社会。

中国土地革命遗产，除了秉持农村土地财产集体所有制，保障人人温饱的底线之外，还有遗风就是民众动员与自我组织的运动经验，在应对大瘟疫，以举国体制之力抗疫的时候，不要忘记举国上下是众多的民众组织在发挥着力量，自我组织并不是说以个人为本位或者以自我为中心，而是超越个人，设身处地求团结，谋天下太平。

三、借鉴萨米尔·阿明

我有几次机会，陪同温铁军老师和刘健芝老师，旁听他们与萨米尔·阿明的讨论交流。阿明念念不忘1955年在印度尼西亚万隆召开的亚非会议，反复提倡要激活万隆会议（Bangdung Conference）所代表的不结盟（针对美苏而言）、自主发展与南南合作的精神。

我对万隆会议印象深刻，因为它与我的家族历史息息相关。我父母是印尼华侨，1955年，我母亲在万隆念华文小学，在万隆会议举行期间，曾经站在大道两旁，挥动小旗帜，欢迎周恩来总理车队。后来，1965年，美国中央情报局（CIA）与印尼军方苏哈托等合谋，策动军事政变，滥杀共产党员及与之相关的人员约50万人，并掀起排华浪潮，当时我外公外婆决定回国避难。个人、家庭、国家的命运，都与世界地缘政治与历史演变层层相扣。这种超越自我，放眼世界，进入历史时空感同身受的能力，是乡建运动培育人才应具备的推己及人，乃至成为"先天下之忧而忧"的先决条件。

萨米尔·阿明第二本回忆录：*The Long Revolution of the Global South: Toward a New Anti-Imperialist International*，中文译作《全球南方的漫长革命：迈向新的反帝国主义的国际主义》，其法文版叫 *The South's Awakening*，中文译为"南方的觉醒"，用梁漱溟的语言表述就是自觉，南方的自觉。阿明将当代历史分为三个时期：（1）1955—1980年，万隆时代，南南精神先蓬勃发展，后停滞不前。（2）1980—1995年，自由主义全球化的帝国主义新秩序的复辟时期。（3）1995年至今，资本主义、帝国主义体系开始内爆，同时开启新一轮的全球南方为建立另一个更美好的世界的斗争。

阿明直斥，万隆会议标志的南南精神在1955—1980年停滞不前，究其原因，乃是美国军事介入，买办阶级反扑，导致许多南方国家内中断土改，外沦为美国附庸。除了中国、越南、朝鲜、古巴，很多发展中国家的土改都不成功。由于没法完成土地革命，以掌握本国的资源主权，从而解决贫富差异，许多发展中国家长期积弱不振，任由国际资本宰割。1980—1995年，新自由主义此起彼伏。纵使新自由主义高歌猛进，阿明却说里面已经出现内爆了，阿明的洞见在于从横行霸道的新自由主义中，看见资本主义不能自我解决的难题，换言之，这也给"全球新南方"（New Global South）崛起的机会，抗拒新自由主义，争取缔造更美好的世界。阿明无忘国际主义，呼唤以全球民众为本的，超越党国政治界限的"人民的国际主义"（People's Internationalism），具体目标是：（1）垄断产业产权社会化；（2）经济管理去金融化；（3）国际关系去全球化。

2018年5月，阿明应邀参加第二届世界马克思主义大会，也是他生前最后一次访问中国。5月6日，我与刘健芝老师代表全球大学一起去拜访阿明。[①] 他分析资本主义已然属于衰败中的"老年资本主义"（Senile Capitalism），而垄断资本已经达到了新阶段，可称为普遍化垄断资本（Generalizaed-Monoploy Capitalism）。"三合会"（美国、欧洲、日本）日渐合成集体帝国主义（Collective Imperialism）。集体帝国主义深知其不可能管控世界，除非使用更多暴力。由此证明，这是系统衰落的症状。阿明批判普遍化垄断资本渗透各个层面，在经济上，生产的上游、中游和下游皆被控制市场的集团所掌控；在政治上，资产阶级民主被终结；在传播上，媒介沦为服务垄断资本的工具，俨如虔诚的神职人员；在文化上，消费者和电视观众沦为非政治化群体。

诚如阿明所言，资本主义正在分崩离析中。那么，在这个重要的历史转折点，中国乡建运动应该怎么做示范？我认为新示范不囿于狭隘的民族主义，而是以为世界民众服务为基本原则。作为怀抱天下的有良知的知识分子，在现有的体制下生存固然重要，但是，必须诚实直面知识生产到底是为谁服务这个根本命题。

阿明反复提醒中国朋友，不要奢望集体帝国主义把中国当成一分子。阿明回顾历史，苏联曾经做出妥协，施行新经济政策（New Economic Policy），容许共产主义力量向农民资产阶级妥协，即接受本土资本主义与社会主义力量并存。但这并不能阻止西方对苏联及俄罗斯发动冷战。阿明语重心长地告诫："克林顿曾经批准并签署的五角大楼

---

① *Crisis of Senile Capitalism-Interview with Samir Amin* 20180506, Global University for Sustainability, https://www.youtube.com/watch?v=q5gMaAPagwQ.

内部文件表示，接受对中国展开核战争这个想法。他签署了'一旦中国变得危险'的前提。什么意味着危险？中国不会通过核战争摧毁美国，中国没有那种战略思维。'变得危险'意味着中国成为繁荣的国家、资本主义国家，他们不能接受。"

美国政府企图通过在国际上制造阵营对抗来转嫁国内危机，持续推高世界陷入"新冷战"风险，沿着全方位打压中国的歧路越走越远。[①] 中国从1919年"五四运动"开始仰慕德先生（Democracy）和赛先生（Science），到2001年加入世界贸易组织（WTO），即使甘愿为美国作双重贡献：源源不绝地输送廉价商品、把赚来的外汇再投资美国国债。如果我们有勇气、有底气，就应该拒绝这种以美欧日为首的国际秩序，但拒绝的同时，我们必须以平等平视的态度，团结周边的发展中国家。

金融集体帝国主义从2013年10月31日开始抱团，美联储、欧洲央行、英国央行、日本央行、加拿大央行和瑞士央行，全球六家主要央行把现有的临时双边流动性互换协议，转换成长期货币协议。新冠疫情暴发后，2020年3月15日，美联储联合加拿大央行、英国央行、日本央行、欧洲央行和瑞士央行宣布采取协调行动，利用现有货币互换额度为美元流动性提供支持，各央行一致同意将货币互换协议价格下调25个基点。3月19日，美联储宣布与另外9家中央银行建立临时美元流动性互换安排，其中，美联储与澳大利亚、巴西、韩国、墨西哥、新加坡和瑞典等国央行各自达成不超过600亿美元的互换安排，与丹麦、挪威和新西兰各自达成300亿美元的安排。这种"6+9"，形

[①] 编者注：《变局演进蓄风险 潮流浩荡育新机》，《新华每日电讯》2023年7月14日，http://www.xinhuanet.com/mrdx/2023-07/14/c_1310732535.htm，2024年4月7日访问。

成从中心到半边缘再到边缘的国家的金融抱团联盟。

挑战金融集体帝国主义，迈克尔·赫德森（Michael Hudson）建议第一条是去美元化（De-Dollarization），现在国家或者民间都在尝试，无论是数字人民币，还是利用大数据为人民服务，这将会是非常重要的金融战场。美元在全球外汇储备的占比逐年向下滑落，掉到低于60%。诚如阿明所说，越是衰落，越是会使用更多暴力，包括法律制裁和军事威吓，近年来国际战云密布，美欧日等军舰频频联合演习，核威胁高度集中于东亚，中印又发生加勒万河谷冲突等，种种迹象表明美国孤注一掷，拼死一战，誓要打败中国。因此，即便中国在抗疫的命题上交出很好的答卷，但，未来中国仍然会面临汹涌波涛。美国不断地印钞票，疫情暴发后，从 4 万亿美元陡然飙升至 7.5 万亿美元，谁来接盘呢？滥发的美元造成一轮轮的高通胀，其他国家如果投降，就等于继续被美元奴役；如果反抗，就像利比亚卡扎菲或者伊拉克萨达姆那样，承受随时被灭的代价。

金融集体帝国主义，基本上用量化宽松（Quantitative Easing）抱团取暖，并把危机甩给发展中国家。中国抗拒金融海啸或者金融盘剥，除了维护本国货币主权，还要与其他发展中国家协作，同时，不搞泡沫经济，保护实体经济与乡土社会，利用大数据与高科技为人民服务。再者，房地产、股票市场、外汇市场，依然弥漫着脱实向虚的投机风气。我们需要思考如何抗拒不劳而获与好逸恶劳的文化价值，如何重新提倡劳动的价值，并且取得社会大众的认可。

中国现代化持续推进，城市化水平越来越高，已经超过 60%。中国土改成功，还有乡土社会作为保障，当城市出现危机，农民工可以回乡，城乡的比例会有波动。对比来看，日本压根儿没办法解决核废料所代表的现代化困局。日本"3·11"福岛核灾难之后，被核废料团团围住，堆积如山的黑色垃圾袋，装的是被核污染的泥土，鳞次栉比的储水罐，装的是核污水，最近由于日本政府要把核污水倒进公海里，才引起了国际媒体的注意。其实，根本问题在于无法清理"废弃核反应堆内的燃料棒"，故此，十余年来每天都产生核污水，可谓日本上下都束手无策。1986年，乌克兰切尔诺贝利核电站发生爆炸，把人类敲醒了吗？没有。那么，福岛核灾，把人类敲醒了吗？

阿明1986年提出"去依附"（De-Linking），1989年批判欧洲中心主义（Eurocentrism），去依附与去欧洲中心的内涵：一是不屈从帝国主义垄断的排他性的秩序，二是自觉地批判殖民、工业、金融三位一体的资本主义，或者资本主义发展的最高阶段，即集体的帝国主义。这种自觉也呼应了梁漱溟所呼吁的"不走资本主义剩下的道路"。

阿明乃是成长于20世纪的思想者与战士，沿用20世纪阶级分析，他反复提醒发展中国家：外要抵抗国际资本，内要提防买办阶级。现在他的提醒依然管用。某互联网金融服务公司就是当前很鲜明的例子。该公司策划全球资本盛宴，挟持国内外大资本上市，变相将民众套进债务陷阱，尽情盘剥。尽管该公司无望了，但其只是一个符号，最重要的是不让年轻人掉进消费主义陷阱，最后跌进债务陷阱。除了要批判债务经济以外，还要批判地产经济，如果让年轻人都成为"房奴"，穷极一生只为了偿还房贷，这样的人生有何意义呢？

阿明是中国真正的朋友，几番友情提醒，"你们应该非常警惕这些毁灭中国的真正威胁。最简单的是通过威胁朝鲜和伊朗。朝鲜虽小但已经宣称拥有核武器，而伊朗则很轻易能成为核武国。所以美国盯住它们，说它们必须被摧毁。这是直接恐吓"，"美国支持日本的半法西斯军事化是典型的做法"，"利用糟糕的南海问题分化中国与越南的友谊，防止双方团结反对帝国主义，这是典型的做法"。阿明鼓励中国勇于建立国际人民联盟，抗衡金融集体帝国主义，他说："中国需要支持其他人民——中国人无法取代埃及人和希腊人，希腊人和埃及人要为自己担负起责任——但尝试制定战略，支持推动建立国际同盟。这一理念和行动是至关重要的。"

阿明反思当下世界零零星星的反抗运动，指出"'这些反抗'缺乏清醒意识，即没有将问题联结上资本主义的系统性危机。也没有联结其他人，为所有人进行斗争"，"目前阶段的这些斗争是割裂的，因为割裂，他们处于守势，这意味着主动权掌握在统治阶级、垄断资本手上，反抗只是对此回应"，"他们没有与之抗衡的计划：共产主义——人类文明的更高阶段"，"从支离破碎运动的防守策略中走出来，迈向相对团结的运动之进攻战略"，"第一是国际主义，这是根本"。

梁漱溟和阿明研判中国有条件领头带节奏。七十多年的发展经验，让中国有底气有自信，但，应在哪些方面示范呢？一是针对金融资本，不玩泡沫，要维护本土产业发展，但眼光不限于本国，二是推动其他发展中国家的工业发展，以及协助它们重建乡土社会。

四、国际联动

2021年我们的研究团队出版了《全球化与国家竞争：新兴七国比较研究》和《福岛/辐岛：十年回首诘问》，《全球化与国家竞争：新兴七国比较研究》上市半年卖了10万册，广大读者十分接受我们的理论，说明我们20年的努力没白费，但是，其实美国推动"新冷战"，日本政府倾倒核污水，掀起社会舆论，各界急谋对策的宏观背景，才让我们另类视野的研究成果迅速地传播开来。

办了20年的世界社会论坛，发出了世界广大民众的声音。我们从

2011年办第一届南南论坛开始,已经办了九届,怎么打开新局面,怎么再往前推进?南南论坛多年来放眼全球,搭建平台,集思广益,团结全球南方与北方的进步知识分子。第八届南南论坛的主题是"希望的政治:在逆境中自救与创造未来",在当前人类面临多重危机却束手无策的情况下,如何怀抱希望且付诸行动?几年前,我们明确了"乡建就是政治",不忘两个初心:民众动员,大众民主。乡村振兴需要培养"一懂两爱"(懂农业、爱农民、爱农村)人才。乡建运动向来以天下为己任,那么,"乡建就是国际政治",乡建运动不仅培养年轻人懂中国农业,也懂世界农业,不仅爱中国农民农村,也爱世界农民农村。

最近,看见国内有些网上评论用"印度阿三"等蔑视、贬低、嘲笑别人的语言,我觉得这是要不得的心态。印度莫迪政府的表现令人失望,但是全印度上下都跟莫迪一样吗?印度国家层面操控众多资源,却不顾民生,难道人民就只能"等靠要"甚至坐以待毙吗?印度曾有30万农民在绝望中自杀,而至今依然有成千上万农民露宿街头,抗议维护跨国企业的农业法案,难道他们不是自我组织,想办法求生存吗?街头抗争只是策略之一,还有其他另类的生活实践。

我们多年持续关注印度喀拉拉邦民众科学运动(Kerala Sasthra Sahithya Parishad, KSSP),对比抗击疫情的成绩单,喀拉拉邦一直是模范生。我觉得喀拉拉与中国有相似的群众政治动员的过程,并且取得了成功,即民众动员完成土改。

M.P. 帕拉梅斯沃伦是 KSSP 的灵魂人物。帕拉梅斯沃伦继承甘地乡村共和国的理论,并基于喀拉拉邦民众科学运动60年的实践,提倡从内部建设乡城共和国(Rurban Republics):

> 这是21世纪版本的社会主义:一个宏大的网络,由各自拥有

主权的乡城共和国构成；有民族，但没有民族主义；这些新民族基于语言、文化、自然农业、风土人情等因素进行重组。很明显，我们无法由外而内地去建设这样的一个新世界。当内部环境还没准备好这样的转变时，那就需要一个全球性的革命才有可能；而这会失败，正如我们在20世纪的社会主义实验中所看到的一样。我们必须从最内部开始建设乡城共和国。①

如果乡土社会成为世外桃源，并且能够抵抗外敌，最主要的原因是民众接地气。有组织、有力量，尤其是基层妇女，在日常劳作中维持了社区民众的生存。马克思将之称作亚洲社会里的"自给自足的生产整体"和"公社的简单的生产有机体"：

> 那些目前还部分地保存着的原始的规模小的印度公社，就是建立在土地共同占有、农业和手工业直接结合以及固定分工的基础之上的，这种分工在组成新公社时成为现成的计划和略图。这种公社都是一个个自给自足的生产整体，它们的生产面积从一百英亩至几千英亩不等。产品的主要部分是为了满足公社本身的直接需要，而不是当作商品来生产的，因此，生产本身与整个印度社会以商品交换为中介的分工毫无关系。……这些自给自足的公社不断地按照同一形式把自己再生产出来，当它们偶然遭到破坏时，会在同一地点以同一名称再建立起来，这种公社的简单的生产有机体，为揭示下面这个秘密提供了一把钥匙：亚洲各国不断瓦解、不断重建和经常改朝换代，与此截然相反，亚洲的社会却

---

① https://our-global-u.org/oguorg/en/wpfb-file/mp-rurban-republics-summary-pdf/; SSFS5 M. P. PARAMESWARAN-Network of Rurban Republics, 13 June 2018, https://www.youtube.com/watch?v=p8ZdFTxFtec.

没有变化。这种社会的基本经济要素的结构，不为政治领域中的风暴所触动。①

在当代国家参与竞争对抗外敌的基础上，这种生产有机体就是民众组织。当年梁漱溟说要抵抗帝国主义，决胜希望系于民众组织之牢韧力：

> 所说不要在如何摧敌处着想，盖指要在持久消耗上着想。其云让敌人不易毁灭我，乃至虽毁而旋毁旋复，则持久之道也。如何得不易毁灭，乃至旋毁旋复，则指民众组织之牢韧力也。是所谓最后决胜寄于全国之乡也。……乡村建设于上能收协调统一之效，于下能尽组织民众之功，如何不是大战前最好的准备？我们对付帝国主义的用心，如何能说错误？②

世界很多地方都出现了法西斯袭击浪潮，右翼或左翼民粹主义此起彼伏，说明不同立场的民众都相信集体的力量。在左右难以界定的复杂局面中，我们要寻找的不只是"合众"，而是具有批判金融资本的、批判现代化的、捍卫生态自然的、推动民众参与的国际同盟。

农家主张"重民食，重农耕"固然重要，但更重要的是那种敢于挑战主流秩序并置生死于不顾的行动。这种"造反"的批判精神，早在两千年前的农家已表露无遗：

> 农家者流，盖出于农稷之官，播百谷，劝耕桑，以足衣食。故八政一曰食，二曰货。孔子曰："所重民食"。此其所长也。及

---

① 《资本论》（第一卷），人民出版社2004年版，第413—415页。
② 《梁漱溟全集》（第二卷），《答乡村建设批判》，山东人民出版社2005年版，第636页。

鄙者为之，以为无所事圣王，欲使君臣并耕，悖上下之序。①

多年前，在重庆北碚的金刚碑，黄炎培和梁漱溟在内忧外患中摸索乡建运动与大众民主之道路，这是否是"黄粱一梦"？对比当下，我们的乡建运动是否也是"黄粱一梦"？一场注定凄美的悲剧？

身处三大浩劫中，民生憔悴至极，"知其不可为而为之"：国际联动，集思广益，觉悟自救，求天下平。

---

① 《汉书·艺文志》。

革命与建设的双重变奏

——关于中国近现代史的几个问题

张艺英

温铁军老师这些年的研究一方面指向中国未来的道路（对世界未来图景的想象和行动），而另外一方面则致力于解释过去的历史进程。我自己是比较缺乏创新性和想象力的，所以在温老师的理论系统中，我更倾向于将自己的研究与历史解释这部分相结合。通过这几年的学习与研究，我粗浅地谈一下自己对于温老师也关注的中国近现代史研究中的几个问题的学习感受，主要是清末民初的乡村建设史、百年乡村建设史与中国的农民革命问题等。

因为一百多年来的中国近现代史始终围绕着革命与建设问题，所以我定的题目是"革命与建设的双重变奏——关于中国近现代史的几个问题"。

自1840年以来，中国的建设与革命问题始终是相伴相生的，比如孙中山称"建设完成之时即革命告竣之日"，国民政府要以建设完成革命，梁漱溟等认为建设即是革命等。除此之外，还有新中国成立后的国家工业化建设与社会主义革命、文化变革问题，20世纪80年代后至今要面对的产业现代化和金融现代化建设中愈益突出的诸多问题，生态建设与另一个世界建构的革命性变革等。似乎可以说，革命与建设带来的问题至今仍在延续……

首先我交代一下我理解的温老师及团队的历史观问题，这种历史观更像英国思想家以赛亚·柏林的历史观。它区别于另外一种历史观：认为历史学家的任务就是解释一个事件为什么成功，从而需要去探求一个事实为什么会出现或成功。而以赛亚·柏林则认为历史不是单单在解释既成事实，而是通过客观分析这个历史过程，也或者是充满偶然性的历史经验，提醒大家这个历史过程的危险可能在哪里，可能会带来什么新的影响，借以警告人们要做好准备应对这个过程所带来的结果。温老师这么多年的研究，以冷峻和客观为基本特点，不在于评价其成功还是失败、对还是错，而是事情是在这样的条件下发生的，其中还可能会有什么样的问题产生，从而使人们认清过去与思考未来。

一、关于清末民国时期的乡村建设

大概在20世纪80年代末开始做农村改革试验区时，温老师就与同事们找来民国时期开展乡村建设工作的陶行知、梁漱溟、晏阳初等前辈的资料进行学习，以期把当时开展的农村改革与民国时期的乡村建设前辈的工作进行对比。当时，温老师认为从20世纪20年代到抗日战争前，这些前辈在农村中搞平民教育、农民自治、乡镇建设、引进合作社等工作，与20世纪80年代开展的农村改革试验工作有相似之处。我猜想也是从那时候起，温老师开始关注清末民国时期乡村建设运动的。2009年前后，温老师在香港给潘家恩、薛翠、杜洁、袁月仙等团队成员布置研究民国以来的乡村建设百年历史的任务。到现在，我们团队研究乡村建设历史的时间也有十余年了，十余年也应该是总结的时候了，尤其是以温老师为主要发起人的当代乡村建设行动也走过了二十多年。

由此，我们需要提出的问题是：关于清末民国时期的乡村建设运动，目前我们的研究是否已经基本解释清楚了？它与当代乡村建设或者百年乡村建设史的关联是什么？它的实质究竟是什么？是否还有继续深入研究的空间？如果有，方向是什么？最重要的是，我们该继承其中什么样的经验以及汲取什么样的教训？

乡村建设思想与实践是近代以来面对新的民族国家建设的时代问题时产生的一种思想理论，是国家建设思想或战略选择中的诉求之一。以往学界一般都把这场运动放置在革命与改良或者现代化的框架下讨论，相比于政治史、经济史、军事史的研究，它并没有成为近现代史研究中的关键问题之一，而更像是一种社会史、平民史。虽然近年来学界不断有学者进行研究，但有影响的成果比较少，一般认为中国社会科学院郑大华教授的《民国乡村建设运动》是比较全面的研究。另外，近年来南开大学中国社会史研究中心的王先明教授等将其放置于百年来乡村建设思想史领域加以研究，其影响有所扩大。除此之外，就是我们团队这些年与实践紧密结合的创新性继承，我觉得创新性主要体现在以下几个方面：

第一，在研究范围上，从空间和时间上进行了拓展，将张謇、卢作孚、傅柏翠等比较具有地方性的代表人物纳入，并将起始时间提到1895年张謇创立大生公司起。乡村建设的起源并不是可以无限推远的，主要因为乡村问题的产生是伴随着近代化而出现的。以西方资本主义发展为榜样的近代，开启了以城市化、工业化为主要内容的现代化，乡村成为一个提供资源的、附属的、落后的地方。正因如此，乡村问题是伴随着近代工业的发展而产生的，而张謇在1895年开始创建大生公司发展棉纺织业时，随之面对的是如何处理与之相对立的乡村问题，也由此才有张謇秉持"村落主义"、开展综合建设的近代工业发展模式。这是中国近代企业家不同于西方资本主义的发展方式，应该作为重要的中国经验被我们重视。卢作孚的民生公司与之相类似。而傅柏翠则是通过整合地方资源来开展乡村建设，从而使得农民安居乐业，得以免除暴力革命的一种发展方式。这些研究也成为我们团队区别于其他研究，而专注于挖掘乡村建设新历史经验的重要特色。它既有别于目前一般学者以党史为主要时间脉络的百年乡村建设史的叙述方式，也不同于以往将之视为革命与改良的二元框架中的传统研究视角。

第二，在研究方法上，我们致力于将政治经济学与制度经济学的研究方法引入。尤其注重经济基础问题与交易成本问题。经济基础是近代以来任何政党或社会组织进行革命或者建设时面临的重要问题，比如孙中山早期领导的资产阶级民主革命，即一直因为缺乏从事革命的资金而不得不求助于日本、美国、英国等帝国主义国家的援助，从而使革命常常陷于困境。无论是实业救国的张謇、卢作孚，还是地方自治的傅柏翠、黄展云，或是通过教育救国的陶行知、晏阳初等，都要面对经济基础问题，以及由于经济基础而带来的社会张力。如果无法得到外援的资本，他们同样需要与小农打交道，而不可避免将遭遇外来者与本地人之间的过高交易成本问题，这也是不同的乡村建设实践最终取得不同效果的重要原因。

第三，在研究观点上，我们将其大概分为六类进行解释。第一类是发展实业救国并顾及地方综合建设的民族企业家，以张謇和卢作孚为代表。我们认为他们大致是依靠地方自我积累并利用外部机会（第一次世界大战和抗日内迁）得以发展工业，并将工业发展的利润用于地方建设，以减轻资本积累与农民的矛盾，但他们却无法应付外部尤其是国际大环境的变化。第二类是以西方思想（现代化思想和基督教思想）为指导，以晏阳初的平教会及华北农村建设协进会、伊莎白参与的中华基督教协进会等为代表，他们利用美国基金会等外来资金，以较高的成本推进乡村建设或乡村改造，使得地方建设的成就较小而阻力更大。第三类是地方割据势力下的乡村自治，以闽西古蛟的傅柏翠、河南南阳内乡的别廷芳及镇平的彭禹廷、福建长乐营前的黄展云为例，他们具有控制地方武力、维持地方自治、支配地方财政的能力，也因此，这种取之于民用之于民的轻徭薄赋的方式深受民众拥护，但难以进行更大范围的发展。第四类是中国传统知识分子领导的乡村建设运动，他们结合传统的治理方式等创造一个新社会，进行较为符合乡村实际的建设工作，以梁漱溟为代表。另外两种最重要的分类，是政党或国家领导下的乡村建设。其一是国民党所代表的国民政府的乡村建设。事实上，国民政府在基层政权构建、合作社建设、农业贷款发行、二五减租、自耕农实验、农民识字方面等做出了很多努力，但所取得的实际收效却很有限，因为成本极高的同时无法深入农村社会。其二是中国共产党开展的多种多样的乡村建设实践，最重要的当然是"延安乡村建设道路"。比如减租减息、大生产运动、互助合作的组织以及锄奸清匪等，通过组织收益和"有钱出钱，有力出力"的方式来支撑战争和本地建设，中国共产党通过这样的方式不断获得农民的认同和扩大自身的领地。当然还有其他一些类型，我们暂时没有进行深入研究。

第四，我们讨论了乡村建设的政治问题，意图阐明乡村建设运动的参与者或者团体最终选择的不同政治倾向及原因。可以说，到1933年或者最迟抗日战争全面爆发后，乡村建设运动的发起者、参与者、观察者，甚至是参与的知识青年、乡村民众都在这场运动浸淫中开始了其政治观点、社会认识或党派立场的转向。根据这些乡建团体最终选择的不同的政党或政治道路，可以发现大多数乡建团体最终都走向了政党活动。张謇、卢作孚、晏阳初等，虽然具有强烈的爱国情怀，但基本秉行的是现代化或工业化的发展道路，所以其跟国民政府一直走得比较近，最终成为国民政府的一部分；而对于傅柏翠、黄展云、陶行知、黄炎培等，则由于其内含改变社会既有结构和秩序的要求，并且追求较为平等、公平的生活和生产方式，则其最终和中国共产党走得比较近或者加入中国共产党；而梁漱溟等，则一直在寻找继承中国传统文化，改造社会的最为有力的方式，其政治选择一直处于变动之中，并最终选择了中国共产党。这些乡村建设团体内含的政治导向事实上证明了作为一种社会运动，其内含理想社会的图景，这种复杂的思想以及指导下的实践似乎无法被单一的改良主义或者现代化趋向的建设所涵盖，仍需要我们进一步建立我们的理论解释，使其能更贴近于历史事实。

综上所述，民国乡村建设的实质到底是什么？也许可以简单地归纳为：在帝国主义侵略的背景下开展反帝反侵略的行动，并要尽快实现通过现代化走向富强的路径探索过程。其中的乡村建设一半是面向或者适应现代化的，而另外一半是主观或客观试图超越和克服现代化缺陷的，是革命、半革命的。正是在不同道路的斗争和缠绕中，最终试图克服现代世界资本主义体系缺陷的、革命的、半革命的实践取得了更好的成效。其实1945年之前的中国共产党政权也像更大的古蛟新区，在苏维埃时期受挫后，长征之后，在以延安为主的各个独立根据地建设中，作为国中之国活了下来，并在抗战后期发展壮大力量，其中在陕甘宁边区所创新的各种符合农民利益的乡村建设方法也是中共得以持续壮大的重要原因。中共当时还来不及开展大规模的工业建设。1933年后,散乱的属于民间力量的乡村建设团体被转化或整合。除了中共的力量,实质上主要剩下国民政府的基层政权建设和现代化建设,乡村虽然也被赋予重要建设地位,但其实主要是汲取剩余的手段,表现方式是村社公有财产被不断没收,苛捐杂税名目繁多,矛盾激化。

由此,我们应该思考的是,当代乡村建设能从清末民国时期汲取的历史经验或思想资源究竟是什么?是改良社会的志愿者精神?是反对帝国主义、反对资本主义逻辑的社会主义革命传统?我想只有再次深入每个案例,找出其中的异同,才能再次做到破和立。

二、如何构建百年乡村建设史的理论解释框架

总结中国的百年乡村建设史,对于发展中国家具有重要意义。因为中国乡村人口基数太大,乡村建设似乎已成为中国百年现代化过程中一个解不开的结。

潘家恩提出要建立一种研究与实践的共情机制,而我恰恰觉得也许可以剥离,即保持一定距离去看待它。我认为既不能只注重两次民间史,也不能只论述官方史,而要将两个方面连接起来。前一部分已经大致梳理和解释了清末民国时期的乡村建设,而这部分我想尝试着将两代知识分子广泛参与的乡村建设纳入百年乡村建设史的框架。或者我们可以总结为"现代化与反现代化双重变奏下的中国百年乡村建设",也可以参考韩国学者白乐晴提出的"适应与克服现代的双重课题",这里的"现代"不是别的,就是指资本主义世界体系,由此也可以凝练为"适应与克服现代的中国百年乡村建设"。从历史到当代,多重缘起的乡村建设始终在两个方向上同向而行,时而交汇,时而分

离，而这正是真实的历史经验。

首先来回顾一下目前关于百年乡村建设史已有的主要研究成果：

第一，潘老师和温老师已发表的解释体系，百年乡村建设史是立足于百年的激进现代化进程导致的百年乡村破坏的角度来阐述的，采取的是现代化叙事。可以说我们已经建立了一个较为宏大的解释框架，但也仍然存在不足，比如将民国时期的乡村建设运动一律视为乡村自我保护似乎欠妥当（多数是知识分子推动的乡村改造，甚至可以说是推动乡村现代化的）；比如将百年乡建分为三波，分别为官民合作、官方主导、官民互动三个阶段，在一些时段上仍然欠缺解释等；另外，我们对国家建设史和社会建设史之间的关系演变也稍欠解释逻辑，包括我们对百年乡村破败史的判断，似乎也不能完全切合事实，即使对农村一直有剩余汲取，但是在不同阶段似乎农村也展现出一定程度的发展，尤其是新中国成立后的三十年，我们很难说建设没有成效，它应该是国家建设和乡村建设同步进行的，也取得了丰硕的成果。

第二，南开大学王先明教授是从百年来城乡背离发展来解释百年来乡村建设史的，其理论基础也是以城市化为代表的现代化理论，这种说法有一定解释力，并且他把国共两党、民国时期的民间团体以及新中国成立后的国家主体和民间主体都纳入其中，但依然单一化解释了百年复杂的乡村建设史，城乡背离发展似乎只是问题的表象，而不是本质原因。

第三，目前正在形成的主流叙述，以中国共产党的百年乡村建设史或国家建设史为主要叙述脉络，这种观点以《中国百年乡村建设的历史沿革与有效性初探》[①] 一文为代表。该文章立足于现代化的理论

---

① 作者为王晓莉，发表于《行政管理改革》2021 年第 4 期。

视野，从现代化作为一种发展战略的角度，将广义的乡村建设界定为一种农村现代化或乡村现代化建设的过程。文章提出中国百年乡村建设的历史沿革就是一个乡村现代化的过程，它反映了在不同历史时期的社会、经济、政治背景下，乡村社会结构和社会文化作为基础条件，不同类型的建设主体参与，调动内外部不同类型的建设资源作为投入，进行互动的过程以及达成的阶段性成果。这篇文章主要集中在国家为主体的乡村建设，对百年来两次民间大量参与的乡村建设解释不足。

综上所述，这些研究都突破了"革命与改良"的二元框架而立足于现代化的理论框架，基本可以分为两类观点：一类认为乡村的自我保护或者反现代化的内嵌乡土（王先明教授用城乡背离发展来解释百年乡村建设与之相似）；另一类认为中国百年乡村建设的历史沿革就是一个乡村现代化的过程。那么，这两类观点是否符合历史实际的演化过程呢？这就需要我们将视野回嵌到当时的历史环境，从事物发展的起点推演。

假如我们以 1895 年张謇在南通创建大生公司开展地方综合建设为乡村建设的起点，那么紧接着是地方自治下的翟城村治，随后便是 20 世纪 20 年代末广泛兴起的乡村建设运动，他们以"到民间去""救济乡村""教育农民"为主要目标。然而到 1933 年，事实上已经成为清末民国时期乡村建设的分界线，兴起于民间的乡村建设运动已大致分为两派：一派是追求乡村现代化的，以国民党及其合作的晏阳初、卢作孚等基督教派为代表，国民政府以新县制的名义和民间乡村建设团体合流，未合流的或被暗杀（彭禹廷），或被关停（晓庄师范、营前模范村），或保持半割据（古蛟地区）；另外一派则客观上是反现代化或要克服资本主义世界体系的，也可以说是革命性强的，包括中国共产党，以及与其亲近的梁漱溟、陶行知、傅柏翠等。具有强烈反思现代化以及超越现代化弊端的这一派在 1949 年取得胜利。

1949 年后,整个国家快速推进工业化,乡村面向现代化或者必须在帝国主义的封锁下适应现代化,农民奉献大量剩余,自觉完成了我国的工业化建设。该时期的乡村建设依靠国家的高度动员得以低成本建立正规体系,农民获得组织化优势,国家工业化获得发展,乡村建设也在国家建设的同时有所成就。随后,随着工业化或现代化的继续高速发展,集体化时期通过全民动员降低社会矛盾的机制不复存在,乡村建设进入试验区的阶段,即相对自由的建设阶段,直到 20 世纪末,"三农"问题显现,城市化向农村转嫁成本导致的社会矛盾激化。正因如此,在该时期民间再次明显出现反思现代化的声音,要求开展以包容性可持续为目标、内在具有文化批判性的"乡村复兴",并再次明确指向国际金融资本主义的剥削。可以说,2001 年前后,整体社会的激进现代化思路与民间的反思现代化、反思资本逻辑的思路再次出现明显分野。此后,中央政府虽然一再调整政策思路,但基层仍在推进农业现代化和农村基础设施建设,以及农民工进城的计划安排。直到 2020 年,国家正式提出实施乡村建设行动。民间反思的声音被官方部分接纳,政府、高校、企业等多元主体开始再次合流推动乡村建设,并将共同富裕、生态发展作为主要发展方向,以往激进乡村现代化的发展方向有所拉回。

正因如此,我倾向于认为中国百年乡村建设是一个中国人民为实现生存权和发展权进行探索和建设的过程,是不同乡村建设路线斗争和调和的过程(包含有东方文明的承袭和传承),其中政党国家和知识分子起到了重要引领作用。这区别于潘家恩老师所总结的百年乡村建设是应对百年激进现代化的"反向运动"和逯浩所总结的"逆周期调节",因为其自身就包含正反两个面向。新民主主义革命时期是中国共产党及其相近者在内外部因素的综合作用下和农民一起最终赶走了侵略者，驱逐了依附西方发展现代化的国民党。新中国成立后，中国共产党为实现人民的长期利益，优先发展工业，使农民将大量农村剩余交给国家，从而为国家作出了巨大贡献，国家建设与乡村建设同步发展。20世纪80年代到90年代，由于知识分子缺乏替社会发声的能力，而农民群体性事件的不断增多事实上是农民在以实际行动分散性反抗这种发展道路。这也催生了21世纪前后以知识分子为主体的新时代乡村建设运动，成为一股反抗激进现代化的民间力量。这种力量不断壮大，结合国内外矛盾的频发，最终被国家正式接受。

因此，我们只有将现代化理论与反现代化的革命理论结合起来，才能形成解释百年乡村建设的完整理论体系。正是现代化与反现代化的互相缠绕、相互斗争和相互纠正，才最终形成中国式的百年乡村建设道路。这个复杂的过程应成为中国经验的重要部分，对发展中国家具有重要的启示作用。如果说乡村建设的目标最终要实现，一定是大多数农民的美好生活理想的实现，一定是要反抗帝国主义在产业资本、金融资本等不同阶段对我国的剥削和压迫的，反抗的主体在大多数时候既有国家也有知识分子，还有最广大的民众。

在这个基础上，我们需要根据百年乡村建设的复杂缘起和百年进程，找出其中具有建设性的社会经验和国家与社会自我纠偏的实际经验。这也解释了为什么近代百余年，会出现两次大规模的民间主体推动的乡村建设运动，而且民间行为最终促进了以国家为主体的乡村建设行动，当然以国家为主体的方向也有可能出现偏差，民间的方向也未必全对，二者的互为调和与反思决定了中国道路的发展方向。因此更需要我们继续梳理和总结。

三、关于中国农民革命或其中的土地革命

20世纪20—30年代中国苏维埃革命是以土地革命为中心的（但并没有完全成功），全民族抗战开始后改变了土地革命时期的激进路线而代以减租减息等政策为主，直到解放战争时期明确提出土地改革的方案。土地革命成为研究中国革命的重要议题出现在20世纪60年代中期，在这之前以美国学界为中心，学者主要将中国社会主义革命作为"毛主义"来理解；后来以黄宗智为代表的第二代学者认为中国共产党革命胜利的根本原因在于它成功完成了社会动员，激发了大众对革命的参与热情。正是在将中国革命看为社会革命的层面上之后，重新分配土地和划分农村社会结构的土地革命问题才成为重要的研究议题和学术研究的聚焦点。

那么，中国农民革命究竟是如何取得胜利的？其中中国共产党发动土地革命的依据是什么？土地革命对农民动员的作用究竟有多大？农民参加革命的动因还有什么？

学界关于土地革命的最主要的解释仍然是土地分配不均、农民贫困等。当然这个解释现在也越来越缺乏说服力，因为在土地分配最不均而且租佃关系复杂的江南、川西平原等地，却无法动员农民开展土地革命，而集中在山区、土地分配不均较轻的地方却是主要的革命区。黄道炫对闽西赣南等地的土地革命的研究认为土地革命形成的关键在于中国共产党对农村的历史性介入，是特殊社会政治态势下各种力量综合作用的结果。

如果土地革命只是社会动员因素的一种，学界越来越多认为土地革命与农民动员之间并没有直接的关系。目前，学界关于农民支持参

与革命的动机主要有以下几种观点：土地分配、家庭贫困、社会经济改革，以及民族主义、中国共产党自上而下的动员等，但这些动机都同样无法单一解释农民的革命动机，从而无法真正解释中国共产党革命胜利的原因。因此，学界目前倾向于认为农民的革命动机是复杂的，仍需要更多的实证资料，将自上而下与自下而上的视角结合起来分析。

温老师在20多年前已经提出导致中国近现代史上小农经济破产的最主要矛盾，是高利贷和工商业兼业地主与农民的矛盾，因此地租对于农民的剥削就不是最主要的矛盾根源。也因此，土地革命在中国共产党革命的很长一段时期内并没有取得决定性胜利，也包括孙中山虽然要求平均地权但也发现农民不为所动，而毛泽东在秋收起义后建立井冈山根据地的过程中，也不得不把"打土豪分田地"变成"斗土豪筹粮饷"，并被批评为"右倾"，后来以"土地革命"为核心的苏维埃革命受到部分挫折，经过长征到达陕北后的红军把"分田地"改革为"减租减息"，把"打土豪"改革为承认"李鼎铭先生是个开明士绅"，由此完成了团结绝大多数农民的动员过程。

那么在解放战争之前，也即第三次土地革命战争之前，农民积极参加革命的动力是什么？温老师现在进一步将中国农民革命放置于全球资本主义扩张的背景下，认为主要是资本主义国家殖民时期带来的外部压力，即资本主义第一波全球化带来的压力，最终演化成发展中国家内部的多种多样的张力，使得国内对抗性矛盾频频爆发。那么这种情况下的社会主要矛盾是不是阶级矛盾？当然也是。但我们应该思考的是这种阶级矛盾的本质来源。农民的反抗看似是对地主、官僚资本的反抗，而实际上是对西方资本主义扩张以及国民党作为追求现代化的代理人所带来的普遍农村破产的一种反抗。

这种反抗其实也随着国民党追求工业化转嫁给农民的负担愈重而

愈得到加强。正如程漱兰教授所述,当时"国家工业化担子,不在共产党身上。革命根据地的农民负担,虽然有战争因素,但尚属'轻徭薄赋'。以抗日战争时陕甘宁边区为例,在最困难的备受日寇进攻和蒋介石军队封锁的 1941 年,粮食产量 32.6 万吨,公粮负担 4 万吨,负担率 12.2%;待共产党大生产自救,1942 年粮食产量增至 33.6 万吨,公粮负担减至 3.2 万吨,负担率 9.5%;全地区人口 150 万,人均每年负担 20 公斤左右"①。可以说,当时国民政府的统治区的农民负担更重一些,这也是国民党最终逐渐失去民心的最重要原因。

温老师当时文章里还提到有关如何理解后来农民革命在北方取得了决定性胜利的问题。我记得温老师解释这个问题的时候说,"由于战争等造成的贫富分化加剧与区域分化,在当时的情况下没有调整的可能,因此尽管南方佃农多,北方自耕农多,但农民生活水平却是南方好于北方,这也许是后来农民革命在北方形成决定性力量的解释"。在金融资本和工商业资本的剥削下,小农兼业生产方式难以为继,最终导致较为贫困的农村地区的革命性最强,所以农民革命最终在生活水平差的北方取得绝对性的胜利。

随后就是解放战争时期,1946 年《关于土地问题的指示》(简称《五四指示》)颁发后,土改成为乡村建设的中心问题,持续到新中国成立后的土地改革实质上开启了新中国"去货币化"的过程,即去除民国现代化的金融体制的过程,也即打掉国民政府通过现代金融体制对小农剥削的手段。这也是解放战争中农民广泛支持中国共产党的重要原因。

关于中国农民革命或者土地革命众说纷纭,这是不是意味着,我

---

① 程漱兰:《中国农村发展:理论和实践》,中国人民大学出版社 1999 年版,第 155—156 页。

们讨论土地革命或者中国革命问题，还是需要从头考察在苏共影响下，土地革命发生的历史源头、在意识形态中的位置及其在闽西和赣南具体推动过程、在实践过程中又遭遇到何种问题和张力、最终又是如何在历史的进程中形成了划分阶级、诉苦与土改的一整套程序技术。那么既然土地革命在不同时期发挥的作用不一样，在不同时期的农民革命中，发挥主要作用的机制和动力是什么？作为主要历史决策者在这个过程中起到了何种作用？似乎这些问题仍需要进一步从历史经验中而不是从既有的太多已经约定俗成的研究成果中去找答案，才能将中国革命问题进一步讲述清楚（就像上文提到的，中国革命实质上是克服现代的问题，"现代"指资本主义世界体系），进而才可以讨论新中国成立前后的土改问题，以及合作化运动、20世纪80年代的分田到户政策等。

四、回应[①]

我简单回应一下艺英老师刚才说的土地革命的问题。

不同时期的土地革命在不同的背景下有不同的操作机制，其结果也是不同的，现在有学者常把几次土地革命放到一起笼统来谈，尤其是特别强调根据地时期的土地革命，还有解放战争后期的土地革命的作用。其实，对于不同的时代，需要"具体问题具体分析"——这八个字是马克思说的，后来中国共产党也一直把它当作核心经验、核心指导思想。在研究中，具体问题具体分析是非常重要的。我们在看相关材料的时候，就是要回到当时的历史条件下，看其背景、过程各是

[①] 根据董筱丹发言整理。

什么,再进一步地看影响机制是什么。我感觉我们的研究是在重新写源代码,要自己重新用基础材料建构这些研究。

五、土改去货币化

土改本身是去货币化的,它相当于用暴力替代了财产性的交易,直接给农户分地。但其机制需要进一步具体分析。

第一次土改(第一次国内革命战争时期孙中山提出"平均地权",据此,这次革命也可称为第一次土地革命,但在实际行动上并没有进行土改分地。第二次国内革命战争是第一次土改)是在民国时期,这个时期农村本身是去货币化的。大量的商业资本下乡,向农村输送工业制成品。在工农价格剪刀差(即工业品比较贵,农产品比较便宜)之下,小农用农产品的低值产出去买比较贵的工业品,整个农村的现金是外流的,也就是说,农村是去货币化的,货币在当时的农村属于极度稀缺要素。这种情况下进行土改,农民分到地之后,除土地之外的所有生产资料,包括中间的雇工,仍然需要货币化支付,而农民是没有钱的,所以当时就出现了农民分到地却不能增收,甚至是要赔钱的情况,所以农民大量地弃耕撂荒甚至弃收。甚至有的地方农民不愿分地,或者分到地一两年后又还给地主。也就是分地的收益并不明显,甚至是负收益。

这种情况和太平天国运动初期的分地情形也有一定的相似之处。

可见,土改这种财产性动员有政治性,但是单纯分地未必能和小农实际的生活相契合。尤其是 20 世纪 30 年代,整个国家经济处在加速货币化时期,而农村原先又是去货币化的,这时候如果分了地却没有其他手段来形成替代性交易手段,分地就没有办法获得预期的制度收益。这是根据地时期土地革命并不能形成预期动员效果的一个原因。

相对来讲探索出一些成功经验的，比如毛泽东主持经济工作之下的中央苏区，以及方志敏领导下的闽浙赣根据地，通过综合性的地方农民组织，可以使粮食较大幅度增收。

与此对比，为什么1946年之后的土地革命对农民有那么大的动员作用呢？宏观背景不一样了。1944年布雷顿森林体系确立之后，美国给了中国一笔贷款援助，并且同意国民政府把过去存在美国的黄金兑换回来。国民政府由此调整证券交易所中法币与黄金的交易比价，法币持有者纷抢黄金，全社会就大量释放法币，而法币没有回流途径，骤然贬值，币值比各种"抗币"低很多。严重的通货膨胀之下，地主慢慢回归到实物地租，农村经济一定程度上向实物经济回归，土地的价值重新显化，这时，土地革命就有了很强的动员作用。这段时期的宏观背景可以归纳成过度货币化。在过度货币化的背景下，土地有了新的价值，土地革命就有了新的动员机制。

第二部分

"三新"指导下的乡村振兴

数字经济时代的乡村建设

何志雄

一、新时代生态化需要基础理论创新

在 2000 年以后世界气候暖化速度明显加快的挑战下，中国首先做出发展理念和战略的调整：早在 2003 年就提出了科学发展观，2005 年党的十六届五中全会提出加快建设资源节约型、环境友好型社会的目标，2007 年党的十七大报告提出"建设生态文明"，2012 年党的十八大确立了生态文明建设的突出地位。

2018 年 5 月党中央召开全国生态环境保护大会，正式确立了习近平生态文明思想。21 世纪开始的时候，"绿水青山就是金山银山"在浙江提出。"绿水青山就是金山银山"当然是一个通俗的说法，后来在东北增加了"冰天雪地也是金山银山"。但在理论上，意味着习近平生态文明思想下的新经济内在的生产力要素的拓展。

如果讲新时代经济结构发生了什么变化，**那主要是新增了两个新经济类型作为国家战略引领：一个是数字经济，另一个是生态经济。**理解新时代的变化，应该从马克思主义政治经济学的一般原理出发，因地制宜地研究习近平总书记提出的生态资源价值化、生态产品价值化的实现形式。这也是中央赋予几个"生态省"的主要试验任务。最终，是要通过货币化与资本市场实现"生态资本深化"，改变中国在全球产业分工中被金融资本通吃的路径依赖。这也是实现质量效益型的市场经济的需要。

如果数字经济和生态经济这两个转型能够成功，中国就能够应对资本主义在人类历史两三百年的时间里，从产业资本异化社会到金融资本异化实体这样的一般演化规律所带来的对人类可持续发展的严重挑战。把数字经济和生态经济结合，把数字乡村落实到乡村绿色发展之中，很可能会改变已经形成的金融资本利益群体走向西方金融资本虚拟化扩张的发展模式。对于我们这样一个历史悠久的文明古国来说，不能走西方金融资本虚拟化扩张那条路。

生态经济的新生产力要素的结构性扩张，带来了县域生态化经济资源空间开发的必要条件，因为要追求生态产业化、产业生态化，就一定得通过城乡融合来完成非标的生态资源再定价，这就要对生产关系进行革命性变革，于是，生态经济要求以"三变"改革来重构新型集体经济。[①]

二、乡村振兴需要数字经济带来的价值革命

中国现在面临的是生产过剩，同时也存在着三大差别：区域差别、

---

① 温铁军：《新时代生态化需要基础理论创新》，见 https://m.aisixiang.com/data/125742.html。

城乡差别，以及贫富差别。从另一个角度来看，如列宁所做的分析[①]，当今的中国社会经济结构也是多种成分并存，或者说多种生产力和生产方式并存，包括国有经济、私营经济、个体经济等经济成分，因此，中国集体经济也还存在很大的改良和改善空间。传统的改良思想和方法既有来自西方的思想资源，比如各种类型的合作经济或合作社，也有来自中国本土的思想资源，比如改造成社会企业的乡村建设，即传统的乡绅文化和道德伦理约束下的本地社区经济建设，或者说是村落主义文化与现代工业企业的结合。

狭义地理解合作经济就是指合作社，这个概念是从西方来的，是近代社会的产物，合作经济思想肇端于空想社会主义，代表人物就是为人熟知的圣西门、傅立叶和欧文。最早的比较成功的合作社是1844年的罗虚代尔公平先锋社，是一个消费合作社。其后合作社经历了一个快速的发展阶段，国际合作社联盟（简称ICA）1895年成立于英国伦敦，总部设在瑞士日内瓦，其主要目标是在全世界促进合作社运动，加强合作社之间的互助和民主。合作社之所以是西方思想理论资源的产物，是因为它本质还是承认产权的私有。它与中国集体经济组织的差别，主要表现在集体所有制下的社区股份经济合作社集体成员权（比如土地使用权、承包经营权）的股份合作化，集体成员权不是私有产权，私有产权的股份化是股份公司，集体成员权的合作化是合作社。

各种乡村建设则具有中国历史文化的特色，本土知识分子的理想都是围绕乡村在想象，像《吕氏乡约》、"无终山都邑"等桃花源的想

---

① 参见《论粮食税》，见《列宁选集》（第四卷），人民出版社2012年版，第488—525页。

象。民国著名乡村建设社会企业家张謇在经办各项事业时，多次提到要"沟通中西"，及恳言"而彼之学可为我学，彼之法可为我法"。张謇还解释自己经营南通是"事有所法，法古法今，法中国，法外国，亦不必古，不必今，不必中国，不必外国。察地方之所宜，度吾兄弟思虑之所及，才力之所能，以达吾行义之所安"。然而，西学也罢，西法也罢，都没有能使他抛弃田子泰式的理想。张謇在法古、法中国中继承了田子泰的"无终山都邑"，从法今、法外国中拾起了"自治"学说，将二者结合在一起，充实了他的村落主义。

概括来说，以上两种模式不过是东西方的知识思想精英们根据各自的自然地理环境和历史文化经验所提出的不同的方式方法。但本质上，面对现代资本主义和工业化时代，他们对于问题的认识和行动的目标是一致的。问题在于，这两种思想资源都来自传统的理念，根据过去的经验所提出的具体改造形式和实践方式是过时的，所使用的技术和工具也是过时的，并且过于依赖人们改变自己自私自利的思想，甚至依赖强制性的制度和文化建设。他们的理念是好的，但真正面向未来的解决思路，是基于社会生产力的进步所产生出来的具体实践方式，数字经济的出现恰逢其时。我们应该在数字经济平台的基础上进行社会经济改良，以人作为价值的基础和中心，利用区块链这种新兴的信息科技来建构新型数字经济平台、共同体平台企业。数字经济平台是我们要用区块链思想、技术打造的一种服务于合作社，或社会企业，或集体经济的基础设施。

那么这个基础设施就必须具有社会性、公共性，而不应该被私人资本以股份制公司的形式所垄断。数字技术是以互联网信息科技、人工智能、5G、云计算、物联网等为主形成的集合应用，是自电子计算机和互联网发明以来真正做到了与物质生产力的全面结合。如果说第一次产业革命是以蒸汽机和纺纱机为代表的，第二次产业革命则是以电气化和石化工业为代表的，那么现在就是第三次产业革命正式成形的前夜。平台经济企业一方面创造了大量的财富，创下史无前例的高估值，但另一方面，基于平台经济的大数据资产的产权界定和隐私安全等一系列问题，又出现了大量的冲突。

如果将数字资产用法律上的"物权"来帮助理解，可以将其理解为"商品"，其实就是将大数据视为一种类似自然资源的资源，一种生产要素，可作为商品交易。但如果将其视为一种中心化存储的数据，那它就可复制，跟传统商品天然地具有排他性不一样，并且还存在数据产生者与数据包管理者之间的所有权矛盾、数据隐私安全等问题。这些都很难说清楚，个体行为、交易数据的产生并不能严格区分谁是唯一生产者，数据本身就是由个体组成的社会网络互动产生的。所以这个意义上的数字资产，基本上就是谁有资本实力去规模化管理分析这些大数据，谁就占有了所有权，比如BAT（百度、阿里巴巴、腾讯）这些互联网巨头。但如果数据是以区块链方式存储，那么数据是唯一的、不可窜改的，这样的数据包将是更合理的数字资产。那所有权呢？自然是区块链社区共同所有的。

根据以上这些客观的现实情况和分析来看，互联网信息科技和平台经济所代表的新的生产力，从要素投入端来看已经不易分割，从产出的价值分配端来看，人人都在参与，人人都有份。很显然，全新的生产力呼唤着新的生产关系，替代过去那种少数资本占有者通吃一切的生产关系。不能做出相应调整的平台经济，越来越受到社会大众的抵制，在传统的资本市场逻辑里越来越变成投机泡沫，最后免不了要随着金融危机而崩溃。现在，甚至是很多私人资本为主的企业界也在探索基于公平价值分配的数字经济平台企业模式，批判西方市场经济的股份制公司模式。

现在，国家已经正式承认数据是五大生产要素之一，并且是越来越重要的生产要素，不仅因为其涉及安全问题，更因为数据本身具有更大的价值。在马克思主义政治经济学理论中，毫无疑问价值是最重要的一个概念。现在的资本主义工业化时代的价值分配规则是以资为本的，而数字经济时代的价值分配规则是以人为本。并且资本主义的货币金融系统也是以商品作为基础和中心来创造货币，主要表现为只有当企业生产出大量的商品时银行系统才通过信贷扩张创造货币。拥有商品、占有商品的主要是资产阶级，包括劳动者都是被当作劳动力商品被资本所占有和定价的，价值分配就是以资为本。这是信用货币时代的根本特点，商品是一切价值和财富的基础。

而数字经济时代不再只是以商品作为价值的基础和中心。马克思将资本主义时代描述成大量商品的生产和堆积，他对资本的研究也是从商品开始入手，商品因凝结了人的劳动才具有价值。以生产为主的或者说产业价值占更大比重的时代是资本的（原始）积累时期，但目前全球处于严重的生产过剩时代，是消费主义时代，现在商品的价值已经不那么重要了，占比重已经很小了。特别是对于互联网数字经济平台来说，个人与市场、生态环境互动产生的消费大数据和投资大数据更有价值。人自身就成了价值的基础和中心，人不需要变成劳动力商品作为生产要素才具有价值，当前社会创造价值的最小单元不再是资本主义企业和家庭，而是人自身。此时的货币创造就是人的价值创造的过程。创新货币制度，大力发展以人的价值为基础的数字货币，货币创造过程和价值创造过程是同一的。

美国等资本主义国家信用货币的发行创造机制就是，央行主要是基于债务，特别是国债、政府债务，甚至是企业债务来创造基础货币；

然后再通过商业银行体系进行信贷扩张，从而创造规模巨大的广义货币。其过程就是基于资本主义企业的大量商品生产，甚至是现在越来越泡沫化的资产创造和金融衍生品。在这个过程中，所有的商品都是货币，商品生产就是在创造货币。就像马克思所说："昨天，资产者还被繁荣所陶醉，怀着启蒙的骄傲，宣称货币是空虚的幻想。只有商品才是货币。今天，他们在世界市场上到处叫嚷：只有货币才是商品！像鹿渴求清水一样，他们的灵魂渴求货币这唯一的财富。"① 在危机时期，商品和它的价值形态（货币）之间的对立发展成绝对矛盾。要解决这种二元对立的矛盾，数字经济时代的货币创造过程与价值创造过程同一是可能的思路；否则，当前以美国为首的金融资本主义国家无底线量化宽松超发货币，迟早会导致全球经济的崩溃。

在贵金属货币的时代，只有一种商品能够被当作货币，创造货币，那就是金银。金银的开采生产过程，即挖矿，是同时创造货币和创造价值的过程。贵金属货币时代是以金银作为价值的基础和中心，信用货币时代是以商品作为价值的基础的，数字货币时代值是以人作为价值的基础和中心的。数字经济时代的分配原则源于区块链的思想和技术，基于个人作为互联网数字经济平台企业的成员用户（数据价值）和贡献者来分配通证（Token），是一种数字资产。这个通证在比特币的实践中就是"挖矿"的奖励，这个概念真的很形象，是一种概念上的传统和朴素回归；但是区块链的应用不都是比特币这种投机炒作地发空气币。创造数字货币的"挖矿"过程，还可以通过将个人的消费大数据和投资大数据作为财产参与平台企业或国家、集体的分配，根据成员权益和贡献，通过区块链智能合约分配数字通证。这就

---

① 马克思：《资本论》（第一卷），人民出版社 1975 年版，第 158—159 页。

是数字经济时代的货币创造过程，以人作为价值基础来创造货币和分配货币。

世界经济从商品经济转向数字经济一个重要的标志就是传统的会计管理价值转向区块链管理价值。从以商品作为价值基础和中心的信用货币创造和价值分配关系，转变为以人作为价值基础和中心的数字货币创造和价值分配关系，是一种生产力决定生产关系的进步。过去的西方会计管理价值模型是基于资本主导的逻辑来做账，比如说评估每个企业的资产负债表时，数据和生态环境等是不能入账的。区块链管理价值则不是以资为本的逻辑，数据和贡献都是可以入账的；并且区块链技术本身就是一种去中心化、去垄断化的分布式账本，大家民主参与管理，不同于资本主导定价，信用货币创造机制主导的会计逻辑。

从微观理论层面的市场运作角度来看，经济体发生裂变，从股份制经济转向通证制经济，区块链赋予每个人分布式账户，用以管理和核算人的价值为基础实现经济制度的民主化。因为传统的价值分配首先是异步模式的，而异步模式容易产生纠纷（合同其实就是价值分配异步模式下的产物；价值同步分配时，合同就是智能合约）。其次基于长期价值分配的股权逻辑有两大严重缺陷：第一，股权分配是预分配模式，即先按比例分配完，但是企业在运营执行中，股东未必能按照承诺的比例兑现。第二，如果再引入新股东就更是面临麻烦多、内斗多等问题。这导致很多企业命途多舛。再次，股权分配的颗粒度太粗，在价值度量的尺度上不精细，会因为利益分配计量不合理而导致众多矛盾和纠纷，最终也有可能导致企业运营崩溃。所以，如何在当前的企业运作中用一种新的思想和方法，将当前制度下的股权预分配模式和对贡献价值计量不精细且是异步的分配模式，变成基于参与者的贡献（挖矿）进行更加精细化的同步分配模式就成为一个新课题。这个课题可以基于区块链的思想、方法和工具进行探索。[1]

股票是一种以股权为分配红利的凭证，但是数字经济背景下，每个人的数据都具有价值，参与分配，就出现了人的价值凭证——通证（Token），用区块链核算。这个转变改变了人类的分配制度，使得每个人都有参与分配的权利。把人作为劳动力商品本身就是反人性的，人是独一无二的，人的价值创造本来就是多样性的，怎样管理人的价值、发现人的价值、核算人的价值？每个人的大数据是科学计量的，本质上反映一个人创造价值的能力。通证经济将使人类社会的文明前进一大步，充分发现人的价值，更好管理人的价值，更多创造人的价值。在这种制度下每个人都有基于个人价值的自由权利，不再有剥削和不平等。[2]

马克思在《资本论》中从哲学和历史唯物主义的角度分析认为，未来的共产主义社会是产品经济不是商品经济，是按需分配的，从前资本主义革命从小农社会到资本主义社会是大资消灭小资，大私有消灭小私有，未来则是无产阶级领导下的公有制消灭私有制。这背后起到推动作用的就是生产力决定生产关系，经济基础决定上层建筑的客观规律。这个道理没问题，但是怎么实现呢？我们改造社会不是在一张白纸上进行，而是在既有的环境和条件下进行，想通过一次性革命

---

[1] 参见罗辉林：《区块链除了发币，还能干些啥?》，2021年3月10日，见 https://zhuanlan.zhihu.com/p/355972201。

[2] 中国人民银行金融研究所首席研究员邹平座发表中国人民银行论文《货币政策的市场化协同与大数据机制研究》。文章表示，创新货币制度，大力发展以人的价值为基础的数字货币，无论从理论还是实践上都将为中国甚至人类作出重要贡献。

解决所有问题是不现实的。从讲价值的商品到完全不讲价值的产品，一下子跳跃太大，让人难以想象中间过程。所以我们的分析就回归人的价值，以人作为价值的基础和中心来建构社会经济框架和分配关系，现阶段主要就是通过数字货币的创造与分配来实现，而为之准备的先进生产力和技术工具都有了。

虽然我们不知道马克思想象中的产品经济和按需分配是什么样子的，也无法去具体落实他的想象，但是我们正在进入的数字经济时代，区块链思想和技术的出现，让我们可以去想象、设计和实践以人为本的共同体平台企业或者集体经济了。我们在论述社会发展阶段的历史逻辑时，提出国家或国家资本对小生产者和私人资本的改造问题局限于将合作社和乡村建设社会企业上升到具有普遍性的理论解决方案和思路，而是要为这些合作社和社会企业的发展打造以人的价值为基础和中心的数字经济平台，打造一种以人为本的价值分配关系的区块链金融和数字货币基础设施。

三、生态资源价值化：区块链结合农村"三变"改革

首先，区块链的理念、技术和方法是在互联网平台经济快速发展背景下诞生的，它具有去中心化、点对点传输、不可篡改和智能合约等特点，这意味着每个人的平等参与并根据贡献得到公平的价值分配。区块链适合构建平台经济的价值分配体系，它很方便，可以低成本、高效率地根据每个成员的贡献，通过执行智能合约来进行价值分配，推动平台经济更好地组织社会资源来创造更大的财富。平台经济的运营主体和所有权主体过去都是股份制公司，但股份制公司基于产权分割来决定价值分配的制度规则，很显然已经不能满足新时代新生产力

的要求了。区块链思想和技术方法本质上是对于人类生产关系的颠覆和重构。

中国乡村振兴中一个很重要的目标就是打造数字乡村和智慧乡村。乡村数字化必须基于乡村经济的平台化,也就是说要建设乡村的平台经济。当前,农村集体是乡村资源要素的所有权主体,集体经济组织作为一种共同体,也与平台经济作为一种共同体在理念上契合,都适合引入区块链的理念和技术方法。那么,以农村集体经济为基础,利用最新的互联网信息科技,在区块链的理念和技术方法的指导下构建乡村平台经济,必然能够推动乡村经济的跨越式发展,提高农民的综合收入。

如果说区块链理念和技术适用于社区共同体的价值分配,那么现在中国数量规模最大的社区共同体就是农村集体经济,其也是乡村振兴最重要的主体和载体。我国的生态资源又主要属于农村集体,通过区块链解决好集体经济的价值实现和分配问题,有助于吸引外部资金、技术、管理等各种要素资源的随时加入,构建共同体平台经济。探索区块链与农村集体经济的结合应用,同时契合了国家数字经济和生态经济两大战略转型,意义重大,前景无限。

中国的国家资产负债表表明,中国的总资产超过1300万亿元人民币,但农村庞大的生态资源资产却难以计算,初步估计应超过200万亿元人民币。特别是随着内循环经济的启动、逆城市化的消费文化趋势的出现、国家"3060"双碳目标的提出,农村生态资源的价值越来越有上涨的潜力。乡村振兴成功和农村生态资源的价值实现密切关联。

农村集体生态资源的价值实现,首先要建立在这些生态资源的交易和流动的基础之上。目前的现实情况是,农村集体资源的市场化程度非常低,从要素流动的角度来看,目前只达到把土地等资源作为生产要素纳入项目开发、市场交易的程度。回顾过去三四十年的发展，国家从20世纪80年代就开始鼓励土地流转，到现在流转的土地比例也才超过三分之一。土地流转主要还是以村社内部的流转为主，外部流转次之。除土地以外的其他集体资源作为一种资产，或者说以其他集体资源为基础、为标的而包装打造的资产交易，就更不值得一提了，交易量很少。这就是农村经济发展不起来、农民收入起不来的原因。所谓提高农民的财产性收入，如果没有集体资源的资产化，那怎么能够做到呢？

况且，当前因为城市化和工业化的快速发展，农村"空心化"非常严重，农村中的很多资源和物业闲置浪费也非常严重。尽管现在越来越多的大学毕业生和市民下乡、乡贤和农民工返乡进行创新创业，对这些闲置的民房等资产资源需求很大，但是市民一般不愿单独和农户签约，一是因为宅基地所有权是集体的，二是担心在农民违约时自己的权益得不到法律保护，或者维权成本太高。因此这些资源无法高效地流转起来，农民的收入来源无法多元化地增加。

解决这些问题，我们需要有相当的制度创新和组织创新。只有推动城乡要素的相互流动，增强集体经济整合多方面资源要素的能力，乡村振兴之产业振兴才有可能。温铁军教授研究团队提出的重构新型集体经济组织三级市场建设，就是一种有针对性的制度创新和组织创新。(见图2-1)

所谓三级市场中的一级市场建设，就是模仿股票市场做市商的机制，实现农村集体生态资源的一级市场定价，以便于集体资产进入二级市场流转和进入资本市场交易和融资。为了促进集体资源要素的流转和抵押，传统的思路有两个，但都不成功，效果很有限。一个思路是在三权分置的基础上，推动经营权流转和抵押。目前土地经营权的

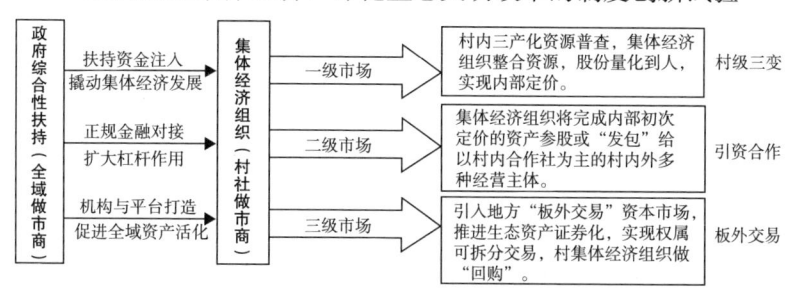

重构新型集体经济：深化生态文明改革的制度创新试验

图 2-1　三级市场与政府作用简图

图片来源：温铁军等：《乡村振兴背景下生态资源价值实现形式的创新》，《中国软科学》2018 年第 12 期，第 5 页。

注：生态资源"山水田林湖草"结构粘连的整体性，要求其价值化主要以村域综合经济体（新型集体经济）为实现形成。生态产业化以结构性合约为基础，形成的是多元主体结构化的互动及其有效治理。

流转障碍不大，但还是非常细碎和分散；经营权抵押则很难实现，还缺乏明确的法律保障。农地"三权分置"制度改革的政策目标主要有两个：（1）实现承包权与经营权的分置；（2）放活经营权。一方面，在充分保障集体所有权与农户承包权的条件下，通过承包权与经营权分置，实现农地的流转；另一方面，从经营权中活化出抵押权，通过赋予土地经营权以抵押、担保之权能，破解农业经营融资难题。另一个思路就是试图通过农村集体产权制度改革，参考市场的股份公司制度，对集体经济组织进行股份量化的改造。比如沿海省份普遍存在的社区股份经济合作社。这个思路的问题是想走市场经济的路，但股份制改造又不彻底，不完全，分配给集体社区农民的股份不能与外部交易，只能内部流转，也不能抵押融资等。

综合来说，无论是推动经营权的流转和抵押，还是社区内部的股份制改造，最大的问题都是难以得到外部市场的承认，其资产属性不强。这两种思路都是从传统的资本主义市场经济逻辑分割资产的角度或者从生产资料所有权的角度来看待问题。就像所有的股份制公司，包括荷兰东印度公司在内，演化到后来就是依据对资产的分割来确定分配比例的。

但问题是，中国乡土社会的传统历来都强调共同体，不讲究所有权的私有化，讲的是村社的成员权，并且新中国成立以来的农村集体所有制也不允许分割集体财产所有权。从农村生态资源的特性来说，其具有整体性，是无法分割的空间资源。所以，传统的西方市场经济的改革思路不适合中国农村集体。农村集体产权制度改革的目的是把集体的财产收益权落实到每个成员的身上，绝不是把集体的资产分割到每个成员的头上。所以，我们要有新的思路，引入新的市场改革制度来推动集体生态资源的价值实现。就是说，放弃改革财产所有权的思路，坚持集体资源的共有性，保留集体共同体，从集体财产分红权、价值分配的角度来重构新型集体经济。

对应农村集体成员权的则是农民在集体资产收益中的分红权，股票、证券等资产也代表了一种预期收益的分红权，那么农村集体成员的分红权是否可以像有价证券一样设计成可交易的流动性好的资产呢？当前的全球金融市场风险很高，所谓预期收益的分红非常不确定，但这并不重要，甚至不影响股票的价格和交易。更何况，农村集体生态资源的价值是越来越值钱的。很多时候，外部市场可能担心集体成员分红权不像可对资产分割的股权那样具有法律保障，不过这可以通过集体"三变"改革的规范化、标准化制度设计来解决。

所以，我们不建议搞集体资产分割的股权交易，而是搞集体成员分红权的交易，将集体成员分红权包装成可交易资产。也许有人会说集体成员的分红不稳定，但是我们要看到股票的分红也是不稳定的，况且集体经济有农村熟人社会的天然监督机制，比上市公司的监督机制可靠得多。此外，我们还要考虑到在集体经济组织公司化改制的过程中，因为农村集体的自然资源和大部分土地资源都无法通过办理权证的方法作为市场认可的资产入账，最终都面临财务审计和变现的问题。目前也只有部分地方的集体经营性建设用地有专门的政策支持，可以通过办理土地权证的方式来入账。所以，我们还是得想办法将集体成员分红权进行资产化改造。恰好，以区块链为代表的价值互联网正在兴起，区块链理念和技术提供了现成的工具，我们可以借之将集体成员分红权进行资产数字化改造，对接数字资产交易平台，打通集体生态资源与金融市场的连接。(见图2-2)

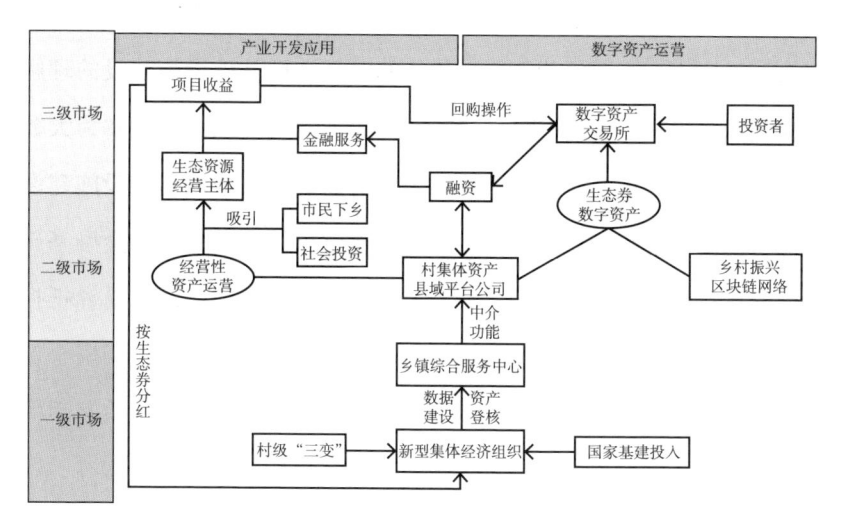

图 2-2 分红权资产数字化改造简图

引入最新的金融科技和资本市场理念，将价值分配权进行市场化改革，自然就能解决间接融资和直接融资的问题。又由于传统的股市、债市、期市等资本市场门槛抬高，集体经济组织直接去这些资本市场融资上市很困难，因此就需要打造专门服务于乡村振兴的新的资本市场，这比起触动原有资本市场利益结构、修改相关法律制度更可行。

习近平总书记多次强调农村集体的"三变"改革,包括资源变资产、资金变股金、农民变股东。做好这"三变",每个集体成员通过民主参与、内部谈判,做好集体内的清资核产,评估出成员分红权和集体分红权,就基本上完成了集体生态资源的内部定价。但这个过程还只是完成了集体经济一级市场建设的一半,毕竟内部定价还得不到外部市场的承认。基于集体资源内部定价形成的财产价值分配权还需要进行标准化、规范化的包装,才能转化为便于交易和流动的资产,实现其明确的资产价值。

我们的创新相当于利用最新的区块链思想和技术方法,提供了类似于证券交易所需要的一整套工具,建立了一个新的资本市场,服务于农村集体生态资源的价值化。**传统的对于金融基础设施建设的理解是狭隘的,现在互联网平台经济和数字经济时代应该将其理解为大数据和平台化。助推乡村振兴,就要为农村提供新的金融基础设施建设和制度创新、组织创新**。其中,服务于农村集体和其成员的金融基础设施及乡村数字化同步建设,解决了集体资源资产的流转交易和抵押借贷、农民生产生活的储蓄和信用贷款等问题,但也涉及信用安全保障问题。具体的建设步骤和过程,就是将农村集体"三变"改革后的资源资产上链,以资产数字化为切入点。其运作主体应该是银行、国企、政府、技术运营团队等多方参与的县级平台公司,它一方面是网络化、数字化的金融基础设施和交易平台,另一方面又是收储了县域集体生态空间资源的平台公司,两者相辅相成,协同推进。在二级市场,通过大数据和金融服务培育多种多样的合作社、社会企业的创新创业,推动城乡融合、市民下乡。在三级市场,发展数字资产交易,获得集体共同体平台在资本市场的溢价收益,提高农民的财产性收入,实现集体生态资源价值化。

四、应用场景案例及其资产数字化设计方案

这里我们举两种最常见的应用场景案例，一种是拥有大面积的山水田林湖草这类非经营性资源的地区，具有很高的生态空间景观价值和碳汇生成价值；另一种是拥有大量闲置民房和宅基地的村庄，具有市民下乡进行多业态开发的价值。

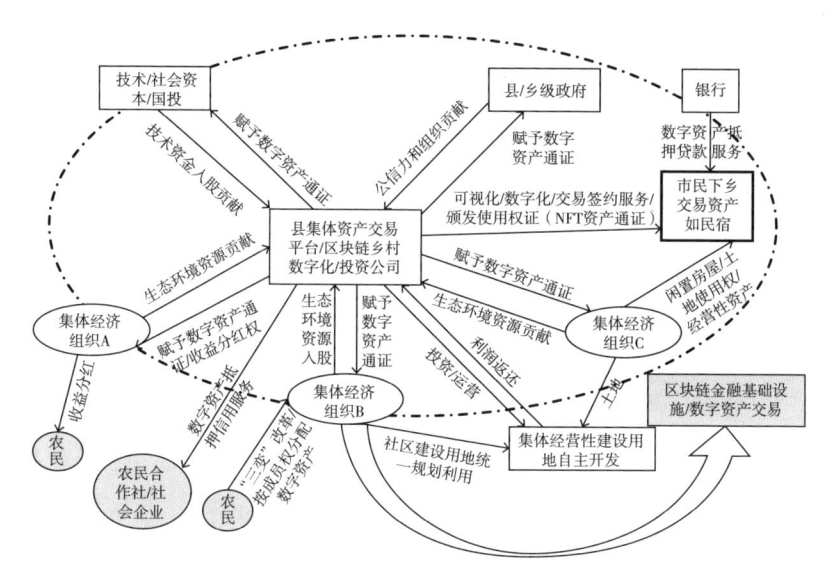

图 2-3 两种应用场景资产数字化综合设计图

对于第一种应用场景，具体的操作思路是将一级市场与三级资本市场同时构建，引入区块链的思想和技术方法，将两个市场结合起来建设。村集体通过"三变"改革完成一级市场建设，然后将收储的生态环境资源、成员数据资产，以及其他闲置集体资产入股县数字经济平台（可以将其看作是一种共同体互联网平台企业），根据成员权和贡献合理设计平台企业对村集体及其成员的价值分配制度，通过区块

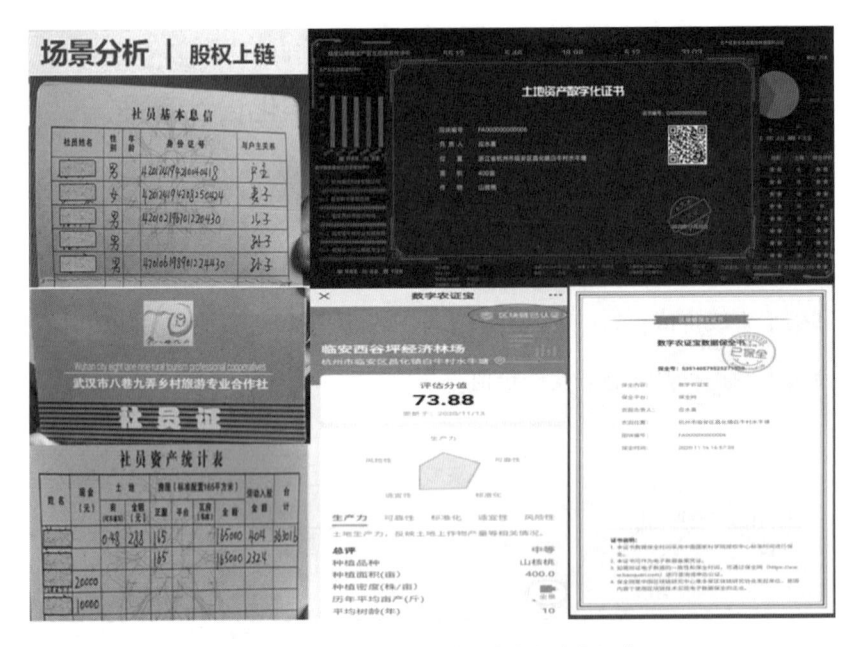

图 2-4 传统社员证改造为资产数字化证书

链智能合约实现数字资产的同步分配。

县数字经济平台同时也是县集体资产管理和交易平台，对接政府各类生态环保项目保障全域生态资源增值，开展碳汇交易项目，保障市民下乡创业的周边环境安全，让县域农村更有吸引力。村集体各类主体运营的资产可登记到县资产交易平台进行流转，县数字经济平台公司则提供产权保障和金融服务。县数字经济平台还可以是集体资产开发的投资平台公司，天然拥有大量的用户和应用场景开发潜力。县平台公司可发行由农村集体资源资产支撑的数字资产，可以考虑去专门的国际和国内数字资产交易所上市，有交易就能形成价格，有定价就能够打通直接融资和间接融资渠道。这相当于用集体经济的预期收益来进行融资，并且预期价值可以进入资本市场交易。现在的股票市场、债券市场等，本质上都是抵押预期收益来进行融资。条件成熟时，

农民手中的数字资产不仅可以享受县数字经济平台公司的分红，也可以逐步进入市场交易。(见图2-5)

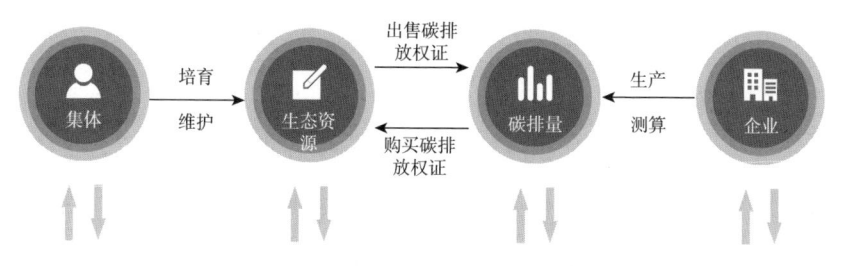

图2-5 生态资源碳汇—区块链系统

集体经济预期收益主要有三个来源。所谓二级市场就是引入不同的外部运营主体，利用集体资源合作开发各类项目。因为只有构建了集体一级市场便于生产要素的流转，构建了三级市场便于融资和提供信用保障，才能有充分的条件结合市民下乡、乡贤返乡开展各类经营性项目，项目经营性收入就是集体经济预期收益的第一个来源；基于农村生态资源的碳汇交易综合收益是第二个来源；基于集体共同体平台经济成长的数字资产在资本市场的溢价收益，就是第三个来源。

对于第二种应用场景，城市人下乡租用农村闲置民房，一般来说有五个痛点要解决[①]：

第一，市民一般不愿单独和农户签约，愿意和村集体经济组织签约，一是因为宅基地所有权是集体的，二是担心农民违约；

第二，租用年限要尽量长一些，至少三十年，且市民希望三十年一口价；

第三，市民不愿一次性付款，希望有金融机构提供按揭贷款；

第四，市民希望租用农房的交易，能在政府背书的农村产权交易

---

① 参考李昌平：《乡村振兴战略及策略选择与树林召实践探索》，乡建院微信公众号，2020年8月25日。

服务平台上办理签约手续，且希望政府产权交易平台能发"房宅使用权证"；

第五，市民通过交易取得房宅使用权，希望能在政府产权交易平台上二次或多次转让。

据此我们可以设计相应的解决方案：以各集体经济组织为主体，吸引投资方、区块链技术公司、县级政府共同成立一个县集体资产平台公司，同时也是集体资产交易中心、集体资产开发投资公司、乡村数字化区块链金融基础设施服务中心。

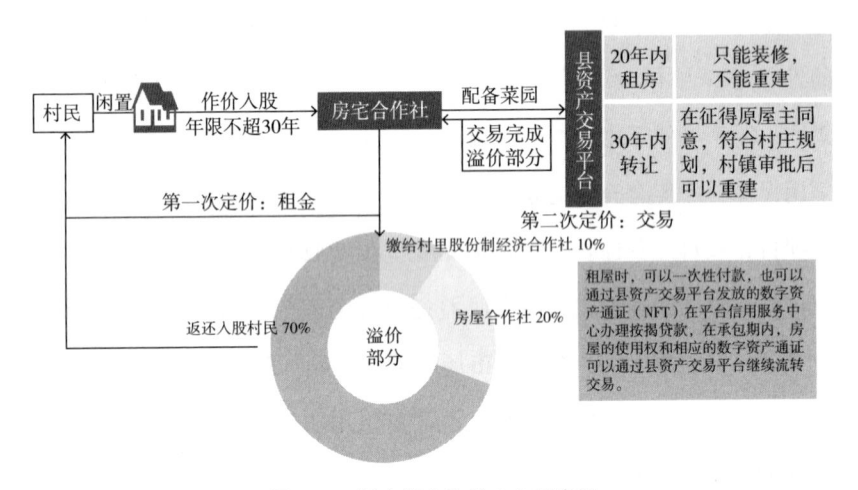

图2-6 村内部主体线上交易案例

第一，通过农村"三变"改革，村集体经济组织把农民闲置资金和闲置房宅集约经营起来；村集体将空间生态环境资源入股贡献到县平台公司，县平台公司的区块链金融服务中心赋予集体成员数字资产通证，代表集体成员在平台公司的收益分红权。

第二，县平台公司利用可视化、数字化技术将收储的各类资源资产上线交易，由村集体经济组织和市民签订房屋长租协议，这部分资产所有权归集体。

第三，县集体资产交易中心或交易所为闲置房宅使用权转让提供交易签约服务，并为市民通过交易取得的房宅使用权颁发房宅使用权证——NFT（数字资产，非同质化通证）。

第四，县集体资产管理公司联合银行为市民长租农户闲置房宅提供按揭贷款服务，可用数字资产通证做抵押。

第五，县集体资产交易中心为房宅（NFT）二次或多次转让提供同等服务，对于集体成员收益分红权对应的数字资产也可以提供抵押和交易服务。

第六，在村集体经济组织内部整合各村土地及建设用地指标，对园区和社区建设开发进行统一规划，定价后的园区和社区土地，由县平台投资公司主导开发；集体在县平台有股份，可分享第二次收益。

第七，欢迎社会资本参与园区社区开发；欢迎大学生与市民下乡、乡贤返乡创业，为农民合作社和社会企业进一步利用集体资源和资产提供金融服务。

中道而立的话语构建[①]

逯 浩

温老师给我指定了"中道而立的话语构建"这样一个讲题,并且要求不要讲太多哲学。"中道"一词,在佛学、儒家和道家的哲学传承中都有解读,既可是"形而上"的追求,也可为"形而下"之践履。以"中道而立"的理论自觉推动话语构建,是温老师三四十年来一直躬身力行的研究主张。"人心惟危、道心惟微",这题目我讲起来有些勉强,也不够资格。师命难违,我只能就自己的理解,谈谈跟随老师学习的体会。

谈到"中道而立"的话语构建,首先是要有"刀刃向内"的自我解剖和批判精神,要在实践中滚一身泥巴并逐渐学会"自以为非",勇于自我解剖、自我祛魅、自我去蔽,才可能在思想深处承认自身不足、认知的边界、知所不知,真正认为自己是应该"被"改造的对象,进而深入主客观世界的"边界",努力在"自我改造"的过程中改造外部世界。

[①] 本文根据笔者在 2020 年 5 月 16 日第一次"温道撷萃"(五一六)交流会上的发言整理而成。

一、欲"中道而立",先"自以为非"

孔子"登东山而小鲁,登泰山而小天下"。就现阶段的研究而言,我们所做的工作,只是在老师已经形成完整体系的理论框架之下做一点边际创新。因此,在谈到"自以为非"时,需要放下"我慢",不能将我们微不足道的所谓研究成果错误地归于自我成功。就理论和实践本身来说,我们毕竟缺少亲身实践的经验过程,还隔着一段由时间条件导致的认知差距。

我们谈自觉地构建"中道而立"的理论,要在承认自身时空局限性的前提下,探讨能否以及如何对应当代命题的时空局限性。

"中道而立"话语构建的对象是什么?就乡村建设来说,主要是对当代乡村建设具体过程的时空局限性的反思,包括对过去百年乡村建设的历史梳理过程中所表现出的当代时空局限性的反思。而话语构建的困难则在于:在当代乡建的实践过程中,我们必须很"唯物"地把时空条件作为实践与认知的基础条件,而在时空条件改变后再去回顾历史,往往是非对错已经说不清楚了。当我们身处这种基础条件约束之中,似乎很难在实践过程中跳脱出时空局限。这种感觉就像囿于"自己薅着自己的头发离开地球"的困境。

这个困境具体来说,有如下两个方面:

一是认知和实践中的绝对遮蔽、相对去蔽与趋蔽。

我们在构建批判政策学理论体系时,曾提出一个很重要的观点:人在认知和实践过程中,"遮蔽是绝对的,去蔽是相对的,趋蔽是难免的"。在认知的过程中,人们往往是越走越窄,越来越容易被狭隘的意识所遮蔽。比如,所谓的主流学术体系长期在西方学术体系之中被同化、被溶解，这就是一个趋蔽的过程。这种理论自觉体现在我们研究过程中对"去意识形态化"的刻意强调，有时甚至是"矫枉必须过正"的刻意强调。

去意识形态化原则与马克斯·韦伯的价值中立原则不同，后者区分了事实领域与价值领域、事实判断与价值判断，强调研究者介入研究时不应有明确价值判断，甚至要求"放弃任何主观的价值观念，严格以客观、中立的态度进行观察和分析，从而保证研究的客观性和科学性。研究者关心的是事实的陈述，而不是对事物作好坏评价的观点"。

而去意识形态化原则，则承认现有的大部分研究不是价值中立原则的产物，研究本身是为了证明某种意识形态的正确性而从意识形态出发又导向意识形态的自我论辩；还承认研究者和研究对象都存在遮蔽性，无法达到绝对客观和绝对理性，因而研究者无法做到完全的价值中立，需要进行刻意的"去意识形态"努力，甚至还要善于发现研究中已杂入的"意识形态因素"，进而更客观地评估对事实的影响。

从这个意义上说，"去意识形态化"不是绝对意义上的无意识形态，而是强调将科学研究、实践的证实与证伪，以及在此基础上的历史与逻辑相统一的理论实践总结作为意识形态判断的依据，严肃的判断应当产生于其后，而不是之前。从意识形态出发，并将其作为有某种政治正确性的学术标准，不利于突破利益羁绊和单一学科的狭小视角，不利于解放思想、实事求是地认识和解决现实问题，不利于达成以客观实际为依据本应该容易取得的"普遍共识"。

盲目跟从植根于西方工业化"先发国家"的实践和理论、束缚于西方洋八股式的学术研究范式甚至是表达样式，无视理论前提而从西方经济学、政治学和社会学的具体结论出发并以"证实"这些结论、"证伪"本土实践为研究目的——这些当前及过去一段时期内泛化在"三农"问题研究中的不良倾向,都同教条主义和经验主义本质一致,而且包括了本不应该有的"泛政治正确"标准,因此应当在乡村建设的研究中加以克服。

二是研究者的自身"趋蔽"和自我"神圣化"(有时是无意识的)。

在团队成长过程中,为了做事方便,每个人可能都头衔、荣誉加身。但正所谓"披上袈裟事更多",原本作为手段存在的工具性的身外之物,往往"异化"为目的本身,紧接着就是立场、观点和方法的改变导致我们难以找回初心。这个过程本身存在自我遮蔽的现象,是在实践和个人成长过程中规律性地出现"趋蔽"的过程。要防止"自我遮蔽"和"趋蔽",就要一念觉醒,时刻紧绷"自以为非"这根弦。

除此之外,温老师经常提醒我们"要以平常心做平常事""不要有好人好事心态""我们只不过做了一些微不足道的改变,离真正地改变世界和改造世界还差得远,绝对不要自我神圣化"。这其实是另一层次的"自以为非",即真正在主观上承认我们做的很多事情本质上看只是做了该做的事和不得不做的事,与其说我们成全别人,不如说是别人成全了我们。否则,我们的理论和实践很可能反复加深自我遮蔽,进而使得我们在试图构建"中道而立"的话语的过程中、在自我认识的过程中,更加难以形成话语自觉和实践自觉。

困难存在着,但办法仍然有。毛主席常说"批评与自我批评"。佛学里叫"自恣"(在结夏安居最后一日,行自恣之法,忏悔检讨自己的过失)。"批评与自我批评"实际是相辅相成的过程,在实践中有时异化为"表扬与自我表扬"。"批评"是乡建同人相互薅着对方的头发离开地球,想帮别人超脱时空局限性。"自我批评"是一种自我超脱时空局限性的努力,能量更强一点,即是"以己昭昭,使人昭昭"。我常常恳切地希望,在涉及严肃学术讨论和实践经验总结时,"批评与自我批评"能更多一些,尤其不要代之以"表扬与自我表扬"。虽然,这个过程比较艰难,外人看来很不雅观,但乡村建设乃是众人之事业,既然是在风雨如磐中负重前行,也必不羞于筚路蓝缕的蹒跚模样,这想必也是我们的真实写照。况且,如果不能把"批评与自我批评"作为大家在乡村建设中的共识和方法,"中道而立"的话语构建也是空谈。

"中道而立"的话语构建,必然涉及我们对真实世界认知的主观偏差——时空局限条件下对真实世界认知的偏差。因此,我们"自以为非"的过程不是在认知的末尾再做自我反思的自觉,而是我们认知的前提,把它作为一种基本思考:认为我现在的所有认知都是有偏差的,这样才能在具体实践和认知的过程中及时地调整。

二、初心:"做事靠大家"与"逆周期调节"

梁漱溟说:"乡村建设实非建设乡村,而在建设整个中国。"在认识什么是乡村建设,谁在从事乡村建设等问题上,需要辨明"大小内外"。

第一,要努力去掉自身的光环,承认自己是在"代位表达"。历史上乡村建设代表着民意都是自我赋予的光环和自我给予的正当性。农民本身很难有自身意识以及将自身意识、自觉意识显化的能力。由此,政府及社会各种力量都在替农民"代位表达",历史上不少学者自诩"为生民立命,为万世开太平"。但"中道而立"就意味着,必须注意历史上的乡建，在促进社会进步的同时，也是一个自我遮蔽的过程，难免自我添加光环。乡建的目的是求得农民表达自身诉求之自觉和具备自觉表达的能力。

第二，从城乡关系视角来看中国问题，看待城市和乡村以及市民和农民的辩证关系，在历史进程中认知我们对乡村问题阶段性的强调。社会上有不少关心乡村建设的朋友对温老师的理论有误解，其实我们从来没有片面地、极端地强调城市或乡村、市民或农民某一方的利益。至少从辩证法上看，没有城市哪里还有乡村，反之亦然。我们阶段性地强调农民利益，实在是因为在历史发展过程中，农民一度成为承受发展代价的主要群体，需要我们借助乡建话语体系和乡建的实践去照顾这些弱势的百姓，促使整个城乡关系调整到新的平衡。

我们当前更多地讲"城乡融合"，这是因为从大历史观视角看，经济和社会危机爆发的时候，往往城市无产者比农村小有产者更悲惨，更何况还有大量游走于城乡、夹杂在农民市民身份转换过程中的群体。特别是如今，国家通过一系列政策，向"三农"领域投入了更多资源，尽管投入还不够，但已经到了需要更多强调城乡平衡和利益均衡的阶段了。因此，我们需要从城乡关系新平衡的视角来看今天的"三农"问题，类似古代讲求"士农工商四民者，国之石民也"一样，都是一种社会各阶层发展的动态平衡。回应上面说的"去光环"，从城乡关系的视角来思考问题，也是去掉"自我遮蔽"的过程。基于这样的基本视角，我们需要从"乡建叙事"走向"中国叙事"，这也是"中道而立"的基本话语构建自觉。

第三，我们如何看待大乡建和小乡建的理论与实践。现在外界一部分人认为乡建团队代表了温老师的观点和做法。我们知道，这是不公允的。乡建团队的认知与实践，跟温老师本人的观点有较大偏差。

外界自有光明磊落的明眼人能够指出来，也有些各怀心思的"盲人"不指出来。我们应当"尘归尘、土归土"地、自觉地做出说明，以期使批判者在看待千差万别的乡建实践时不要"把孩子跟洗澡水一起倒掉"……

诚然，在21世纪之初"三农"问题演化为影响社会稳定的重大问题时，确实是温老师振臂一呼，承百年乡建之精神复兴于当代，在特定的历史阶段，团队负重前行，为一系列政策出台做了铺垫。当年温老师着力号召的乡村建设也已经成为社会大众广泛参与的"乡建"。尤其是，经过多年的不舍涓滴的努力，乡村振兴已成为国家战略，此时我们更应该有开放心态，世界是众人的世界，"做事靠大家"。"乡建"是广泛的社会动员，不是狭义的跟随温老师参加乡村建设实践的志愿者群体，不应当在小团体意义上强调乡建和乡建的利益。只要以社会福祉为望，各行各业、各个阶层以各种主张参与这一伟大社会实践的人都应被视为"大乡建"的同路人。同时，我们也需要保持"逆周期调节"的初心，在政策和实践探索的过程中，努力补足短板、发现盲点、创造多样性的"另类"实践，在狭义的"乡建"上肯定自身的存在价值。

第四，从乡村建设的曲折性看"中道而立"的话语拓展。 在20世纪90年代至21世纪第一个十年的20年，"三农"问题实际上是城市化、西式现代化，以及"依附"与"激进"发展过程中所遭遇的必然过程的反映。那么，百年乡村建设能从曲折和教训中在多大程度上有所反思，基本决定了我们能否将研究视域从乡村拓展到中国。乡村建设的曲折性与中国道路的曲折探索，过程同一。因为，我们的认知经常超脱或滞后于当下的时空条件。反思的自觉性需要建立在对实践曲折的认知基础之上，并且能够相对客观地描述这种宏大叙事的中国式现代化道路探索过程。以事物和认知的曲折性为前提，不去简单评判对错以及事物发展的趋势性，以此为"中道而立"的基本学术描述方式，弥合实践和认知的偏差，实现话语拓展。

第五，我们如何行动？ 从目前的实践与认知来看，我们要将"学则不固"与"择善固执"结合起来，有几分把握，就有几分坚持，无把握就大方承认，遇到批评就及时认错。这才能留出空间给后人，才会有这种"中道而立"的话语构建的实际行为和自觉。乡村建设为的是中国大多数人的利益和福祉，我们是对于上层的政策和下层的实践做逆周期调节的一群人，也就是试图将"自上而下"与"自下而上"相互打通的一群人。我们基于城乡完全融合，在中国的视角之上做真正的建设，这就是梁漱溟说的中国的问题。

三、从个体理性到群体理性

我个人理解，知识分子的责任是将个体认知最终融于群体认知，这是"中道而立"话语构建要求的理性延展。客观实在与人的意识在确定时空条件下具有绝对的被遮蔽性，客观实在不可能在特定时空条件下被完全"展开"而"解蔽"其全部属性，人的意识不可能反映客观实在的全部属性，并且"思维着的思维"也无法完成绝对彻底的自反，因而相对真理的被认知同时具有必然性和偶然性，绝对真理只可能在"类存在"的延续中趋近而不可能达到和完成。"类存在"面对的客观实在和"类存在"的意识，在时空条件向个体"收窄"的过程中，"趋向于被遮蔽"的状态也是难以避免的。

温老师曾说："所谓的对于话语构建的这样一种勇气。"这种勇气所面对的一种历史现实是：历史上留名的伟人，生前会受到社会各种批评批判，身后受后来社会群体的各种裁剪裁定。我们今天所做所言的一切在面向未来的时候，也面临相同的局面。从人生观的角度来说，我认为留名与否似乎只是我们自身的某种认知，这种认知与群体诉求客观上是紧密相关的。我们个人在主观意愿上去蔽的过程中，获得一些相对真理的认知，而这个认知实际上是个人的理性认知。

我自己对英雄和伟大人物的理解是：真正的英雄和伟人不在意其生物学意义上的延续，而更在乎自身艰难探索得来的个体理性认知能否成为人类群体理性（类存在的人）的一部分，能否成为垫脚石以供后人攀登。尽量免于"每个人都要花费一生时间积累认知，但下一代人又要从头再来"的无奈轮回。如此才能推动社会和人类的进步，其自身也才能"死而不亡者寿"。巨人的肩膀之上满是攀登的脚印，但巨人的肩膀之下并不需要依赖所谓名誉。乡村建设中的"老中青、传帮带"的更好的方式是将个人认知融于大众认知，个人理性融于大众理性，一代接着一代往前走，这是"中道而立"话语构建很重要的一点。

四、"中道而立"话语构建之"机与难"

"中道而立"话语构建之"机"与"难"何在？下面举两个例子。

例子一：

房地产的问题大家都做过批判，但这件事如果从主观去蔽的角度来看，结论就可能会不一样。我们从事物的客观发展上讲，社会发展必然体现为人民富足，也就是个体收入的增加。只付出劳动而不形成任何财产收入，在任何社会制度的实践和理论逻辑上都是不成立的。

这样也必然伴生一个问题，老百姓收入增加了，必然要求实现为相应的购买力，能够用来购买商品。1993年以后，我们的个人消费品极大丰富，收入不断增长，当吃穿不愁的时候，那钱会流向哪里呢？在社会主义经济制度下，土地、自然资源、生态资源可以随便买卖吗？当然不能。因此，当收入大量增加时，因没有与之匹配的、可购买的"等价物"，收入就会首先转化为银行储蓄，于是造成中国储蓄率全世界最高。当储蓄率高到一定程度，必然要求市场出现可供大额消费或投资的商品，否则就会因购买力过剩而又不能交易引发一系列经济社会问题。经济增长和社会进步体现为老百姓可支配收入增长，而有钱却花不出去，没有东西可买，这也成为社会中一部分富裕群体要求开放市场的现实基础。

诚然，大众舆论经常批评房地产和股市的政策，我们团队也提出了不少政策建议，但其进步性和积极意义也不能忽视。前面讲的"中道而立"之难也可以从中窥见——从制度演化的辩证视角看，房地产和股市是社会制度调适过程的产物，在坚持和完善社会主义制度方面也有积极意义，尽管造成了一系列社会问题，但毕竟起到了货币蓄水池和吸纳器的作用。在一定程度上，政府对房地产和股市的依赖度高，有其制度内在逻辑，远不止土地财政那么简单。2018年以来，我们团队不断强调货币主权、资源主权，以及用规模巨大的生态空间资源作为货币化对象和投资对象吸纳购买力，也有这方面的考虑。在马克思主义的社会构建理论里，社会主义必然要解决这个问题。如何解决要符合国情，这是"中道"之难，也解释了"中道而立"的话语构建之难。

为什么温老师对于十次危机、十一次危机的分析需要滞后一点？我理解的是因为"反者道之动"，当代历史是当代人依据现实情况评论的，可能再过五年，社会大众对于房地产的一些问题的负面看法会转过来变成正面的评价。因此，我们的分析既需要把握"时机"，在社会大众需要我们讲清楚客观经验过程时给予理论解释，也需要注意评价标准的时移世易之"难"，保留在不同时空条件下辩证分析和评价的余量，这是在话语构建中避免极端化的基本要求。

例子二：

一般政治经济学教科书中，将经济基础只作为占统治地位的生产关系的总和，而将生产力作为经济基础的决定性因素。但事实上，在马克思和恩格斯的著作中，生产力和经济基础不是决定和被决定的机械关系，经济基础中应当包括占统治地位的生产力和生产关系，否则就会倒向"唯生产力论"并将其冠以马克思主义之名。

这是怎么产生的？

对于"唯生产力论"，列宁早在批判考茨基和第二国际时就指出"将生产力作为历史发展进程中唯一决定性的因素，在本质上是一种庸俗的生产力理论"。由于20世纪70年代，批判"唯生产力论"和批判"修正主义"被联系到了一起，进而在这个过程中它就变成了一种政治正确的话语，导致在拨乱反正后，一提"非唯生产力决定"的观点似乎就被认为是在否定"历史决议"，于是"生产力决定经济基础"便成为学术界意识形态化的表达。

这种东西需要去蔽吗？需要。"中道而立"不是一件很容易的事情。温老师在这方面是我们的模则和领路人。无论是面对未来的粉身碎骨也好，还是面对当下左右的批判也罢，这都是"中道而立"话语构建之"难"，需要学术勇气、需要时势配合、需要时空条件等构建"中道而立"话语之"机"。

五、要留自觉在人间

毛主席在晚年的时候写了一首诗叫《咏贾谊》。我几年前拟了一首和诗,老师让我讲"话语构建"这个主题时,我就想起来了,这首诗比较符合我们"中道而立"话语构建的愿景。

毛主席原作:

七律·咏贾谊

少年倜傥廊庙才,壮志未酬事堪哀。

胸罗文章兵百万,胆照华国树千台。

雄英无计倾圣主,高节终竟受疑猜。

千古同惜长沙傅,空白汨罗步尘埃。

我按原作所作和诗,题为《再咏贾谊》。

七律·再咏贾谊

千古文章悼贾才,无非兔死自狐哀。

孟轲出昼丘之荆,择木而栖发竟白。

穷计雄英倾万主,自申贤圣释人怀。

已割大制为功业,何必留名任后裁?

简单解释一下:孟轲出昼邑、孔丘去荆地两事在苏轼《贾谊论》中均有提及,化用来是说这些所谓圣贤困于时世也要搞人身依附,到处找主公,"惶惶如丧家之犬"。中国史书上记载的士大夫阶层,似乎无论能力如何,最终都要依附主公才能施展才华,依附不成就要牢骚成文章。有些文章还要写进教科书让后人背诵记忆,这是历史发展过

165

程中的局限性。

"已割大制",是化用《道德经》"朴散则为器,圣人用之则为官长。故大制不割"而来,就如上面两句所说,其实百般思量为获主心,不如自己干一番事业、伸张自己的主张,而不是将命运系在别人的腰带上,但如此"事功"与"名利"就不能兼得。既然已经选择为器、割了大制,就不要功、名都要,既然为了人民,出来做事了,主张得到认同了,最后不管谁做出来的都是好的,没有必要像贾谊一样计较"名"的得失,因为留了"名"也未必是合适的事情,后人会根据自己的需要来主观"剪裁"和"裁决"。

我觉得在乡建团队过往的二十年中,以温老师为首的实践和理论的话语构建,其实就是在做这样一件事情,它的局限性就体现为我们应该"立中道,大制不割"。但是在时空条件下变成了形而下的"器",就是割了大制,在这种情况下,既然已经割了大制变成"器"了,变成能够被别人从各个角度解读的"理论和实践",那就最好不要功、不要名。

六、一点补充

在资本、技术和劳动力三要素,脱嵌于农村流向城市的历史背景下,我们经常强调乡村的重要性,强调乡土社会受到城市资本侵蚀,传统乡土社会快保不住了。目前,"三农"问题作为重中之重,其历史任务并没有彻底完成,并非单纯向农村投资16万亿元就可以了。但在强调"三农"现实利益的同时,也需要观照到某种负向驱动的可能性,就是不能自觉地看待"城与乡、士农工商"之间的阶层与历史的演化过程,即在全局性、长远性和整体性的利益上还强调得不够。

如果这个过程没有"中道而立"的自觉，就极容易演变成一种仇视心态，站在农民单一的利益视角，对抗城市与资本，其结果就是我们重视"三农"的短期利益，而忽视了长期利益。我理解马克思所说的，无产阶级的一个重要历史使命就是要解放资产阶级。无产阶级能解放自己的前提就是首先要解放其对立面——资产阶级，如此才能最终解放自己。借用佛学的思想，无产阶级是菩萨，因为他要先去度人，才能度己。城乡融合的真正实现，有赖于对立面之间的彼此改造和对抗性矛盾的消解，也需要人与自然之间、人与人之间的和解。这是个历史过程，实现这一点，我们乡村的问题才能真正得到解决，只是那时或许乡村因为失去了对立面而不一定再称之为"乡村"了。

欠发达地区村社理性的社会学解读

何慧丽

一、"村社理性"概念的提出

相对于以"个人利益最大化"为前提假设的西方经济学的"个体理性"①概念而言,村社理性是从中国发展经验中归纳出的有普遍意义的一个概念。"村社"作为一种中国式表达,与我国传统小农社会的经济制度、政治制度,以及文化制度相关联。"理性"作为一种被马克斯·韦伯全面而系统阐释西方资本主义社会理论的核心概念,与现代资本主义制度发展中的"祛魅"和现代化概念相关联。"村社理性"实际上是从中国传统文化伦理和村社制度中促进中国式现代化可持续发

---

① 西方经济学的基本假设前提是亚当·斯密的经济人理论和威廉·西尼尔的个人利益最大化理论。亚当·斯密在《国富论》中论述了经济人假设的三个要求:个人理性、自利心和市场自由(看不见的手),他认为在自利的、理性的经济人的行为下,"看不见的手"(市场)会使整个经济在人们追求私利的同时达到最优。威廉·西尼尔作为英国资产阶级经济学家,也提出了个人利益最大化的观点,认为每个人都希望以尽可能少的牺牲去获得更多的财富(收入效用最大化原理)。作为理性的一个层面,个体理性是指个体人和其他类型的个体行为以实现个人利益最大化为目的。参见刘红军:《亚当·斯密的理性和西尼尔的个人利益最大化》,《管理创新》2014年第20期,第248页。

展的本土经验中提炼出来的一个概念。

村社理性的内涵有两个方面：

首先，从经济层面上看，村社理性概念解答了中国小农村社何以应对市场"外部性"造成"市场失灵"问题的经济学命题。在小农村社制度不被以"亲资本"为内涵的激进政策破坏的条件下，村社理性体现的是一种能够"内部化处置外部性风险"的经济机制，即以乡土社会中的村社地缘关系为产权边界，存在着农户成员权在村社共同体的集合代理，据此而形成的是户村两级地权结构，这是"一种内部非排他性的、体现'社区成员权'的农村产权"①。这种统分结合的，以成员均分共有、两权（所有权与使用权）分离为产权关系所派生的财产分配和收益整合等相关制度，能够通过内部化的收益互补来降低市场化的外部性风险。

其次，从文化层面上看，村社理性解答了中国千年之久的民间文化秩序生产和再生产的问题。任何制度都是一种文化。从村社文化共同体层面上看，村社理性指建立在村社集体所有权和农户使用权两权分离的经济制度基础上的、以农村一定范围内的血缘和地缘关系为纽带的、维系村社内部社会秩序的群体理性。也就是说，"中国人数千年聚居于村落，祖祖辈辈共享村落边界内的以土地、水和山场为主的资源，形成了一个文化共同体，小农村社因而成为再造农民人生价值和生命意义的基本场域"②，成为中国农民甚至是所有中国人的实体性信仰。

---

① 温铁军：《"三农"问题与制度变迁》，中国经济出版社 2009 年版，第 297 页。

② 何慧丽、程晓蕊、宗世法：《当代新乡村建设的实践总结及其反思——以开封 10 年为例》，《开放时代》2014 年第 4 期，第 161—162 页。

二、新时代传统农业地区村社理性的日常表达

以血缘为核心的乡土社会,其背后有更深层次的因素,即血缘认同及其延伸形成的一套乡土伦理,也即以工具理性为核心的主流经济学范式很少考察行为与制度背后的意义规范系统。而村社理性绝不只是一种形式上的合作与参与,更为重要的是其内含的村庄共同体文化,即具有村民们在生产生活的社会关系、自然关系处理中的内在心理层面、文化价值层面的认同与驱动力。这一理论内涵可以从传统农业地区的一个普通村庄——豫西罗村具有德性文化特质的梁青、生态理性践行者赵民与陈峰、村庄新型合作经济带头人王波身上——体现。

(一)梁青与德性文化的表达

体现在无数中国乡村普通农民身上的勤劳善良、奉献节俭、恩泽德惠、乐天知命、克己利人等优良品质,称为德性文化。中国乡村的德性文化,是中华民族几千年来子孙绵延的文化保障,也是新中国成立之后城市经济快速崛起的乡土根基。

梁青出生于1921年,幼年丧父,青年丧母,不到20岁就嫁于何家大伯[①]。梁青作为与中国共产党同龄的一名旧社会农村妇女,早在抗日战争时期就具有一定的政治觉悟。当时她在地方形

---

① 大伯何法子,在何家大家族父辈中排行老大,梁青自然就是母辈排行老大,何家十五个父母辈之子女均称其为大娘。大伯青壮年时在外谋生,新中国成立后在灵宝某国有棉厂工作,退休后回家务农,六年后即病逝。出于何家家族平时婚丧嫁娶等重大事件均由大娘梁青操持的原因,她在家族中一直具有权威地位,一直是何家家族团结、政治觉悟、社会地位的代表性符号。

势复杂的背景下，不顾危险搭救了一个遇险的八路军战士，让八路军住在自己家里。后来她很少提起此事，只是说那也是她应做的一件事情罢了。

在集体化的国家建设时期，梁青勇挑重任，带领妇女同志撑起了半边天。1952年，31岁的梁青甘于奉献，在处理群众工作时能秉持一颗公心，擅长做妇女工作，被推选为罗村大队的妇联主任。当时的罗村大队包含了7个自然村，规模很大。她积极响应党组织的号召，在村里开展互助组的工作，自己也不断地进步，1957年加入了中国共产党。从那以后，作为一名党员，无论做什么工作她都严于律己，积极带头，克服困难，善于组织群众。在集体化时期有一个传统，在冬天农闲时，公社号召生产大队组织社员到小秦岭的东风矿上去义务开矿。因为威信高，组织妇女得法，她带领妇女们去采矿；因为工作得力，她领导的妇女采矿工作一点也不输于男性，她们采矿的洞口因而被命名为"三八窑"。此外，集体化时期灵宝县（今灵宝市）倾全县之力修建窄口水库大型水利设施时，她积极响应党组织的号召，组织妇女社员不怕苦不怕累，克服女性生理极限，上水库出义务工的事迹也相当感人。

改革开放以后，梁青一家作为殷实之家，家里种有10余亩地，其中一大半是苹果园，两个孙子还在城里有稳定的工作，每年的经济收入可观。但梁青家除了把自己的田种好、发家致富之外，还一直很照顾何家大家庭的生活和生产。比如何家二伯二娘家由于家庭主要劳动力生病了，梁青一家除了在平时借钱借物协助看病之外，还把他们家种不动的地也打理起来。这种自发流转耕地的特点就是"收种其地，也管其事"。

步入老年后的梁青成为留守村庄的德治典范。其本人非常热爱劳动，一生没有住过医院，身体一直很硬朗，就是在 90—100 岁的高龄时还一直在做家务。她在去世的前一天还在蒸馒头、准备年货，真是一辈子生命不息，劳动不止。梁青很善于通过使当事人自我认错与和解的方式解决分家析产等村民之间的矛盾。每一个回到罗村的年轻人，看到梁青在村口都会和她打招呼。在其晚年的时候，她家成了座谈的好地方，无论男女老少都愿意与她拉拉家常、说说心里话。此外，她入党 60 多年来信仰坚定，从不动摇。在 80—90 岁的人生年迈期，村里有人鼓动她信基督教，她说："我是共产党员，我只信党。"她严格践行对党的誓言。2012 年以来，笔者在罗村做的乡村建设试验中，梁青大娘也起了重要作用。她关心公益事务，尽其所能地做义工，结合她自己丰富的阅历，为外来的友人乃至国际友人讲述罗村的村史、旧社会的样子、新中国的变迁、现在的好日子、留守村庄的故事，讲述老共产党员都是怎么做事的，等等。

梁青实际上是罗村老年人的代表，她的身上体现了罗村人的优秀传统德性文化。像梁青这样的老年人，是传统乡村生活中低头不见抬头见的好邻居、好长辈。梁青是村庄的化身，是村庄历史的见证，从她身上能感受到村庄里的勤劳善良、朴实勇敢、任劳任怨、乐于助人等真善美和厚重文化的力量。梁青大娘于 101 岁的高龄去世，不光是何家人为此感到伤痛，村干部也很悲痛，村民们也都非常伤感。

中国还有无数的梁青，他们的生活不但代表着旧式农民的生活生产样式，还以自我剥夺的方式使子孙过上了城市生活；同时，他们还在现代化发展过程中使得"半工半农"和"有来有去"的家庭生产结构得以维持。梁青的百岁人生事迹里所体现的精神，就是当今乡村振兴急需的一种德性文化，它是传统村社理性的跨时代表达；传统德性文化的继承、复兴和创造性弘扬，实际上是村社理性在文化心理层面上的复兴；德性文化的复兴，是中国乡村复兴的命根子。

(二) 赵民、陈峰与其具有家庭建设价值的生态理性行动

1. 关于赵民的简单可行的生态种植行动及其理性

有研究指出，市场经济影响下的农民生产行动，越来越趋向于及时性的经济理性化，这会从经济层面破坏村庄凝聚力。而村社生态理性的激活和复兴，则可以超越个人的及时性的经济理性，并对其予以矫正、抵抗和反制。所谓的村社生态理性，即在工业化农业生产仍然是主流的背景下，小农户或其合作组织能够自觉回溯生产、劳动的本质，反思其与土地、自我、他人的关系，并最终自觉走上互助合作、生态发展的道路的理念和实践行动表达。豫西生态小农赵民曾经这样说道："人是给自己活着的，在村里种着有机农作物，虽然生活条件比不上城市，但吃得知根知底，一家人在一起，自己晚上睡得踏实。没做亏心事，不怕鬼敲门。"

2012年之前，赵民一直留在村中种苹果。由于当地的苹果产业面临果树老化、土壤缺乏有机质等问题，苹果品质越来越差，赵民的家庭收入也逐渐下降，赵民不得不外出务工，妻子留守家庭，一边种地一边照看孩子。此时赵民的家庭在市场化冲击下不得不忍受夫妻分离、异地而居的家庭生活不完整的问题。2013

年，当地公益机构——弘农书院创办之后，从东南沿海来了一批儒商，他们跟别的商人不同，强调先做人做事，鼓励小农们从事生态农业。当时他们在弘农书院开设的"和谐家庭与幸福人生"的道德讲堂影响了赵民，赵民再结合自己人生40年来的一些阅历，进行了深刻的反思。他发现：经过30年以上产业化生产的果园，地下一米以上的土壤都是很贫瘠的，一米以下的土壤是极度缺乏营养的。他也发现种植块茎类作物如红薯、土豆、胡萝卜等很容易坏或者烂的原因，是土壤里面没有营养，一些果子不好吃也是因为土壤太贫瘠。由此，他认识到土壤是一切生态方式的根本，而秉持自然农法的生态种植应该是他的生产方式。于是他就逐渐变成了村里的一个哲人。赵民从事了9年自然农法种植，在近20亩的耕地上，采用简单可行的种苜蓿草还田、购买附近羊粪肥田、休耕等方式，恢复土壤地力，保持土壤肥力。在产品销售上以先满足自家安全与健康的需要，再满足亲戚朋友和市场上的友好消费人群的需要为原则。

赵民从事生态农业的实践，具有从保全家庭安全和幸福出发的社会人和文化人担当使命的自觉意识。 2012年之前，赵民的家庭生计靠的是豫西小农在市场化浪潮中典型的"半工半耕"模式。小农户虽然是大市场上的劣势群体，但其自身具有厌恶风险、追求安身立命的村社文化和家庭伦理文化的内在基因。在弘农书院进行一定的潜移默化的文化培育之后，赵民这样的小农户对个人和家庭的可持续发展进行反思，在资本化的侵蚀面前急流勇退，回到村庄坚持生态种植。此时他从原先只考虑单一经济行为的经济理性人的思考，上升到了一个社会人和文化人的思考层面。他已意识到自己修复土壤为社会提供健康安全的农产品，不做亏心事儿，自己内心安定从容，自己的家庭完整，家庭成员的饮食生态健康，自己子女得到真正的人才教育而不是文凭教育，才是人之为人最为重要的使命。此时，中国传统的家庭观念被激发出来，安身立命、天伦之乐、知足常乐等观念被激活和被重新接纳。之后，赵民躬耕笃行地进行生态农业实践，也深深影响了身边人对生态农业、和合生态的看法和跟从行为。

2. 关于陈峰的精准型种养结合生态行动及其理性

豫西小农户的生态实践中，还有比赵民小近10岁的陈峰为代表的经验。与赵民一家小农户在既有家庭耕地上的简单可行的做法相比，陈峰从事的农业经营可称为小农户合伙的精致化的种养结合生态实践。

2017年春，在弘农书院的引介和资助下，38岁的陈峰与村里另一返乡青年何阳一起，赴东北吉林长云凤农牧专业合作社学习了一个月的"发酵床养猪"技术。从技术上，通过使用菌糠、垫圈料等形成有着活性空间的发酵床，床上的微生物能迅速分解猪的排泄物，从而达到低污染或零污染、低排放或零排放的效果；从喂养方式上，通过喂玉米、秸秆、麸皮、酵素等当地农作物产品可形成有附加值的循环利用的效果；从规模上，通过小农户在资金、劳动力、土地、设备等方面的适度合伙生产，以及以当地消费为主的有限市场上的合伙销售，达到风险可控、经济实用的效果。陈峰们的种养结合生态实践特征总结如下：

理念：要用一种更符合猪生长的方式来对待猪，给猪提供良好的生活环境，让猪欢快健康地成长。表现为：1. 生长过程中所吃的主要食物是本地农户自产的玉米、麦麸、秸秆、干草、水果、蔬菜、自制苹果酵素，喝山泉水；2. 生长在小秦岭娘娘山的山根，环境优美，空气良好，发酵床松软舒适，昼夜温差明显，阳光充足，空气流通，道路畅通方便；3. 属于自繁自养农户小而精准型养殖模式，坚决不从外地调动猪苗，降低风险、降低成本；4. 适度规模，年均60—70头，培养多年消费社员和稳定城市客户；5. 公益活动一路践行，在每年的一些重要传统节日中关爱村里留守老人，坚持为老人们送上温暖的大骨头汤；6. 生态猪生长全程零抗生素、零添加剂、零抗菌药、零消毒剂，整个生长过程对消费者是公开透明的。

陈峰等小农户所从事的合伙制生态农业行动实践，具有因生态技术、适度规模、有限市场而获得一定经济利益的生态理性特点。这样的生态理性特点，一方面使小农因符合了当前消费者对于安全食品的需求而相对有效地参与了市场竞争；另一方面也因自繁自育、自养自销等相对灵活自主的合伙制而降低了市场风险和自然风险。同时，陈峰也在合伙收益下顾及了家庭的完整功能，形成了合作的、自主的耕读文化人格。比如陈峰每天晚上都会陪伴女儿学习《论语》《大学》《弟子规》，也经常参与弘农书院的国学经典朗读活动。猪出栏以后，陈峰还会煮骨头汤送给村里瘫痪在床的老人和老党员们。这种新时代的合伙合作制下小农户耕读传家体验和乡村公益体验实践，就是新时代的村社理性的实践过程。

（三）村党支部书记王波的新型合作经济行动及其理性

村集体的组织权威和工作能力是村社理性建立的重要保障，强村社理性是建立在村集体组织的强权威与强工作能力基础之上的。

出生于20世纪60年代的罗村人王波,从小就英俊帅气,是孩子王。中学毕业后,他实现了当时绝大多数男孩的梦想——参军入伍。在部队里王波是一名驾驶员,头脑聪明,刻苦练习专业技能,参军的生活经历磨砺了他的意志,锻造了他不怕苦、不怕累、想到就做的超强的执行力。退伍以后,王波在豫西的灵宝县城开车运煤。20世纪90年代正值改革开放后经济快速发展时期,王波抓住了历史机遇,首先在县城给别人当司机,后来慢慢地积累买了大车,还开了一家不小的运输公司。在2010年前后,王波个人的资产就达到五六百万元了,成了小有所成的企业主。时值村干部换届,镇领导找到了王波,说:"你又懂经营又参过军,希望你能为村庄做一点事情。"王波乡情难却,被推选为村主任的候选人,被选举成为村主任。

2012年以后,罗村在外来知识分子等群体介入下以弘农书院为载体开始进行文化建设,文化复兴助力了村庄合作。当时主要是让村民组织起来打盘鼓、敲腰鼓、扭秧歌。这些文化活动成本低,但能增加村庄凝聚力。通过文化活动,王波作为村主任就感觉到,村民要有文化、知礼仪、懂是非、明善恶、要明理,文化和思想建设是经济建设的基础。王波等村干部最初几年内支持弘农书院的文化建设探索,参与组织村里老年人的过寿活动,组织老年人过端午节、重阳节等,还多次举办以评"好媳妇""好婆婆""好返乡青年"等为内容的文化活动。在这样的敬老孝亲文化建设和村集体文化建设的过程中,以王波为代表的弘农沃土农牧专业合作社的成立和发展就具备了一定的基础性条件。2014年7月,王波担任理事长的弘农沃土农牧专业合作社资金互助部开张,在文化活动凝聚人心的前提下,他率先入股10万元,而一般人的原始股金从 2 万元到 10 万元不等，这样使原始股达到了 79 万元。后来村庄合作社的资金互助运作随着外来公益资金介入，就红红火火地迅速发展起来。

2015 年，王波顺利当选为新一届村干部的领头人，当了村党支部书记之后，他逐渐明白：要带动村民致富，不是头痛医头、脚痛医脚，只能采取中医的辨证理论，头痛医脚，整体治疗。所以他从文化建设出发，弘扬孝亲文化和新型集体文化；然后，在村里社员内部搞资金互助，当资金互助的底盘达到上百万元的适度规模之后，再来支持村民发展果林业、养牛业、养鸡业、养猪业等生态种养产业。这些产业在发展过程中，一方面有资金互助的支持，另一方面也有合作社来打品牌统一服务。所以罗村的发展就逐渐系统化了。王波在介绍罗村事业时，经常会自豪地说，他很重视生态产业，也希望通过村民组织起来抱团发展，积极争取上级支农项目，多管齐下，发展壮大罗村集体经济。

2019 年，罗村因为早期的发展基础而成为三门峡市的一个股份合作经济示范点。此阶段实际上是罗村发展村社文化建设 7 年来和专业合作社建设 5 年来不断向新型集体经济转型的一个过渡阶段。此时的王波经过多年的村主任、村合作社理事长、村党支部书记等三权合一的磨砺，其以新型集体经济制度创新来"组织村庄、经营村庄、发展村庄"的思路越来越清晰、越来越坚定。而此时的罗村盘鼓队已经闻名于当地，成为罗村文化软实力的一个王牌符号。在 2019 年正月十五日晚上，罗村 60 余人参与了灵宝市社火表演之后，王波趁着大家表演中所激发的村庄凝聚力高涨，开始了将合作社增扩股的新探索。股东从以前入股 2 万元到 10 万元不等改为每股 5000 元，最高不超过 2.5 万元。王波作为村社的带头人，他在发展村社经济的过程中，自己也在学习，也在进步，他的学习进步本身就是人才振兴，而作为村党支部书记的人才振兴本身就是组织振兴，组织振兴的表现就是经营村庄、发展村庄。

王波创造条件发展村庄新型集体经济的故事，体现了村社的文化理性与经济理性的有机结合。首先，王波有一颗奉献于村庄的心，这实际上是村社文化在村庄在外成功人士身上的一个表现。王波这样从村庄走出去在县城谋生的人，他的人生价值并不满足于经济上的成就，而是面向村庄，能在村干部带头人的位置上为罗村的发展做贡献就能部分实现其人生价值。其次，2014年以后，王波比以前明显的一个进步就是做任何事情，都是先从自己开始，推己及人。比如，他要发动村社合作社，说服村民是很难的，但他以身作则，率先入股原始股金以带动先进村民。同样，在2019年改组成村庄股份集体经济的时候，为了让村民们能够广泛参与合作社，他把以前的专业合作社的原始股份让利于村民，这也是王波在改革中勇于奉献自己和牺牲自己的利益的表现。最后，就是王波借用村庄的乡贤力量，来培训返乡年轻人，以合作社为载体的村庄经济发展离不开新农人的培养，其中培养新农人的一个方式就是包容和支持了弘农书院的发展。

三、中国现代化过程中村社理性所承载的功能

村社理性以血缘、地缘关系为根本，在现代化的发展过程中，以各种正式或非正式制度形式缓解或消解现代经济社会的各种风险，尽可能地成全着一种子孙绵延、丰衣足食而又礼法兼治的理想。其具体

表现出的功能有如下三个方面。

(一) 村社理性内含的"老道理"或传统习俗等自约束，能够在现代化下乡的宏观环境中起到自平衡的作用

在以村社文化价值系统为表现的老道理或传统习俗的作用下，农民生活在现代政权下乡和市场经济下乡等外部力量的作用下仍然获得有益于自身生存的文化支持空间。一些乡村治理成绩的取得，表面上是现代政治制度的结果，实际上则是乡土社会千百年历史经验深处的那些老道理生发或弘扬的效果。除了前述罗村梁青老人的德性文化表达之外，此处再以豫西东常村和西常村流传久远的习俗——每年农历正月的习俗"骂社火"为例。

在河南省灵宝市阳平镇的东常村和西常村，保留着一个流传久远的民俗传统——骂社火。首先，从表演形式上来看，东、西常村之间以相互刺激和挑骂的方式来交替耍社火，具体时间是正月初二晚上开始，正月十六下午结束，这时正是农闲时节。其表演一般由骂阵、拜请、出杆、夜征四部分组成。骂社火，将打破日常生活秩序，公开批评和颠覆乡村权威的言行暴力转化为艺术形式，给身处社火情境者一年来的积郁与不满、冲突与矛盾以巨大的释放感和宣泄感。其次，从骂的对象限定和内容上看，骂社火有村内监督、村际监督和宣泄与警示之功效。骂社火的内容分为两类：一个是技术性的，目的在于压倒对方，通常以打击别人、抬高自己为主，语言简洁明快，尖锐刻薄，这是个亮点和特色；另一个是实质性的，目的除了压倒对方之外，更主要的是骂一切歪风邪气、违反伦理道德的行为，比如"违法乱纪""虐待老人"

"家庭不和""村干部不良作风""不孝顺父母"的社会现象。可见,骂社火是一种乡村舆论监督的传统艺术表演形式。再者,骂社火的组织制度,与乡土社会及小农经济结构是自洽的,只是近现代以来有了一些变化。以村落为单位、民众广泛参与的骂社火,作为乡土社会的文化结构部分,其背后有一个内生于乡土宗族社会的地方性群体组织来支撑。1949 年以前,骂社火的组织者是由两村(东村与西村)六个大姓的"头儿"——族长组成,其中,西村有贾、苏、樊三大姓,东村有屈、张、王三大姓。骂社火时只骂这六大姓,这是旧有组织体制的遗留。在近现代以前"皇权不下县"、国家对乡村进行有限管制的状况下,骂社火的组织者都是乡村内生的族长、乡绅等构成的民间权威。①

简言之,豫西村庄大都是多姓村,骂社火以骂大姓为主要对象,目的是把乡村社会"营造成一个不看大姓宗族脸色、多姓共生的公共领域"②;同时,用艺术形式戏谑"村盖子"(村干部)的不良作风,能够起到监督村干部、促进公共利益的乡村自平衡作用。

(二) 村社理性内含的血地缘关系对土地流转起有效作用

随着工商业的快速发展,农村劳动力大幅流出,农村空心、留守现象越来越严重;但是,以主干家庭、同姓家族为主要表现的村社理性依然对土地流转发挥有效作用。基本上,传统村庄农户间流转土地

---

① 此处参见何慧丽、万威:《从"祖灵祭"到"骂社火":现代化背景下乡村治理的内生力探讨》,《中共浙江省委党校学报》2016 年第 6 期,第 25—27 页。

② 范长风:《豫西"骂社火":从艺术性戏谑到公共领域》,《中原文化研究》2013 年第 3 期。

的经济现象，仍是血地缘关系主导的内部化的非正式自发流转机制在发挥作用。农民们进行家族亲戚邻居等之间的非正式自发流转，因为农民对自己家的经济收益较低的土地仍然抱有强烈的感情。本质上农民并没有把自己的土地完全当作营生工具，其中饱含着农民的自我身份认同、价值归宿，以及情感依赖；同时也因人情关系而在归还时相对自主，具有灵活性的拥有感。

徐嘉鸿、贾林州通过对豫南某镇乡村某4个村民小组土地流转情况的调研发现，在114户农民中有高达76户有流入或者流出土地的行为，但是其中有正式合约的只有47户，其具体情况如表2-1、表2-2所示[①]：

表2-1 土地流转合约双方关系情况

合约双方关系	户数	百分比（%）
兄弟	20	42.55
父子	8	17.02
五代亲属	12	25.53
邻居	10	21.28
同组非血缘	4	8.51
外组	11	23.40
合计	37+28（即重复关系为28）	138.29

---

① 表2-1、表2-2，由《从"村社理性"到"村社制度"：理解村庄治理逻辑变迁的一个分析框架》一文中"表1 山头、周畈和小洋村4村民组114户土地出租情况"的数据整理而成；参见徐嘉鸿、贾林州：《从"村社理性"到"村社制度"：理解村庄治理逻辑变迁的一个分析框架》，《西北农林科技大学学报》(社会科学版)2014年第3期，第94页。

表 2-2　土地流转租金支付方式情况

租金方式	户数	百分比（%）
无租金	18	38.30
实物	20	42.55
换工	5	10.64
货币	6	12.77
合计	47+2（即重复方式有2）	104.26

由表 2-1 可看出，在这些村庄的土地流转合约双方关系情况中，兄弟间土地流转的有 20 户，比例最高，占 42.55%；而兄弟、父子、五代亲属这三者之总和为 40 户，占 85.10%；邻居、同组非血缘关系、外组之总和为 25 户，占 53.19%。至于外组的 11 户，也大部分是亲戚之间的（比如岳父母与女婿关系）流转。由表 2-2 可看出，村庄土地流转租金支付方式的四种状况按从多到少的户数和相应百分比顺序排序为实物（20 户，42.55%）、无租金（18 户，38.30%）、货币（6 户，12.77%）和换工（5 户，10.64%）。之所以货币化地租很少，是因为村庄中土地流转的交易现实"仍非市场原则主导，而是由血缘与地缘关系主导，其实质仍是互助合作型的交换行为"。

上述土地流转合约的双方关系与租金支付方式表明：传统村庄农户间流转土地的经济现象，仍是血地缘关系主导的内部化的村社理性机制在发挥作用，它是一种"包括血缘和作为血缘映射之地缘的村落的价值认同与共同规范……建立在以血缘认同为核心的村社意义世界的基础之上"的价值理性。[①]

[①] 徐嘉鸿、贾林州：《从"村社理性"到"村社制度"：理解村庄治理逻辑变迁的一个分析框架》，《西北农林科技大学学报》（社会科学版）2014 年第 3 期，第 92—100 页。

(三) 村社理性内含的成员权共有财产制度，具有对现代经济危机的"软着陆"作用

村社理性内含的成员权共有财产制度即"统分结合"的制度安排："统"是指村社财产集体所有制，"分"是指家庭承包经营制。现代经济的发展过程是伴随着各种经济、社会和生态等风险危机的，而所谓的"软着陆"则是吸纳、消解、解决这些风险，甚至"化危为机"。那么，村社成员权共有财产制度是如何使各种现代经济危机"软着陆"的呢？

其一，在产业扩张阶段，以村社财产"共有制"为农村"蓄水池"池底的"三农"中国，对城市中国的产业资本危机的"化危为机"，起了重要的载体作用。 以 2008—2009 年中国正式进入全球化产业扩张之时的第一次危机发生时为例：东南沿海企业倒闭时，2100 万农民工失业没有导致严重问题，很大原因在于理性的政府以财政手段进行深度干涉，在大幅投资农村建设以解决就业和经济增长问题时，广大农村地区还能够成为经济"软着陆"的"蓄水池"，其池底——农村土地财产关系中的成员权"共有制"还没有被完全打破，"2.4 亿户农民家庭大多数还有'一亩三分地'作为无风险资产，而且 300 多万个村社也还有机动地、村办企业、多种经营等能够内部化处理严重负外部性成本的回旋余地"[①]。村社成为进城失业农民仍然可以返回农村就业与生存的弹性空间。

其二，在当今资本过剩的"资本下乡"阶段，以"村社理性"为实践原则的发展模式，还可以使村社共同体成为应对"资本下乡"的

[①] 温铁军等：《八次危机：中国的真实经验 1949—2009》，东方出版社 2013 年版，第 28 页。

保护机制，从而最大化地保持村庄成员整体利益和长远利益。首先，千万外出打工者被卷入现代化和市场化中赚取货币化收入，若不能从资本中获取在当地进行有效发展并安家立业的足够支持，那么，当他们返乡生活时，原本的"村社所有—家庭经营"统分结合的村社共同体会成为他们最后的托底力量。因为，在"统分结合"关系中承包地30年不变的经济理性延续下，农民能够"进退有据"地回到村庄，还拥有在原有的血地缘经济社会中"活下去"的基本条件和权利。这是作为在社会资源和权利方面的弱势群体，在现代化原始积累和产业扩张中尚能存活的底线保障。其次，外出打工者返乡创业搞生计，在当地政府引导或扶持下，成为新型集体经济、合作经济或经营主体经济的创业者成员，也是一条好出路。尤其是中央提倡的把农民组织起来，壮大新型集体经济的事业，正是最大化保持村庄成员整体利益和长远利益的事业，它以创造岗位就业和承接项目下乡的方式，呼应着城乡融合大格局的发展趋势，值得投入。**前述村党支部书记王波的新型合作经济行动及其理性就是这样的重要探索。**

其三，在当前亟须解决食品安全、能源紧缺和资源环境问题的发展阶段，村社家庭经营的制度安排——家庭农场，作为村社理性的基本表现形式，其精耕细作的农耕方式是缓解乃至解决此三种问题的基本方式。随着生态农业产业的发展，村庄里会出现越来越多的小型的、多样化的适度规模的家庭农场，这样的家庭农场采取的是中间技术，能最大可能地达到社会效益、经济效率、生态效益的有机平衡。中国的小农村社优势就在于：中国现在仍然存在着世界上最众多的村庄和农民，大多数农民在村子里仍然从事着精耕细作的小农经济；而这些小型的、多样化的家庭农场是最能解决未来人类食品安全问题和避免工业化农业的耗能困境的，同时也是中国社会政治经济稳定的根基之所在。① **前述的赵民、陈峰与其具有家庭建设价值的生态理性行动探索就是村社精耕细作的生态理性的实际表达。**

综合全文所述,中国乡土社会中表现为新时代德性文化、具有家庭建设价值的生态产业、新型合作经济等方式的村社理性,承载着中国现代化过程中的乡村自约束、有效土地流转、对现代经济危机"软着陆"等功能,尤其对于传统农区而言。这是中国可以承受任何现代化经济、金融、社会危机的冲击的基本原因。村社理性可称为东方文明的基础性基因,概因如此。

---

① 参见陈靖:《村社理性:资本下乡与村庄发展——基于皖北 T 镇两个村庄的对比》,《中国农业大学学报》(社会科学版) 2013 年第 3 期,第 37—39 页。

"共情"之理解
——"实践—研究者"的乡村建设叙述尝试

潘家恩

本文就《回嵌乡土：现代化进程中的中国乡村建设》（中国人民大学出版社2020年出版）这本书在写作过程中产生的一些思考和大家做一些探讨。温铁军老师和刘健芝老师曾经讲到在我们今天认识世界和一般的学术研究中常常会出现一些问题，我在写这本书的过程中，刚好也遇到了这些问题，就尝试能不能从乡建的角度做出一些探索。

一、从"同情"到"共情"

众所周知，历史学家陈寅恪先生曾提出"同情之理解"，但我认为只有"同情之理解"还不够，因为我们所理解的内容很多时候仍然只能作为我们的对象。而"共情之理解"，意思是我们应该在某种意义上去挑战"对象化"处理和"客观/中立"假设，而"客观/中立"背后则是实证主义。我在长期的乡建实践和研究中发现，不少学术研究以及媒体表达看似中立客观，但实际上仍然存在着自己的立场，很隐蔽地说出一些精英立场的、外部化的结论，真正的农民和弱势群体在其中仍然是"沉默的大多数"。

我觉得类似处理常伴随着另外一个问题：就事论事。实际上，包括乡村建设在内的很多微观实践背后都体现着更为宏观的历史脉络，充满着复杂性和丰富性，但这些又都不容易得以真正呈现。英国的雷蒙·威廉斯是文化研究的奠基人之一，他发展了文化唯物主义并提出"情感结构"这一关键概念——我们该如何更好地理解情感及情感背后的社会结构？我们怎样把情感和社会结构当作一个整体进行认识？

我认为这对我们反思因过度学科化而将彼此联系的事物人为割裂的常见处理是有用的，同时也有助于我们理解乡村建设中的各种现象，以及为何乡村建设实践中各方观点虽然不同却能殊途同归；或者我们都朝着相同的目标努力，但实践内容和结果却充满差异；我们还可以看到，在这个过程中大家其实还算努力，但却常常捉襟见肘并充满尴尬……其中存在着很多值得反思的地方，我们需要如何进行理解？我们需要把乡建进一步打开！如何做？以下是我的处理方式。

首先，在这个过程中，如何超越一般的"好人好事"叙述？温老师批评了很多次，百年乡建史不能停留在"好人好事"层面，估计大家或多或少都有认识了，但如何做到，是需要一套方法同时也需要更多自觉的。在这一点上，我想举一个关于晏阳初所提及"愚、穷、弱、私"的例子，有学者对这一常见论述进行反思，认为其把农民"问题化"了。关于此点，乡建团队也有过反思，但我认为我们仍然要对此类批评进行再认识。为什么？因为我们不能以"后见之明"去理解前人，而需要将他（她）们的言行放到其所处的特定历史脉络之中。比如，晏阳初所痛心的"愚、穷、弱、私"时代，跟鲁迅的"国民性批判"是同一个时代，"恨铁不成钢"也好，"哀其不幸，怒其不争"也罢，我们需要对那个时代进行"同情之理解"，但那个时代同样又是非常复杂的,因此,不能以"愚、穷、弱、私"标签化晏阳初,这不利于对他进行更为脉络化和整体化的认识。我们看到晏阳初一方面批评农民"愚、穷、弱、私",但另一方面也在批评知识分子的"精英化",批评当时的教育无法服务乡土,所以才要进行改造并付诸实践。实际上,纵看晏阳初的百岁人生,他在不同时期的认识观点也在发生变化。我这样说不是为晏阳初"辩护",而是想说,无论晏阳初还是当代乡建,其实都充满着复杂性,都是特定历史脉络的体现。

其次,我认为从"同情"到"共情",需要更加强调容易被忽略和遮蔽的"人"。我们都知道温老师提"三农"问题,其实隐含着一个批评,即只谈农业问题的时候某种程度上是"目中无人(农民)"的,如果没有农民的尊严劳动与农村的稳态治理,何来农业的安全可持续?所以温老师希望从"一农"问题扩展为"三农"问题,并主张把农民放在首位,但要真正做到,还存在很大困难。

此外,今天的社会科学研究自然离不开与人打交道,访谈是基本方法,但我们会发现很多写出来的东西还是没有人,还是非常冰冷的,即便有人,我们也会发现这个人常常是别人。怎么把别人变成包括自己在内的"活人"和"整体的人",这是需要我们努力的。就像我们不能简单地评价事情的好坏对错,每个人也都有他(她)的喜怒哀乐,乡建就体现得更加明显,相信大家都能确确实实感受到当中的酸甜苦辣,既有欢笑也有泪水,既有兴奋也有无奈。我们如何通过其中的复杂与张力更好地理解乡村建设,同时反思今天的主流社会科学书写?

再次,从"同情"到"共情",内在有着微妙的立场差异。今天我们回避立场,那是自欺欺人与掩耳盗铃。虽然我们不应从字面上对"同情"进行简单化理解,但仍然要看到,"同情"多是一种自上而下的、精英的角度,而乡村建设更强调平民立场和自下而上的推进方式,无论历史还是当代实践。正是这种草根和平民的立场,让当代乡建穿越时空,与历史乡建发生共鸣。举个例子,我读梁漱溟开始得很晚,也没有什么研究上的积累,但却读出一些可能容易被忽略的洞见,比如梁漱溟说近代中国更内在的困境是"他毁+自毁",近代中国是一部"百年乡村破坏史",他还说:"我们乡建人之所以这么难,是因为我们从一开始就想着以多数人为重,也正因如此,恐受多数人之累……"当我读到这些观点的时候,深以为然。为什么我会有这样的共鸣?是因为我们自己就是乡建实践者,这些问题困惑同样也是我们的苦恼和感悟。之所以能有这样的共鸣,其实是因为相似的角色与工作内容,其容易产生某种共情,也更容易让我们走进梁漱溟的思想世界。

二、理解何以可能

上面谈了"共情",下面谈谈"理解"。这个理解不是"理解万岁"意义上的理解,我想简单阐述一下"理解"如何成为可能。

第一,顺着温老师说的,我们应该有一种话语上的自觉。我们希望能推进对乡村建设的理解与新知识生产,它既不是"好人好事",也不是"就事论事",更不是"成王败寇"。那怎么做?我认为一定要"跳出乡建看乡建",也意味着需要有一种整体性视野。钱理群老师给《回嵌乡土:现代化进程中的中国乡村建设》写的序言中提出要对20世纪中国历史和经验进行再理解,也就是说应该把20世纪打通,同时看到乡村建设和乡村破坏之间的因果关系、乡村建设和中国革命之间的缠绕关系、乡村建设和国家建设之间的分总关系。总之,它是非常复杂的历史过程。

第二，我们需要有一种自觉，让研究方法和书写方式尽量契合研究内容，尽量避免削足适履，以有助于对乡村建设进行更为整体、动态的认识。除了材料和观点，叙述形式也非常重要。在写作过程中我一直在思考，如果按照平常写学术论文那种方法当然也能完成，但就像我刚才说的要反思"客观、中立"，按照那种方法既不利于体现这些反思，也不能把我希望包含的复杂情感与喜怒哀乐写进去。我最后决定尝试一种"共情"的新写法——全书开头是当代乡建实践者孙恒创作的歌曲选段；书中每一章节的前面我都加上两段题记，均为历史乡建前辈或当代乡建实践者反思感悟的话；然后在每章前面加一个小引，以我自己参与乡建的故事和反思开场，与正文内容构成互文关系。为何要书写自己的故事？因为我们不可能真的变成梁漱溟或晏阳初，无论进行怎样的了解，那也只可能是我们的一种想象与猜测。相比之下，我比较有把握的是讲自己，不仅包括具体参与的乡村建设实践（主要在正文中），还包括兴奋、困惑、无奈、期盼等在内的情感与反思。写这些东西不是为了自己，而是想把乡建里的丰富性、复杂性及反思性体现出来。

第三，我觉得"理解"要真正发生，还需要突破心理上的一关。2008年，当同人们正在北京郊区艰辛地筹备小毛驴市民农园时，我在香港读书，心里很纠结，总觉得自己像个"逃兵"，一直过意不去。这个时候健芝老师鼓励我，说我在香港读书本身也是一种乡建。在写作博士学位论文（《回嵌乡土》的初稿）时，我内心还有个顾虑，即我们作为当代乡建的当事人，这场未完待续的实践还在继续进行中，该不该"真写"和"实写"，特别是内部的张力与反思，对实践是有益还是干扰。导师许宝强教授鼓励我，他说若要在叙述层面对乡建事业有更大贡献，反而不应强调我们做了多少事，也就是说不要"评功摆好"，这也使我放下了心理包袱。同时我们要努力摆脱各种二元对立思维，我们所努力的生态文明不应该是二元对立的，只有如此才能真正让乡村建设具有丰富性。鲁迅曾经提出"横站"，其在现实实践中也常是"左右开弓"，而从历史到当代的乡村建设也都面临着相似的情况，一直面对着不同立场的批判与质疑，因此也常常"左右为难"，如何能"小心翼翼"又"充分自觉"地突围，如何在不确定中寻找新的可能则成为乡建叙述要努力的方向。

第四，刚才讲了"理解"的可能，但是我们也不能为了理解而理解，而是要让"理解"成为乡建实践的一部分。就像马克思说：重要的不是解释这个世界，而是要去改变这个世界。毫无疑问，乡建的目标是让这个世界变得更好一些。从这个意义上看，文化研究所一直强调的对当下社会实践的"批评性介入"就与《回嵌乡土：现代化进程中的中国乡村建设》内在契合，我们不是为了跨学科而跨学科，而是为了整体地把握这个社会，通过介入社会实践而促进社会朝好的方向发展。

第五，若要让"理解"成为可能，我们还需要有充分的国情自觉与乡土自觉。若竖看百年乡建史，从张謇、卢作孚、晏阳初、梁漱溟、费孝通再到温老师和我们这群实践者，相通之处是国情自觉和乡土自觉。何以见得？张謇当年曾被讥以"村落主义"，他却认为即使被嘲笑，也必须承认乡土就是中国的底色与突围之道。而梁漱溟所实践的"村学""乡学"也可理解为对中国传统教育与组织方式的自觉，特别是他在《中国民族之最后觉悟》中开门见山地指出两条"走不通"的道路，而乡村建设正是他希望探寻的属于中国人自己的道路，其中充满自觉。费孝通就更直截了当了，当大部分人去谈一般工业时，他谈乡土工业；当其他人主张城市化时，他提倡"小城镇、大战略"……

为何如此？他曾说：我知道（这些）是不够漂亮，不够生动的，但是在乡土中国，漂亮和生动常等于奢侈。可以说，这些先贤所内在体现的国情自觉与乡土自觉延续到了温老师及当代乡村建设实践者身上。把这种自觉进一步体现在现实实践和话语生产中，须成为我们的努力方向。而且这种自觉还应该是双重的，不仅要扎根本土，强调其中的特殊性，同时还应该有全球视野，即把中国置于20—21世纪全球剧烈转型之中进行理解，而不是闭门造车，就中国谈中国。

三、在实践中创新理论

实践是理论之源，需要在实践中推进理论创新。在《回嵌乡土：现代化进程中的中国乡村建设》写完之后，我下了很大的决心，一方面希望能够把乡村建设带回自己的家乡，为家乡做点力所能及的事情；另一方面，在象牙塔里待久了，可能会慢慢变成自己不想要的那种样子，我们需要不断再出发。因此，我希望能再次回归实践一线，回归乡建人才培养和培训一线，这些其实才是我自己最想做的事，我们需要在新的阶段把乡村建设的理论和实践更好结合，在"乡建学术化"和"学术乡建化"的同时，促进"乡建主流化"与"主流乡建化"。

我觉得在这个过程中，会有很多理论创新的可能性。举个例子，很多乡建同人在福建屏南参加了我们举办的"首期文创推进乡村振兴研修班"。培训刚结束，我们就带着屏南村里的干部出去调研，听到一个做文创很有效果的村庄反映了如下情况：这个村庄近年来通过文创兴村，吸引来了很多原本生活在城市的新村民，就会发生卫生间下水道堵塞这样常见的生活问题，碰到这种情况，有新村民在厕所上贴张纸，上面写着"正在维修"。然而农村并不像城市一样，有专门的物业，据说等了很长时间厕所的门上还贴着这张纸。这个小案例突然给我一个启发，如此一套在城市里非常合理的做法，照搬到乡村是否有效？随着城乡融合和要素回流的逐步实现，类似问题及新的乡村治理需求将不断涌现。我们如何在新的实践和新的现场中去感知问题？比如案例中说的那个文创村庄，有大量新村民入住，你说它是农村吗？当然不是一般意义的农村。你说它是城市吧？它也不是城市，或许可以理解为一种新型的乡村社区。因此，包括治理在内的各种问题就不能用20年前乡建总结出来的那些经验去解释和应对，那一定会削足适履或捉襟见肘。我们如何顺势而为，而不是叶公好龙；如何更为积极主动地面对实践中出现的各种新问题，想清楚这些问题既有助于实践的推进，也有助于理论创新与新视野的形成。

此外，我们在屏南遇到的最大问题是有干部群众反映我们讲的东西他们听不懂。开始时我觉得我们讲得挺明白，怎么会听不懂呢？但是当我们跟他们认真交流后，发现他们说听不懂，真的不是在挑毛病，他们是很真诚的，那么为什么听不懂？有很多原因：第一，当前基层工作非常忙，上面千条线，下面一根针，除繁多的日常工作外，还要做各种接待，不像我们有充足的时间，他们基本上没有时间坐下来讨论；第二，我们提的"三级市场""三变改革"都是新东西，多数基层干部还停留在过去的时代和传统观念里，理解起来自然困难。也可以说，如果要想让我们这些主张真正落地并发挥作用的话，我们是必须去突破的，这既是我们面临的挑战，也是理论与实践相互促进的机会。举个例子，最近我们团队起草的智库报告涉及屏南的"工料法"创新，我们在提后续政策建议时，希望未来在村一级的建设项目中更多地让村集体经济和合作社承接，而不是简单承包给外面的公司。我去村里调研时，发现有村干部跟我们的想法不谋而合，但他们的大白话更生动,他们说为什么要更多地与集体经济结合,因为有三个好处:第一个好处是"肥水不流外人田";第二个好处是现在的村集体经济和合作社是新生事物,本来就需要国家扶持,与其等待着外面给大笔资源,还不如把现有资源直接导入,在执行过程中提高包括管理能力在内的各方面能力;第三个好处是让集体经济或合作社运营项目有助于减少"告状"等情况的发生。

这些大白话给了我们很大的启发。首先,我们所总结的理论和经验本来就来自实践,在基层存在着不同形式,我们需要更好地把它们发掘出来;其次,我们如何既利用他们的大白话又能结合一定的理论思考,把两者有机融合起来。但是,两种语言之间是需要"翻译"的,比如,他们说到"工料法"的好处,很重要的一点就是1块钱和6毛钱的区别——若用一般的招投标法,原来1块钱到最终使用时可能只剩下6毛钱;如果用"工料法",1块钱到最终使用时实打实就是1块钱。我觉得这样的表达,老百姓不仅听得懂,而且爱听,非常值得我们学习。

最后我想说,这个时代真的变了,而且变化非常大,现在很多干部群众已经主动从事乡村建设了,我们不能"叶公好龙",而要及时跟上变化。党的十九届五中全会已经将"乡村建设行动"正式写入中央文件,可谓百年来乡建先贤及当代乡建同人长期艰辛努力的结果,我们需要在这个基础上顺势而为且有所作为。最后,钱理群老师在给《回嵌乡土:现代化进程中的中国乡村建设》写的序言中讲到他的最后期待:"关注中国问题、总结中国经验、创造中国理论。"希望与大家共勉!

第三部分

踏遍青山心未老：新时代乡建二十年[1]

---

[1] 本篇为2020年5月16日第一次"温道撷萃"（五一六）交流会的发言辑录。

七十自述：乡建理论及其思想体系

温铁军

我们在乡建的实践过程中通过理论联系实际所形成的理论创新，跟我在 60—70 岁这段时间内不断地带领团队开展各种课题研究所形成的创新性成果的归纳总结有关。我想把它归纳为五个方面的观点，不过，同时在这五个方面开展研究有一定难度，因为任何事情都不可能是面面俱到的。

在我说观点之前先介绍一下我们团队的研究风格。我们一直坚持传承中国传统文化的精华，努力把这种文化精华贯穿到我们的行动和研究之中。

首先，我们的大方向是什么？中国人传统的思考方式不是一种和近代自然科学直接相关的、条分缕析的、解构得非常清楚的研究。我们团队比较倾向于对大方向应该先有一个大的、总体性的认识。这其实就跟现在所强调的生态文明战略转型有关——当我们在 21 世纪遭遇越来越多的工业化和资本化所带来的危机的时候，中国开始转向生态文明建设。这是一个方向性转折。

生态资源的内涵其实非常丰富，它是一个多样化的资源体系，而这些资源都是融合在一起，很难被拆分的。现在国家强调的"两山"

理念、山水林田湖草沙一体化保护和修复，本身就是有针对性的。因为，如果生态资源价值化是把以山和水为空间载体的自然资源切开了纳入市场，那就都没有活力了，如同在林区搞单一品种的速生林，把林草和灌木切开了也不行。生态资源一定是结构化地扭结在一起的，所以我们才把它叫作结构性粘连。生态资源本身是很难被市场清晰切开交易的，只有整体存在才是生态资源。

人类社会在进入工业化时代以后，把生态资源直接变成了生产力要素。比如工业化和城市化要用地，大资本投资种植园也要用地，那土地就成为被资本把控的土地要素。在有些地方，人们为了得到土地要素就去烧荒。现在全球生态危机蔓延，亚马孙雨林面积每年都在减少，其实很多是人为破坏的，其中一部分也是因为烧荒。据此看，传统的发展方式主要就是通过毁掉空间资源而占有平面资源，土地上生长的树木、草、动物和微生物菌群等都被当成无价值的东西放弃了。但那些生态资源其实是有很大开发价值的，而且丰富多样性资源的可持续与人类社会的可持续高度相关。

从这个角度来讲，向生态文明转型首先要求我们在思想意识上更新，而国家推进生态文明战略转型正好和这些年我们在乡建工作中所强调的一些基本理念是相关的、一致的。

我们多年强调"大音希声，大象无形"。如果你非要去表述一个象，而且是在没有系统认识的情况下去表述，当然就会导致"盲人摸象"的问题——摸到腿就说是柱子，摸到肚皮就说是一堵墙。所以我们现在所强调的"大象无形"，不是指 elephant——作为具体动物的大象，而是指系统的客观世界。与中国生态文明战略转型结合的表述是山水林田湖草沙乃是一个生命共同体，也是一个很难被解构成条分缕析的学科话语的客观事物。

所以我们说"大音希声，大象无形"，越是发动广大的民众来参与这样一个多元化社会结构的活动，就越显得无声无息。这也是近些年很多海外的朋友过来考察，只要他们进入农村就会发现随处可见乡建工作者的身影的原因。我们就是这样，外在表现似乎什么都没有，可只要你在农村中找乡建工作者，又似乎每个人都是；但你找不到一个乡建总部办公室，找不到一个牵头人，大家都在做乡建。尽管我们动作很大，却没有发出多大的声音，在哪儿都听不见，却走到哪里都能碰得见……

所以我们把道家思想的"大音希声，大象无形"这类哲学表述放在这里。你会发现其实这个社会本身就是这样一种状态，它和人身处于多样性的自然生态之中的感觉是一样的。假如你坚持生态化，坚持人跟自然生态紧密结合，那么人类社会的多样性跟自然生态的多样性应该是一致的。

当你坚持这样做的时候，就自然发现自己"立于中道"。这个"中道"是什么？也许是大道中庸——没必要去判别谁是谁非，总之，人们的行为有一定的理性在支撑着，尽管可能有些表现是非理性的，但总体上来说，只要存在就有一定的道理，即"存在的就是合理的"。当你承认人的各种存在是理性的时候，也就"立于中道"了；当你"立于中道"的时候，就会"中道而立，能者从之"，这就解释了为什么乡建有这么多人参与。也就是说，乡建没有必要像西方的冷战意识形态所要求的那样，形成人文社会科学这一套包装体系，强加某一个政治正确。这么多年来也有些朋友质疑："老温，你怎么从来不说个对错好坏？"我说这是习惯，我总是笑眯眯地看待一切，因为没必要非黑即白。

于是，我们把这些年研究的指导思想与中国传统文化中具有辩证色彩和自然主义的老子的思想相结合，当然也和孔子的思想相结合、跟佛家的思想相结合，也体现了中国人传统文化中的儒、道、释三者的融合。据此看乡建研究，我们没必要采用西方社会科学条分缕析的做法，更没必要从意识形态角度来做符合某些价值判断的研究。

现在回过头来看我们所形成的观点。

第一个观点，是历史地看待中华民族的文明传承。

我们之所以说它已经是万年文明了，是因为这个文明传承不是人为的。世界范围内的文明的延续都不是人为的，其原因既不是人种的先进，也不是其他的精神因素，而是外部的环境差异，亦即形成文明的条件不同，从而导致人类文明的差异。所以我们说，既没有对错，也没有先进落后之分。人类文明多样性的存在自有它的合理性，也就是说它的合理因素是内在的。比如，很多人讲非洲部落制度是落后的，他们生存的方式好像很原始。但这种原始生存方式自有其内在的合理性。文明的差异本来就是客观存在的，为什么一定要比谁先进谁落后呢？这是资本主义时代强加给人类文明差异的一种主观判断，所以我们得去掉这种价值观来看人类文明。文明多样性主要是气候周期变化派生的适应性演化而来的。气候周期变化在不同气候带中呈现出显著差异，在不同的气候带覆盖之下，因气候周期性变化而形成不同的客观条件，而且气候带又直接影响浅表地理资源。人类社会在早期从原始蒙昧状态进入狩猎和农耕文明的时候，就是依赖浅表地理资源谋生的。所以，气候周期变化和气候带覆盖之下的浅表地理资源的变化，导致了人类文明的差异性。

如果我们一定要讲世界观的话，乡建研究者的世界观应该是更贴近客观的历史演进的。从这个角度来说，人类形成受殖民化影响的意识形态体系，其实是因为西方中心主义认定西方的演化过程是先进的、有普适性的。如果把西方中心主义抛开，那么可以说，无论是东西方文明，还是南北方国家，抑或是各种各样的生存方式，它们本身就具有不同的文化，所以当然具有文化多样性的合理内因。

从这个角度来说，我们首先通过乡建推进人和自然之间的紧密结合，由此可以不再用殖民化以来的世界观来看待新的生态化世界观和价值观。

我记得早期刘健芝老师带我们去做国际比较研究的时候，我在海外做演讲，上来就先说"beyond cosmology, above ideology"，意即要超越现有的世界观，不要先入为主地形成价值判断。那个时候这个观点还是比较朦胧的，但是，这套理论现在变成了我们的一个重要观点。

第二个观点，我们坚持的不是制度决定论，而是制度派生论。

我们的第二个观点也形成了一个理论框架。从近代的人类社会变化来看我们形成的观点，过去很多发展中国家的人，包括很多国内的人，动不动就说制度不好，这是制度决定论的表现。但因为有了比较宏观、有历史内涵的世界观，所以我们在研究制度问题时就提出了"制度派生论"。

假如说我们第一个观点是人类文明差异派生论，即人类文明差异性派生于资源环境条件的变化，那第二个观点是制度也是派生的，即制度派生于一定的资源约束条件下的不同人类文化中。

因为，各文明的资源禀赋是既定的，大多数殖民化以后被西方殖民形成的殖民地如美、加、澳等国资源丰富；但二战后形成的"全球南方"国家都很难再改变它们被宗主国给定的资源禀赋。在这种既定条件之下，制度派生于要素结构的变化，或者说要素结构变化形成了相应的制度，并且决定后续制度演变的路径依赖，即制度演变的路径依赖于前期的制度结构。

第三个观点，是发展中国家现在面临的很大挑战是它们在承接着全球化的制度成本转嫁。

我们进一步把这个理论和伊曼纽尔·沃勒斯坦、萨米尔·阿明，以及乔瓦尼·阿瑞基的理论结合在一起，就会发现当今世界存在核心国家向半核心半边缘国家、边缘国家递次进行成本转嫁的路径。

为什么发达国家发达？为什么欠发达国家有这么多的灾难？其实主要原因是前者的成本是对后者转嫁的。

这和我们的第二个观点相关。因为第二个观点讲道：任何制度变迁都是原有制度框架内占有着收益并且想甩掉成本的主导利益集团推动的，其目的是占有更多收益，甩掉更多成本。因此而推进的制度安排若能够成功使主导利益集团甩掉成本，就被叫作诱致性制度变迁；当它不能成功甩掉成本、强迫他国接受成本转嫁的时候，那就被叫作强制性制度变迁。拿这个理论解释全球化，我们就会发现：全球化就是核心国家——当然在今天就是以美国为主的核心国家向半核心半边缘、边缘国家递次转嫁它们的成本的制度体系。当边缘国家也无法承载不断转嫁而来的成本的时候，这个成本就被转嫁给了自然，因此造成了环境破坏、气候变暖，以及今天人类所面临的大自然所给的一系列严峻挑战！这种全球化体系其实是要人类最终走向毁灭的。所以，如果人类文明不能转向以多样性为内涵的生态文明，那成本递次转嫁毁灭自然，自然又反噬人类就是必然结果。

第四个观点，是主权外部性。发展中国家之所以是发展中国家，之所以现在很难通过改革改变像被给定的命运，无论怎么挣扎都很难跳出发展陷阱，是因为主权外部性。

当近现代发展中国家建立政权的时候，大部分发展中国家都是通过跟殖民地宗主国谈判来获取国家主权的。在这个过程中，它们通过交易来形成自己的政治主权。通常它们让渡的是经济资源主权，甚至是国家必须掌控的核心经济主权，比如金融财政主权。当发展中国家把这些经济主权让渡出去的时候，尽管它们得到了政治主权，但那只是名义上的。这些发展中国家的政治领袖向社会所做的任何承诺，都将因为没有掌控自主研发本国经济资源所获得的收益而不可能做到。所以发展中国家在被主权外部性给定的命运之中挣扎，往往摆脱不了经济收益难以用于支付本国社会发展所需的成本的命运。

所以说，虽然整个20世纪比较短暂，虽然没有完成的革命化已经过去，但大多数发展中国家跳不出发展陷阱的主要原因，是它们没法解决主权外部性问题。

这也就是说，反殖民化的革命没有完成，主权外部性仍然在发挥作用。

第五个观点，是内部化机制，如果发展中国家过快地推进了城市化，就会忽视乡村，而乡村作为传统社会载体，恰恰是最能够发挥内部性作用的原住民聚落。

所以我们把乡土社会的内部化处置外部性问题，当作一个机制来强调。

这个道理其实很简单。但因为国内现在教授的理论大部分是以美国为主的西方中心主义理论体系，排斥了很多其他的理论。比如当我们说到农户理性的时候，大家联想到的是美国芝加哥大学的舒尔茨的理性小农理论。当然，他获得了诺贝尔经济学奖，但他的理论很直白地暴露出其具有的时代性，即小农经济是符合资本主义要求的市场主体，这是个意识形态化的表达。在他之前阐述农户理性的是恰亚诺夫的生存小农理论，这个理论认为农户家庭因为不能开除成员而使得家庭内部分工是天然合理的，产生的收益在家庭内部的分配也是天然合理的。所以说小农户经济是有理性的。这个农户理性的表现就是能够因家庭分工合理派生出收益分配合理，进而能够把外部性风险内部化处置。

我们进一步把恰亚诺夫生存小农理论提炼成村社理性，这也同样是有内部化机制的。因为大家共同聚居在一个村落里，这个村落的财产边界是村域地缘边界，因此村落同样不能开除家庭，就像家庭不能开除成员一样。所以，村社一定有共同的事务要靠共同的努力来完成，也能够把外部性问题内部化处置。比如中国乡镇企业的发展、中国农村集体经济的发展等，这些都可以用村社组织的内部化机制来解释。

同理，当我们面对全球化挑战的时候，大家发现那些城市化越高的发展中国家遭的罪越大，甚至国家破产，很难再振作起来。而像中国、印度这种拥有大量的农村地区，并且农村人口占比仍然很高的国家，即使遭遇严重的危机打击，也仍然能够渡过难关，这在很大程度上缘于乡土社会是一个能够内部化处置外部性风险的社会载体。

因此，今天我们重新回过头来看城乡二元结构，应该明白过于激进地强调把农村转化成城市，过于激进地强调加快城市化，对发展中国家来说未必那么有意义；相反，维持一定的乡村社会的发展，特别是像中国这样面对全球化挑战的时候加强对乡村的投入，形成乡村的稳态结构，也许恰恰是一个能够做到可持续发展的重要的基础条件。

以上这五个观点也是我们在最近10年的研究之中逐渐形成的。

乡村建设　生生不息

张兰英

今天，我们做新时代乡村建设20年的总结反思，我想趁此机会做一下回顾与反思，分享我对当代乡村建设的一些观察和感悟。

我在20世纪90年代初留学菲律宾的时候，接触到晏阳初先生的乡村建设思想、理论和实践，加入他所创办的国际乡村建设学院，开始从事乡村建设的实践工作。从此，我的职业角色也从大学体制内的教师转变为一名乡村建设的实践者。在21世纪初，我有幸结识了温铁军老师，并有机会参与新时代乡村建设的工作，可以说，我是乡村建设的践行者，也是新时代乡村建设20年的亲历者和见证人。

过去20年，正是中国经历百年未有之大变局的20年，这期间危与机并存。也正是在这样的时代背景下，温老师这样的知识分子有了"不忍"，有了对社会责任的自觉担当，成为"用脚做学问"的另类教授。正是他感召了一批追求"另一个世界是可能的"之理想的热血青年。20年的不断实践、自我反思和总结，终于成就了深深根植于中国历史、文化，多元包容的且具有生命力的新时代乡村建设运动。

大家的分享，让我看到了过去20年的乡村建设工作在广度上的拓展和在深度上的探索，眼前呈现出"横看成岭侧成峰"的乡村建设格局。我也看到了三个方面的巨大变化，即横向广度上所呈现出的宏观视野下的在地化实践，区域格局下的系统构建和创新实践；纵向深度上所呈现出的针对不同社会人群在多维度创新基础上的专业化，以及以实践经验为基础的理论政策研究和知识生产；在组织治理及制度建设上，突破国际发展框架的创新性的组织管理机制和制度建设让乡村建设这个"生态系统"焕发出生生不息的"生命力"。

一、宏观视野和区域格局下的在地化实践探索

新时代乡村建设最早的实践是从回归翟城的乡村建设开始的。其起步早期正值中国加入世界贸易组织（WTO），民间的国际交流处在高峰期，这让国内早期新时代的乡村建设有了在国际层面交流学习的机会，从而帮助乡村建设建构了时代背景下的国际的宏观视野。在翟城启动的农民合作社培训及相关的生态农业、生态建筑和乡村治理等多元的实验和实践也让早期的乡村建设工作积累了社会动员和社区发展方面的基层工作经验，培养了一批大学生积极地投身到当地的乡村建设中。这个时期，乡村建设的基本原则和目标逐渐明晰，确定了以人民生计为本、多元互助为用、社会参与为纲的基本原则，以实现社区资源主权、生态安全和可持续发展为乡村建设的目标。这些基本原则和目标一直指导着乡村建设。

回顾过去，新时代的乡村建设从翟城起步，经历了从动员大学生支农支教、推动农民互助合作、提倡工友尊严劳动，到动员市民和各界社会大众参与乡村振兴，再到今天的乡建青年回归乡土，践行可持续生活，推动可持续社区的建设的过程。这是当今青年人返乡创业、乡村建设青年20年"为理想而奋斗"的重要节点，是这代青年从年少

充满改变社会的冲动转为向内求的觉知过程,也是每个青年的生命历程从小我的生存到大我的社会责任与担当的转变。他们不仅扎根农村,融入乡村生活,而且积极地推动社区组织化建设,开展以农村的三产融合与农业六次产业为基础的创业,推动城乡互动以促进城乡文化融合。我们看到他们已经成熟起来,成为具有深刻反思能力的知行合一者。

早期的新时代乡村建设实践积累了社区工作和基层组织建设的经验,其核心可以概括为"联合购销,风险最小;文化建设,收效最高;资金互助,制度重要"。随着乡村振兴战略的提出,基于过去20年的经验积累和知识沉淀,乡村建设不再局限于村级的发动和组织建设上,而是提升到了县域整全推进和系统构建上,尤以目前推动的三级市场建设试验为代表。而过去10年间,乡村建设事业的发展也已形成了以恢复或创建的乡村建设学院,以及一些地方性的乡村建设研究机构为核心区域,在区域格局下系统推进乡村建设工作的局面,区域化的县乡村域的在地化实验不断涌现,比如三级市场在制度和机制上的探索等。

二、不同领域的专业化和知识生产

在过去20年不断变化的环境下,乡建各领域的团队针对不同社群的需求,面对他们的思想变化及各种困难,不断深化相关的知识学习与理论研究,实现了多维度创新基础上的专业化,在经验基础上进行案例分析、政策探究和理论研究,促进本土化的知识生产,改变了早期"拿来主义"的学习借鉴,从而更加有文化自信、制度自信地解读当代问题,构建乡村建设的理论框架和话语体系。

乡村建设事业已经建立了研究与实践密切联系和配合的综合团队和相应的机构，包括在几所知名的大学和在不同地区恢复或创建的乡村建设学院，以及一些地方性的乡村建设研究机构。这些机构可以与多元主体进行合作，可以组织不同领域的专家学者和研究实践人员开展县乡村域的在地化实验和研究，形成了区域格局下系统推进乡村建设本地化研究的工作局面。

20年间，不同研究团体参与实践、指导实践，开展政策和理论以及国际发展比较等研究，这些研究与实践根植于中国的历史和传统文化中，能够准确把握当代中国的政治经济的动态趋势；在国际交流和比较研究中，构建了具有国际视野、体现文化自信和制度自信的相关理论创新学说，包括人类文明差异派生理论、制度派生和路径依赖理论、成本递次转嫁理论、发展中国家主权外部性理论和乡土社会对外部性问题内部化处置的理论。由此，乡村建设已经建立了一个不仅是实践，而且是理论与实践相结合的研究体系；不仅是着眼于本国，而且是放眼世界的东西思想的融合创新，具备了自主创新的、相对整全的、更为系统的知识生产体系。

三、具有生命力的组织创新及其可持续性

过去20年的乡村建设在众多的网络（农村人才培养网络、返乡青年网络、农民合作社网络、社区支持农业网络、农民种子网络、新农人网络等）基础上，形成了一个由多个社会主体组成的、社会网络有机联合的共同体。不管这个共同体被称为乡村建设系统、乡村建设网络，还是乡村建设运动，也不管以什么样的词语来描述，这个共同体就像一个生态系统一样，不断地生发新的实践，不断地涌现新的团体，

不断地形成新的联合,不断地本着"另一个世界是可能的"的初心进行组织创新和制度创新的探索。

新时代乡村建设的组织形式是不断变化的。其核心则体现在创建了开放的"自由进入、自由退出"的制度空间和"无组织、无领导、无筹资"的自我管理机制。这些组织制度和机制安排给予了年轻人更多的开拓和创新的空间,成就了年轻人的成长,帮助他们在不同领域进行更为深入的学习和研究,逐渐明晰了不同组织在这个系统中的生态位置,构成了相互依存的联合与协作关系,显示出乡村建设所具有的独特黏性。这种黏性的形成是因为乡建系统非常重视思想建设和组织制度创新。具有思想引领的聚合力和连接不同网络的联合力是乡建可以横向进行网络建设、拓展联合,纵向进行实践总结、理论研究和知识生产的关键因素。

在乡村建设这个生态系统中,无论是从事实践工作,还是开展理论研究,无论是个体,还是组织,都在不同程度上吸收着这个生态系统所给予的"知识和智慧",反过来也在滋养着这个生态系统。温老师引领的思想建设和乡村建设话语构建,就像阳光促成生态系统中各种生命的光合作用一样,指导着各种实践和理论研究。中华五千年的历史和传统文化,就像水一样,源源不断地给予我们智慧和行动的力量。乡土社会与乡村大众就像土壤一样,不断滋养着乡村建设的新生力量。虽然乡建这个生态系统面临一些环境变化带来的不确定性和全球生态危机对可持续发展的挑战,但这是任何生态系统本身所具有的复杂性,而思想引领、多元组织参与所形成的相互连接和支持则是其面对挑战的优势所在。

四、乡建之道，生生不息

我对乡村建设的历史，在时间跨度不断延展、空间维度不断拓展中有了新的认知。早年我接触到了晏阳初先生，慢慢地了解到民国时期开展乡村建设的前辈，如梁漱溟、陶行知等。当代早期的乡村建设也多是从他们那里取经。随着乡村建设的历史研究越来越深入，我们开展活动的地方越来越多，也不断地和历史上的乡建人物相遇，其中包含北碚的卢作孚、徐公桥的黄炎培、河南的彭禹廷等，甚至追溯到江苏南通的张謇、福建营前村的黄展云等。他们都是以乡贤的身份回到乡村搞乡村建设，他们并没有将自己的行动自诩为乡村建设，但显然他们的举措是促进本地经济社会文化全面发展的救民与救国的行动。其背后的动机是一致的，即乡土社会的广大民众可以安居乐业，国家可以独立、安全、永续。他们都秉持实现"四海一家""天下大同"的理想，这个理想可以让我们追溯到中华五千年的文化历史，发现更多的前辈、更多的乡贤，更重要的是看见了更多的乡民在构建着生之养之的乡土社会，追求着生活理想和理性社会。

新冠疫情让我们看到乡村传统社会所具有的自给、自足、自治的"三自"生活模式，以及生产、生活、生态"三生融合"的生计模式，在应对自然灾害和疫情、保护生命健康方面所呈现出的韧性，以及城乡之间互助融合的重要性。由此不禁慨叹，人类的追求是贯穿始终的，乡村建设的根本是人的建设，是向内求以达修身齐家做人的过程，乡村建设的目标是未来世界的建设，是由内及外、服务于社会，以求实现"天下一家"的大同理想。这些理念和思想一脉相承，乡村建设的在地化实践正是以此为基础，并在不断发现、挖掘、重构、传承着乡村价值，乡村建设的研究和知识生产在不断探索中构建着人类的未来世界。由此，我突然感悟到乡村建设是一个生生不息的事业，是代代相传的事业。所以，我在这里，特别感谢参与乡村建设的每一位同人，因为有大家的参与，我们才能彼此照见，才能彼此扶携，一起从昨天走过来，再一起从今天共同走向未来。

最后，特别感谢温老师，让一个从国际发展起步的实践者，回归根植于中国现实所形成的思想理论中。在乡村建设这个平台上，能够经历国际交流与比较研究中促进中外思想与经验相结合的过程，参与宏观视野和微观实践、理论与实践相结合的实践、总结与反思循环螺旋式上升的学习过程。作为乡建体系的一分子，整体中的一部分，我也希望在未来与乡村建设的青年行动者进行更多的实践反思的深层交流，促进与国际层面的交流与合作，讲好中国乡村建设的故事。

传承乡建精神、恪守乡建思维：探索再出发

张孝德

2023 年，我们迎来了乡建 20 年的纪念日。20 年，意味着乡建已经从一个幼儿成长为一个成人，已经有一定的历史和积累，就像一个人已经初步定型。在这个年龄，我们应该清楚自己是谁，我们的未来要往哪里走。

温老师带领乡建团队走到今天，他也已经来到孔子所讲的"七十而从心所欲，不逾矩"的年龄。孔子所讲的是人生中一种难得的境界。当然，不是说每一个人到了这个年龄，都能自然进入这个境界。孔子讲的是他自己，是作为一个圣人的境界。温老师虽然不是圣人，但在我心目中，他是一位超越自己，以天下为己任去研究中国乡村问题的大德学者，从这个意义上讲，温老师是属于这个境界的长者。也就是说在这个年龄进入大自在的境界，无论做什么事都不会逾矩了。

我们乡建团队跟着温老师做乡建已经有 20 年了，大多数人也都进入了四十不惑的年龄。按照 20 年为一代，今天参加乡建座谈会的是"三代同堂"。长者如温老师，从 20 年前，就是参加乡建的"乡建长子"，还有他的孩子，以及刚加入的"00 后"新一代。所以回顾这一段历史，我觉得有许多值得我们回味的东西，下边谈几点感受。

第一，我们要肯定乡建20年走过的路。大家分享的乡建成果不仅仅是很好听的故事，更是乡建这棵20年的树结出的果实。这20年中乡建合作社、工友之家、小毛驴、社会型企业、分享收获、社区支持农业等，如果按照今天主流社会的价值评价标准去看其意义，特别是在经济价值方面，几乎可以忽略不计。但是对于新时代乡村发展而言，这些被认为不具有潮流价值的试验，是为未来培育的新种子，孕育着未来新乡村社会、新乡村文明的新基因和新模式。我们坚信，20年乡建所走的路，虽然在今天不代表潮流，但代表了乡村社会的未来。越是随着时间的推移，20年的乡建就越会显示出其应有的历史价值。

第二，乡建20年，留给我们的应该是一面镜子，而不是一个可售卖的故事。不可否认，从无到有的20年乡建路，有许多可圈可点的生动故事可讲，但我们不能满足于这些故事。今天我们在做乡建20年的总结与反思，我认为反思比讲故事更重要。我们有许多故事可讲，这些故事也很有价值，但是我们不要把这些故事变成包袱。我非常同意温老师的说法，反思乡建20年不要把它当成一个好人好事来讲。乡建20年有自己的历史。我们常说"以史为鉴"，"鉴"就是镜子。我们要把这20年变成乡建未来再出发的力量，变成可正衣冠、反思自己的一面镜子，而不是把它加工成一款现代游戏，仅仅为了进去之后自娱自乐。

第三，我们需要思考与总结什么是乡建精神和乡建思维。思考乡建20年走过的路，故事会成为过去，但故事中留给我们的财富是什么？这值得我们反思与研究。前文已讲，20年乡建为未来乡村社会留下了新种子、新模式。那么，作为乡建人，我们给自己留下了什么？对于这个问题，我有两个概念和大家讨论。

第一个概念就是乡建精神。正如温老师之前所讲的他是如何从主流转向只有小众关注的乡建事业，然后带着一批"80后"的年轻人，在这条另辟的蹊径上走了20年的。是什么力量让这个团队走到今天？这里没有物质利益，也没有名誉。乡建能够走到今天，背后最大的动力是什么？我认为只能有一种东西——乡建精神。这个精神的本质是什么？我认为是乡建信仰。

第二个概念就是乡建信仰。一提到信仰，大家往往想到的就是宗教，其实不是，信仰是一种高端精神力的表达方式。构成乡建信仰的有三个核心要素。第一个要素就是使命。乡建走到今天，温老师每次讲课都是博古通今、贯穿中外，从国际和历史一直谈到几乎被遗忘的小乡村。温老师将其称为宏大叙事视野下的乡建思维。其实这种思维的背后，是一种使命感，一种以天下观看乡村的使命感，这是乡建信仰的第一要素。第二个要素是共识。所谓共识，是指被温老师这种使命感所感召的一群人，形成了一种精神上的共鸣和思想、理念上的共识。第三个要素是共同体。所谓共同体，就是当乡建不是停留在共识上，而是落实在行动上时，这个行动所依托的组织，它不是一般的组织，而是马克思所讲的因共同信仰而聚合在一起的共同体。也就是马克思所讲的自由人联合体，习近平总书记所讲的人类命运共同体。这个共同体组织，与其他组织的不同之处，即在于它是一个基于共同价值和共同精神，而连接在一起的组织。我们乡建团队是由一批超越了个人利益，以天下观的使命感关注社会，在乡村进行试验的人组成的。

张兰英老师也谈到孔子的天下观和孔子所追求的大同社会。其实孔子一辈子周游列国只做了一件事，即在当时其他同行眼中"明知不可为而为"的事。这件事就是孔子心中所追求的天下大同的理想社会。大家可以想想，乡建所追求和探索的是什么，其实也是一个理想的美好乡村社会。

第四，基于乡村信仰和追求的乡建思维。基于这样一种理想和追求，乡建人拥有一种特有的思维，我把它称作乡建思维。乡建思维概括起来就两句话：一是在宏观叙事背景下的乡村发展之路的探索；二是与政府契合的民间自觉行动。我们探索乡村建设之路，不是盲人摸象，单凭情怀探索，也不像西医治病一样，为乡建而做乡建，如果是这样，那我们根本无法坚持20年。乡建持续走到今天，就是因为乡建人有一种宏观思维，从宏观大视野中看到了乡建的发展方向，看到了乡建之路的时代必然性。可以说第一种乡建思维是在宏观视野下形成的乡建人的理性和激情交织而成的思维。这种理性就是乡建理论的指导。温老师以《八次危机》为代表的一系列著作，正是基于乡建理性视野的宏观叙事理论。他的理论与目前的主流理论有些不同。因为乡建的宏观叙事，是立足中国乡村看中国、看世界，与今天主流的以西方经济学为经典，立足西方看中国、看世界有很大不同。

由此，许多人会认为乡建是另类。其实并不另类，因为乡建还有另一种思维，就是站在政府与中央的角度，做民间的事。温老师在国家机关工作许多年，走出机关迈向田野，是为了找到一种认识与研究乡村的新路径，而不是要与政府对立，走自己的路。恰恰相反，他是以忧国忧民之心，以党和国家的利益为出发点，做民间的探索。正是因为秉持着这种思维，温老师提出的"三农"问题才被中央所采纳。正是因为秉持着这种思维，才有"给总理写信的"、用一生与"三农"为伴的李昌平老师。李昌平老师谈到的乡村振兴必须坚持的四个基本制度，其核心就是强调乡村产权制度改革的重心是乡村集体产权制度的完善与改革，而不是今天许多主流学者所主张的农户的产权制度改革。李昌平所谈的这个问题，已经不是单纯的经济学问题了，而是真正的政治经济学问题。以集体产权制度改革为先，符合社会主义的价值观。

目前，我明显地感觉到，在乡村振兴的过程中，一些专家和政策制定者是根据资本思维、私有制思维、经济思维来给中国乡村发展做顶层设计的。若按照这些思维所设计的制度走下去，乡村社会将面临被资本和市场等外来力量肢解的风险。所以在这样的大背景下，乡建理性的背后所蕴含的价值，是乡建最核心的东西。

第五，恪守乡建精神，迈向新时代，乡建再出发。我和大家不一样，我是半路插队加入乡建团队跟着温老师的。我关注乡村，其实也开始于20多年前。20多年前，我写了一本关于生态文明的书，这本书就是一直到2012年才出版的《文明的轮回》。书中提出了人类文明中心大循环理论。按照这个理论，15世纪人类文明的中心在东方，15世纪后人类文明的中心转移到西方，21世纪人类文明的中心将再度回到东方。这个让东方崛起的新时代就是生态文明的时代。随着时间的推移，我越来越发现，从社会主义革命与建设时期到改革开放和社会主义建设新时期，重大的历史和文明的变局都是从乡村开始的，新时代生态文明建设也需要从乡村开始。党的十九大提出中国迈向新时代的同时，也提出乡村振兴战略，预示着中国正迈向新时代，而起步之地就是乡村。

从党的十九大提出的新时代观看，乡建20年进行的这些探索，都为新时代做足了准备。我认为判断一个新时代的到来，至少有以下三大要素。

一是引领这个时代的新哲学、新文化、新思想是否出现。党的十八大以来，习近平总书记提出的新思想，正是引领新时代的思想，如生态文明、人类命运共同体、实现中华民族伟大复兴的中国梦等思想。

二是支持这个新时代的新经济是否出现。对此，我关注多年。可以说2008年全球金融危机之后，世界就开始从工业、金融经济向生态经济转型，2008年之后出现的新能源革命、"物联网+"经济、"文化+科技"产业革命、微生物科技革命、有机农业发展、乡村手工业复兴，以及习近平总书记提出的"绿水青山是金山银山"理论等，都预示着一次全新的经济革命正在发生。而且我们发现，这个新经济革命的业态，正是我们乡建所探索的东西。社会型组织、生态经济、生态消费、中产阶层的崛起的背后，恰恰孕育着超越工业经济的一种全新的时代经济。

其背后，同时也包含着经济学理论革命。温老师的许多经济观点，就属于新时代新经济的范畴。所以温老师的一些观点不能被一部分人接受是很正常的，因为现在还处在一个新旧交替的时代。

三是新时代创新的中心区域开始出现。这个新时代创新的中心区域就在中国，而中国新时代最活跃的地方是乡村。

第六，在新时代的背景下，乡建要想继续往前走，就要传承乡建思维的传统，顶天立地，在宏观视野中找到脚下的路。这就需要我们不满足于既有的东西，要拓宽视野，关注理论的学习和研究。今天乡建团队里有一批人已经成为大学教授，未来要加强对乡建自身的研究，要对乡建20年做一些理论解读。比如，2020年我的博士生的论文选题就是"社会型企业与乡村振兴研究"。我让他从卢作孚等老一代创立的社会型企业开始，一直到今天的小毛驴、分享收获为案例进行研究。

乡建20年探索再出发，要传承乡建精神。这个精神营养，应当到中国传统文化、中国智慧中去汲取。我发现乡建同人的交流有一个新的东西，就是大家更多地谈到了中国传统文化，谈到了修行。内求的自我修行，是任何一个乡建人都不能废的功夫。乡建团队能够聚在一起，就是有一种共同价值观和共同精神，这种文化和精神传承下去，所依靠的不是指责别人、批评社会，而是胸怀天下，内求从外做起。

乡村建设中的社会创新

严晓辉

我是 2004 年到翟城村开始参与乡建工作的，这些年以来，我参与过很多乡建机构的建设，而我们乡建工作的形式和内容也持续发生着改变。梳理这些年的变化和体会，我感到乡村建设作为一项社会运动，从某个角度来说，它的核心任务就是持续推动乡村社会创新，并通过思想行动引领底层社会良性变革。因此我想谈几点关于社会创新方面的认识。

一、何为乡村社会创新

我所理解的社会创新，主要是社会关系的重构，尤其是社群内部组织方式的改变；经济方式也是社会组织方式的一种，例如一个社群的生产方式、交换方式、分配方式等，都受限于这个社群的内部结构或组织模型，我们经常谈到的组织创新，即是社会创新的一部分。比如一个村庄，社群内部组织关系不一样，其表现的形态就不一样，它可以是以行政村组织为主体，可以是以公社为主体，可以是以合作社为主体，也可以是以社会企业组织为主体，或者几种形态交织组合在一起；我们区分企业、合作社，也是因其内部的组织关系不同，比如是否把资本逐利放在构建关系的首位，组织成员之间的关系是以共享与合作为主，还是以个体竞争为主，等等。以乡村社群来说，一个村庄不是孤立的和自我维持的，它同时受制于大的社会环境，比如不同的政治安排、经济的全球化和生态危机、气候变化等；同时，社群内的组织关系不是固定不变的，在历史因素和区域差异的基础上，还会受到各种突发的社会事件等影响。因此，社群的内部关系总会随着不同的社会条件变化，进行自我调整，这种调整如果能有效缓解新出现的社会问题，引领更加多元和可持续的社群生存，能维护住社区成员之间的平等关系，则是符合当下条件的有效创新。基于以上理解，我认为，在我们开展乡建工作的过程中，乡建人就是要在大的全球变局中，通过思想创新和行动引领，不断地为乡村社会的关系重组寻找方向，或者说促进乡村社区持续地自我组织、自我生产，以便持续应对不断发生的各种危机和挑战，维护对社群总体有利的生存条件。在具体方式上，也不能局限于认定企业是什么，商业是什么，经济是什么，等等，这些都应该是多元的，应该放在不同的背景和社会条件下去讨论和实践，否则就会固化于某一种社会结构下的保守关系，很难有所创新。

乡建工作20年，从自发的志愿活动，到NGO，到企业、高校、研究团体，再到社会企业，都是在不同历史条件下对适应本阶段社会变革需要的社会组织方式的采纳。而我们过去的乡建工作，也恰恰是多数情况下能够把握和引领这些变革的方向，或者说，乡建恰好在过去20年，做了很多有效的社会创新，才会有越来越多的参与者加入。

二、社会创新的目的是什么

首先，社会创新的目的，是维护社群生存，无论是维护社群整体还是成员自身的生存条件，都要通过调整社群内部关系和组织结构来实现。其次，社会创新是在不同的生存条件或生存格局下，针对出现的新问题或新变化来说的，它有一定的条件制约，不是凭空创新、空谈可能性。所以乡建工作一定是抓住不同历史过程中的社会问题，或者说乡村社群生存面临的挑战，在各种危机条件下，以改善底层群体生存为主要目标。乡村社会在全球宏观变革中，常常处在弱势和被动的地位，乡建工作对底层社会生存的维护，也是在培育乡村自救或乡土社会自我保护的能力。在宏观危机面前，社会创新也要善于利用社会空间中已有的新事物、新条件，比如每一次危机的出现也是一个新的条件，是推动改变的要素之一，不可回避也不能忽视。所谓与时俱进，就是说社会条件和要素是不断变化的，只有和这些新出现的条件结合起来的创新工作最终才可能是有效的。

回看乡建历程，每一次我们自身的组织革新和工作调整，都是对当时最激烈的社会矛盾的回应，都需要对当时的宏观形势进行准确的判断和把握，才能及时引导新的调整。这些年以来，温老师最重要的工作之一，就是及时指导乡建团队调整方向。比如大学生下乡是在"三农"问题最严重的阶段发起的，翟城试验基地和梁漱溟乡村建设中心等机构是在农民走投无路上访无门的条件下，通过培训对农村问题的引导和梳理，把维权引导到乡建，也有工友之家等团体引导打工群体在城市安顿下来。小毛驴市民农园、分享收获等市民农业的起因是应对出现的食品安全问题和社会对于化学农业的恐慌。很多同人正在开展的城乡互助和公平贸易活动，应对的是市场方式的食物体系产生的越来越大的信任风险。而乡建在当前阶段推进的社会企业转型，则是针对最近几年国内外社会空间被压缩、一般社会组织不能有效和乡村新时代发展战略相结合的矛盾。新近新媒体传播的兴起，是因为在互联网技术等新要素的加持下，社会关系已经被网络方式重构了，传播和组织方式也要随之适应这种变革；当然，包括新冠疫情暴发后，大家的见面和交流方式被迫改变了，各种网络会议软件迅速兴起等。我们年轻一辈要坚持学习温老师对引领和调整社会变革方向的判断能力，也即创新能力，这也是乡建工作未来能够继续发挥创新作用的关键之一。

在现阶段，我们强调生态社会企业，我认为社会企业所强调的社会性，主要体现在构建和推动构建乡村社群内部的生存体系，追求在地化的生态完整性和社群生存的可持续性。以一个村庄为例，首先，村庄在地的生产生活方式，如何能够与日趋恶化的市场方式、资本方式相抗衡？即在市场条件恶化、市场风险增加时，如何发展区域内的自我生产，如何进行自我保护乃至自救？其次，社会企业所创造的各种价值，要能够实现社群内部的循环和增值，并且在成员间共享，促进社群内部再生产，这是我们一直强调防止"三农"要素外流的主要原因之一，也是我们反对农村土地和生产资料私有化的原因。社会企业本身是一个有内部成员边界的社群，除了维护企业自身的运作，也引导乡村构建社群的自我生存体系，对市场化和资本化"去依附"。当危机来临时，一个社群，尤其是被底层化、边缘化的乡村社群如何生存下去，如何自我维护，乡村社会如何自保，是乡建工作面临的迫切议题。同时，在全球化解体危机加剧的情况下，在地性也是社会企业要重点关注的方面，这和我在国家层面谈"去依附"，强调内循环的道理是大同小异的，中国面临着被迫脱离全球产业链条和全球化分工的危机，乡村社会同样要尝试摆脱市场化和市场分工危机，否则将会是经济危机的首要牺牲者。这方面，梁少雄等人在蒲韩新青年公社的尝试正走在前面，程存旺等人借助区块链技术帮农户和农场处理农产品的信任危机，也是非常好的尝试。因为这些做法一定程度上摆脱了自由市场经济的逻辑，都是在建立某种内部的、非市场的在地体系，这些体系很显然可以在全球市场出现危机或较大风险的时候发挥自我保护的作用。我们前一段时间在乡建年会上讨论的信用创新，也是基于这样的思考，它所应对的是恶化的金融体系对乡村的威胁。

三、如何推动社会创新

关于推动创新，由于社会生存本身受到自然条件和思想模型（或者说文化）的限制，自然条件在改变，科技和生产条件在更新，思想也是在不断更新的。其中，从人的参与的角度来说，思想创新是推动社会创新的重要条件，社群关系的重组，是在知识体系和文化结构的大背景约束下推动的，在自然和物理条件以外，思想是引领行动改变的先决条件。当然，思想创新反过来受到自然条件和社会要素的制约，这三者是互相依存和互相影响的。

思想创新虽然受到各种制约，但是要突破眼前的既有现实，从固化的思维、定义、知识结构中跳出来，寻找各种背离常规的思考机会，用温老师批评我们的话来说，要学会自以为非，不要总是坚持自己是对的，不坚持认为自己掌握了所谓的真理，就有机会构建出新的社会组合和认知模型。限制思想创新的因素之一，是知识结构的固化和对既有事物的保守认知，保守本身是少数人维护既得利益，习惯维护某一种状态的稳定，对一些工作和做法始终停留在一种旧状态。当然，把现状看成一个体系的话，维护既有体系和反体系从来都是同时进行的，往哪方面倾向多一点，和当下的生存境遇有关。有一些社会关系在历史中长期稳定下来，保守和稳定对它们来说是必要的，但当一些工作已经不能应对当下社会主要问题和创新需求的时候，就应该及时调整。

四、乡村建设工作中的困难及可能

在乡村建设的工作里，我认为创新工作还要认清宏观变局，善于抓住不断发生的各种社会事件带来的机会，并且把变化视为常态，在变化中主动促进新的变化，主动自我创新，突破全球大环境对于乡村社会的持续压抑。例如这次疫情对于传统面对面的社交关系向互联网的虚拟方式转换起到了极大的助推作用，这个时候，需要重新理解人和人的沟通和交换方式。借用互联网工具，我们可以将乡村建设工作，尤其是传播工作推动到一个新的层面，也要看到各个单位的努力，这是顺势构建优势；同样地，当全球市场环境在疫情影响下加速恶化，构建基于非市场逻辑的乡村体系也就成了避免危机的当务之急，尤其是借用乡村仍然保留下来的自我生产条件和在地资源优势，例如蒲韩社区 2020 年春天就给社员加量发放了各种蔬菜种子，鼓励社员在房前屋后多种植自用的蔬菜瓜果，以防止食品涨价带来的生活开支增加；公社青年们开始开设抖音直播，利用直播带货和粉丝建立产消关系。

表面看，笼统地谈全球化危机、市场危机、资本主义危机等，似乎没有出路，但实际上，在今天的话语环境中，我们难以表述的危机是系统性的，国外国内上上下下各个层面，我们面对的情况非常复杂。

在国家/地区层面，全球近年兴起的保护主义即是对全球化危机的直接回应；金融方面，金融恶化同样导致全球主要国家竞相"放水"，进入全球竞劣局面；意识形态领域，也很明显有进入"新冷战"的风险斗争，而且这一次中国被西方主要国家当成主要的对立面；长期被忽视的还有第三世界及地缘冲突地区的战争、饥饿、难民潮等。

越是这种情况，乡建越是不能抱有任何幻想，反而需要更加脚踏实地迎接挑战。我个人认为，一方面，我们要对中国乡土社会及历史遗产有足够的信心；另一方面，要在这些仅存的优势基础上大胆创新。在危机全面爆发的现实下，坚持探索乡村社会的自救道路，以乡村社会"去依附"为当前的主要工作策略，努力构建基于在地条件的乡村生存实践。

最后，无论如何，我想试着强调，我们要在不一样的思考模型中寻求乡村生活的多样可能性，尤其是不同于资本主义的模型，尊重生命和生活的多姿多彩，要特别地理解，在今天全球危机爆发的大趋势下，我们的乡村不止有一种发展话语下的生存方式，不能继续遵循市场逻辑、资本逻辑，其核心就是大胆进行社会创新，引导组织内部关系的重构，把人从市场关系、金钱关系、商品关系中拉出来，引回到自我组织和在地生产的独特化道路上来。乡村社群作为自我生产和自我组织的基本单元，也是构建生态文明的重要基石。对于未来，我更加意识到，越是有危机压力，社会越是分化，人和人的合作就越难，乡建内部想要实现合作也就越难。这不是一个人的问题，因此需要我们比过去付出更多的努力。

乡村建设，愈发任重道远。

工友与城市社区

孙　恒

一、为何要建"工友之家"

改革开放至今，3亿流动打工者群体从乡村来到城市，家在乡村，在城市没有家，我们只是城市化、工业化发展过程中以及资本为了获取利润所需要的廉价劳动力。流动打工者都是以个体形式进入城市劳动力市场的，没有自己的组织，所以很难维护自身的权益，很难享受到同等的市民待遇，也因此产生很多社会矛盾和问题，如劳动权益、子女教育、社会保障、职业病、养老等。外来流动打工者在城市中生活成本很高，往往会在城边村或城中村生活成本较低的地方形成自己的生活聚居区。2002年，我们在北京成立了"工友之家"，希望在城市里为流动打工者建立一个自己的"家"，一个自主互助合作的支持网络，一个新工人群体的精神文化家园，进行自我教育和自我组织。

二、皮村经验

皮村是位于北京东五环外的一个城边村，是一个典型的流动人口聚居区，本地人口 1400 余人，外来人口 2 万—3 万人。

2005 年我们进驻皮村，陆续开展了一系列社区组织建设与文化教育活动：创建同心学校、打工博物馆、同心互惠商店、社区工会、工友图书馆、工友影院、社区小剧场；举办了各类文化艺术教育活动：打工春晚、社区文化艺术节、工友文学小组、培训班等。我们初步探索了一些流动人口社区服务的工作方法和经验，取得了一些成效，也有很多教训。其中有我们自身的原因，也有外部的原因。我们的初衷是希望探索建立"新工人社区"，但是由于工友的流动性较大、受外部政策环境影响，以及面临拆迁等问题，城市流动工人社区工作今后该如何拓展，成为我们目前的困惑与面临的严峻挑战。

三、未来设想：工农一家 & 城乡互助

工友们有两个家，分别是乡村的家和城市的家。

如何创造条件，让"待不下的城市，回不去的乡村"变成"待得下的城市，回得去的乡村"？

工农本是一家，工友们流动到城市，就是城市建设的主力军；工友们回到乡村，就是乡村建设的主力军。城乡应该互助，工农城乡是共同体。

现在乡村振兴已经成为国家战略，我们机构开始调整战略，核心工作是人的教育与社区文化建设。教育的目的是人的自觉与转变，而人的自觉与转变是最重要也是最难的。我们都习惯了追求或期待外在的改变——环境、政策、制度、技术、物质条件，等等，而往往忽视了最重要的是人的自身觉悟与改变。而只有当每个人从自己的内心开始觉悟和改变时，才能逐步形成外部及整体的改变。无论乡村还是城

市，人都会回到社区日常生活，所以社区文化建设很重要，因为文化、艺术、教育才是使人真正觉悟与转变的最有效方式。

近两年来，我们已经开始探索与实践，如大地民谣、村歌计划、工友返乡创业支持网络。我们呼吁工农携手，城乡互助，希望为工农劳动者实现自由流动与有尊严的生活创造条件。

工友之家：把握时代　再创辉煌

刘　忱

工友之家是一家带有时代印记的民间公益性组织，与规范化的公益组织不尽相同，它既是公益机构，又是民间非社工机构，同时还是工商注册的经营性社会企业，名头繁多，难以归类。但是这样一个没有靠山，也没有先例可循的民间公益性组织，20年来以文化为社会工作的手段，开展社会服务和文化活动，顽强地生存并壮大起来。他们的努力是难以复制的，这些探索难能可贵，有着极高的价值。

工友之家的意义大体可以归纳为以下几个方面。第一，在思想观念上，倡导了"尊重劳动、尊重劳动者"的思想理念，虽然这并非工友之家自己的创新，但这个理念的倡导是自20世纪90年代以来对崇尚资本和金钱的不良社会风气的反驳，是对社会进步观念的重塑，也是对党和国家一贯倡导的"劳动最光荣、劳动最崇高、劳动最伟大、劳动最美丽"劳动观的呼应与弘扬。第二，在文化创造中，自主创造了以打工者为文化主体的文化形态。在文化内涵上深化了打工者自身的文化意识，也在文化活动的组织与引导中体现了自身的社会责任感，如打工春晚、文学小组，包括对打工者的辅导等，就是给普通劳动者搭建舞台、创造机会，让每一位打工者都有出彩的机会。第三，在组织形式上，积累了社会组织工作的经验。以民间自组织的方式，进行自我表达、自我服务和自我教育，大大提升了打工者的自信和能力，培养和锻炼了一批打工者出身的公益人才、文艺人才和社会活动人才。第四，以文化和公益方式促进了社会融合与合作，他们的努力证明了文化和公益理念可以让不同社会阶层沟通、对话，使各阶层增加对彼此的了解、互相帮助，最终凝聚成共同价值观。第五，工友之家既传播了工人文化，也鼓舞和教育了社会。他们激励了一批有理想有抱负的打工青年、知识分子、高校学生以及其他各色人等，形成了庞大的社会支持网络，并在社会上开枝散叶。工友之家的这些探索的价值和意义，需要我们认真总结并进行理论梳理。

工友之家是时代的产物，在条件和环境发生变化之后，也必须在价值观、理念和组织形式上进行调整，以解决目前资源短缺、前途不明朗、与所在地政府部门的沟通交流困难、难以有效地以社会组织的身份参与社会治理等现实问题。比如工友之家的成立符合全总关于"在三小部门建立工会"的要求，他们在皮村承担了本该由皮村社区工会承担的职责，但由于与上级工会系统不能顺畅对接，并未得到上级工会更多的指导和支持，所以工友之家基本上是自我运行。作为社区工会，工友之家一直努力按照工会的属性、功能发挥作用，却一直处于边缘化和发展不充分状态。造成这些现象的原因有很多，有些根本不是工友之家自身能够解决的问题。下一步，工友之家需要与政府、企业和所在地管理部门统筹协调解决，设法突破发展障碍。

在新冠疫情时期，工友之家除了服务对象面临复工与停工的反复、留城与回乡的两难问题，自身也面临一些项目需要转型升级、寻找新的增长点等具体问题。如何更完全更充分地发挥工友之家的作用，走好自己的前行之路？应该看到，当前局势下，政府和全社会对公益性社会组织的认可度大大增加，社会组织参与社会治理的平台越来越多，城乡融合的空间也越来越大，可见有利于工友之家发展的因素大大增加了。工友之家一定要把握好时代的需求，根据自身实际再创自身的辉煌。为此我谈三点建议。

第一，立足自身优势，要把工作的重心放在自己熟悉的领域。我国改革开放初期，经济刚刚腾飞，农民打工者大量涌入城市，其身份认定一时并不明朗，相关法律法规和政策也不够健全，打工者的劳动权益、社会权益乃至于文化教育权益都曾经被忽略甚至受到严重损害。所以工友之家在成立之初，用文艺的方式呼吁尊重劳动者、维护劳动者权益是顺应了时代要求、符合打工者利益的。近年来，我国政府完善了保障打工者权益的各种法律法规和政策措施，使得农民打工者权益保护状况得到了较大改善。广大打工者的需求也有了较大扩展和转变。大家更希望在城市学习技能，多长见识，丰富提升自己。这个舞台非常广阔，也是工友之家应该牢牢守住的阵地。至于应该用怎样的路径去坚守，需要进一步探索。

第二，对标中央指示精神，发展打工者教育培训事业，这是工友之家下一步转型的方向。习近平总书记多次强调农民工是一支工人阶级的"新生力量"，仍需"成长进步"，才能成为"产业工人大军"的一分子。2018年，习近平总书记再次对新时代我国工运事业和工会工作提出明确要求："加快建设一支宏大的知识型、技能型、创新型产业工人大军。"并要求"最大限度把农民工吸收到工会中来，使他们成为工人阶级坚定可靠的新生力量"。目前和今后一个时期，以农民工为主体的新兴产业工人将成为工人阶级的主体。但目前这个主体在自身思想政治素质、业务技能水平、待遇报酬、权益保障等方面，与承担国家全面建成小康社会、实现中国特色社会主义现代化的任务要求还相去甚远。做好工人教育培训、提升整个产业工人素质将是一项长期任务。

针对这项工作，中央在2017年曾出台《新时期产业工人队伍建设改革方案》，文件涉及产业工人队伍在思想政治建设、技术工人待遇、农民工培训、企业职工教育经费等诸多方面的新规定。中央的精神恰恰给工友之家创造了新机会，即在城市社区把打工者作为连接城乡的有机组成，在社区开展对打工者的培训教育。工友之家要利用自己的专长，对标中央指示精神，在国家重大发展任务的大趋势下承担起自身的责任。

第三，积极参与所在地的社会治理。我国服务农民工的各类社会组织存在是社会发展的必然趋势，其数量必将越来越多，形式也将越来越新颖，这是加强和创新社会治理的有效力量。这类社会组织的特殊性就在于它们既从事一般的社会服务，也参与协助调解劳资冲突，还能够沟通协调城乡问题、本地人和外地人的关系等问题，具有多重可能性。在新冠疫情暴发后，全社会都全力以赴地投入与疫情的殊死搏斗中。很多社会组织也发挥了不可替代的作用，成千上万的普通劳动者也形成了一定的组织形式，在抗击疫情的战场上奋勇作战。抗击疫情的斗争切实推进了我国社会治理体系和治理能力的现代化建设。党和政府必须站在历史长远发展的高度，因地制宜制定政策措施，在发展理念上引导方向，在操作上理顺关系，为社会组织提供适当的发展空间，鼓励支持这些社会组织健康成长，并促进社会组织在社会治理中发挥建设性作用。作为社会组织，工友之家也需要努力，寻找参与的机会和生存的缝隙，主动作为，切实发挥好自身作用。

乡村治理机制创新归纳

杨 帅

我自2007年进入中国人民大学跟随温老师学习以来，参与了若干个社科基金重大、重点及各类项目，项目组成员在温老师的指导下集体形成了许多乡村治理机制方面的理论创新。大部分创新性的观点已经收录入《"三农"与"三治"》中，大家有兴趣可以查阅参考。下面，我就自己的理解，从四个方面简要加以归纳：

1. 一个核心：应对风险（普遍问题）；
2. 两种理性：群体理性（家庭理性、村社理性）vs 个体理性；
3. 三大机制：风险内部化、收益社会（社区）化、要素再定价；
4. 四大支撑：成员权、双层PPP、三级市场、"金山银山"本位。

一、一个核心：应对外部风险问题

一个普遍性的问题就是风险问题，不管是中国的农村，还是外国的农村，不管是历史上，还是当代，风险问题是一个基本的问题。只不过在传统的乡村，更大的风险可能是家庭的生计安全和生存风险；村庄作为家庭的外延，也作为一个整体来应对村庄面临的各种风险问题。近代以来，造成风险的一个本源性的原因是市场的风险，当然还有社会治理的风险，以及其他领域的风险等，但本源性的风险仍然是市场的风险。因为市场是资本往乡村扩张的主要渠道，对乡村形成挤压，对生态造成破坏。因此，当代乡村主要风险的本源就是产生于市场的风险，这是个核心问题，也是一个普遍性问题。

二、两种理性：群体理性 vs 个体理性

如何应对外部风险呢？东西方在应对外部风险时，有两种不同的理性行为特点，这两种理性产生于两种不同的人类文明发展进程之中。温老师提出了以土地文明和海洋文明作为人类文明发展的两条主要线索的分析框架。两种不同的文明最终产生了两种不同的文化，在两种不同的文化下产生了两种不同的行为逻辑。

一种是西方主流学科所说的个体理性的逻辑。其特点简单来说就是每个个体在应对风险的时候，都想以最小的成本获取最大的收益，也就是利润最大化。其背后隐含的思路就是成本转嫁的思路，就是让自己承担最小的代价、获得更大的收益。个体是如此，多个个体凝结起来的企业是如此，再上升到国家层面也是如此，所以在个体理性下形成的必然是不断将风险往外转移、将成本向外转嫁的逻辑体系。

当然，西方自身的社会科学体系内部，已经对这种个人理性的逻辑进行了充分的批判。主要是因为它不是一种建立在历史实践和社会现实基础上的范式，它是从形式逻辑出发建立的一种范式。

跟西方个体理性相对的就是东方社会产生的群体理性，这个东方社会不仅包括中国在内的东亚，马克思描述的亚细亚形态里面的印度村社也是这样。他们在长期的农耕生产中，要在地理、气候等各种约

束条件下应对各种风险，需要组织起来进行农业生产、兴修水利、积贮防灾等，这决定了其必然产生一种组织化的生产模式，同时也是一种群体化的社会生活模式，由此产生了群体化的理性行为特征。

群体理性的基因是家庭。家庭理性就是家庭作为一个整体应对外部风险。传统社会里面家庭最大的风险就是生存风险。其中，足够的粮食消费是个基本的问题。所以，虽然粮食生产与手工业的市场收益相比有差异，但从事不同生产的家庭成员之间并不会按照各自的劳动贡献进行分配。因为，家庭考虑的是所有成员的生存。根据劳动的边际贡献来做分配是市场的逻辑，而在家庭里面是平均分配的逻辑。这里，我们所说的平均是相对的，因为受文化的影响男女会有所差别，但整体上家庭成员之间是一个平均分配的逻辑。这个平均的逻辑就是为了保证家里面所有的成员都能生存，在这种生存的逻辑下就产生了这样一种整体化的理性特征，即家庭理性。

当这种整体性的理性特征外延到自然边界确定的村社范围内的时候，就形成了村社理性。即以村社作为整体去应对各种外部性风险，包括各种自然风险、兵匪过境，等等。

三、三大机制：
风险内部化、收益社会（社区）化、要素再定价

既然应对风险有两种不同的行为特征，那就会产生两种截然相反的应对风险的机制。在西方个体理性下形成的是个人不承担代价而获取最大收益的机制，即将风险向外部转移的机制。而在东方群体理性下派生的是作为整体应对外部风险，即将外部性风险内部化处置的机制。

当然，风险内部化机制发挥作用需要有一定的经济基础。之所以能够凝聚成这样一个群体，并维持这个群体的存在，进而保证这种群体理性发挥作用，是因为在群体内部有一种有别于市场竞争体系下的物竞天择、个人利益最大化的分配方式，即社区化的分配方式，或者把它概括为收益社会（社区）化。风险内部化机制是靠这个机制作为经济支撑的。但是，由于近现代以来市场和资本的力量不断往乡村挤压和延伸，破坏了乡村的经济结构和经济基础，并导致乡村人、财、土地三要素日益流出（或流失），使乡村没有了收益的来源，因此，要在当代重建风险内部化机制，首先就要解决收益的问题。

当前，我们看到历史条件已经发生了新变化，即包括乡村生态、文化等在内的空间资源的价值凸显出来，所以就产生了第三个机制，即要素再定价的机制。空间资源再定价，这些年大家一直在讨论。其实，在生态要素再定价的同时，原来留守在乡村、不被工业劳动力市场看好的"残值劳动力"群体也获得了再定价的机会。也就是说那些留守的老人、妇女群体，他们作为一种劳动力、作为一种资源，其价格也随着生态价值的发现而被重新发现，包括他们身上附带的各种文化、生态化耕作的经验、传统的传承等，在新的历史背景下都变成可以被市场定价的要素。

因此，当代乡村应对风险，有赖于三个机制发挥作用，包括风险内部化机制、收益社会（社区）化机制，以及当前条件下的要素再定价机制。三个机制互相协调、互为支撑。而这三个机制性的作用要落地，要靠四个方面的支撑。

四、四大支撑：
成员权、双层PPP、三级市场、"金山银山"本位

第一个最根本的支撑就是成员权，成员权跟集体经济是一个事物的两个方面。我们所说的集体经济是体现成员权收益的集体经济，而成员权收益的真正实现也要靠集体经济。在中国，成员权是一个历史的产物，因为在历史的条件下，产生了村社成员共同生活的状态。在新中国成立后的国家的工业化过程中，以及在改革开放初期的地方工业化（乡镇工业发展）的过程中，成员权也都发挥了重要的作用。当前，成员权仍然是我们讨论农村经济制度的前提约束，我们国家的宪法规定了劳动群众集体所有制，是社会主义公有制的基本形式之一。所以这是一个前提性的约束，是其他制度的根本。

成员权的实现，是和集体经济发展联系在一起的。当代集体经济在长期的去组织化改革过程中，曾趋于弱化。特别是当村内土地的承包经营权固化到成员手中，其他的资源性资产大部分也在分户使用时，集体经济就失去了资源性资产这个基础。随着2005年国家推进新农村建设，到党的十九大提出乡村振兴战略，国家每一年对乡村都有大量的建设投入，这样就有大量新的公共资产沉淀在乡村。这种政府投入形成的公共资产，就是新时代可以被活化的集体经济的重要资产来源。在此基础上，就能够形成第二个支撑，即通过双层的PPP设计，重新建立集体经济，重新激活农村资源性资产。

第一层PPP是在国家投入与乡村集体之间形成的。首先，国家的公共性的财政投入是典型的公共投入，所以是有Public（公共）性质的。当国家将资源投入乡村时，它的所有权可以保留在国家手里，收

益权和使用权可以交给农村集体，从而将最后的收益权作股量化到村内成员。这样，村集体作为一个单位就占有了国家投入带来的收益，相对村外而言，这种产权是有排他性的，而且在村内也是作股量化到集体成员，是由成员个体占有收益的，所以相对于国家的投入就有Private（私人）的性质。

第二层PPP是在村集体经济组织与村外投资主体之间形成的。在形成第一层PPP的过程中，集体以国家的投入产生的集体性收益，吸引村内成员入股配资，调动农民的资源性资产入股或者资金的投入，这样就使得成员再次回到集体经济。当成员回到集体经济之后，产生的收益在村内又是对村内成员进行社会化分配的。因此，在新型集体经济重新建立起来之后，集体经济组织相对于外部的投资主体来说就有公共性：村集体作为一个Public和外部投资者的Private之间就形成了第二层的PPP结构。

在这双层PPP的基础上，就可以进一步地发育三级市场。当然，三级市场的一、二级市场和双层PPP是有重叠的。三级市场近期讨论得非常多，在此不再赘述。可以参考已发表的两篇文章：《乡村振兴背景下生态资源价值实现形式的创新》（《中国软科学》2018年第12期）和《空间资源再定价与重构新型集体经济》[《中共中央党校（国家行政学院）学报》2020年第6期]。

在前面所有的设计落实的基础上，我们最终要依靠"金山银山"本位，完成中国货币发行生态化转型。所谓"金山银山"本位，实际上就是货币的发行机制由原来的外储发行，回归到或部分回归到以国家主权可控的资源为锚定物发行货币。马克思说过"货币天然是金银"，从逻辑上来看，既然绿水青山是金山银山，那么"金山银山"也能成为货币发行的依据。

那么，依靠"金山银山"本位发行货币的障碍在哪儿呢？主要问题是，如果是在分散状态下，由一个个农村成员分散占有资源，并跟外部主体进行个体化交易，大量分散的交易过程所产生的收益就很难被国家有序地加以利用，将其作为货币发行的依据。简言之，就是交易费用问题。所以只有在前面四个支撑真正落到实处，在发展新型集体经济、建立双层的 PPP，进而发育完善三级市场之后，才可以以集体经济组织为基础，逐级地解决交易费用问题。在解决了前提性的问题后，"金山银山"本位就有条件落到实处。在乡村资源资本化的过程中吸纳国家增发的货币，并在三级市场的交易中形成货币放大的乘数效应。

在此基础上，中国就能够彻底地摆脱依赖于外储发行所形成的顺周期的风险：在经济下行的时候，外汇同步下降影响国内货币发行，对逆周期做多的调节政策形成制约；反之，经济顺周期上行的时候，外汇同步增多，国内又必须对冲增发过量的货币，在传统产业严重过剩的条件下，增发的货币会大量流向投机部门，造成经济的虚拟化。这种顺周期的风险在过去的 20 年已经产生了非常重大的影响，所以"金山银山"本位不仅对乡村，而且对中国经济的转型和生态文明建设也具有重要意义。

把历史作为方法的研究创新

董筱丹

把历史作为一个方法，这可能也和我自己的学习经历有关。我从本科开始就在人大，也一直在农业经济管理学科领域，不管攻读的是管理学学位还是经济学学位，总之都是身处这一体系。对于我们这些通过应试教育考上来的学生来讲，进到课堂，很多概念老师是怎样教的，我们就会当作正确的来接受。因为我们过去学知识，若不按照书上的定理公理来做题就不得分。我是比较会考试的，所以这个思路很自然地就顺承了下来。我跟很多人说过当年西方经济学考试满分100分，我能得到96分，我现在才知道这个成绩其实蛮漂亮的。

这样学习是没有问题的，但是我们上大学时正好是20世纪90年代末期，现在回头看，这个时期恰好是"三农"问题开始变得异常严峻的时期。而在我们的教材上看到的，包括老师在讲台上讲的，恰恰都还是一片歌舞升平的景象，总之，给人的感觉是，我们一直走下去未来就会是美好的。也许就是在这时我产生了一种很矛盾的潜意识。后来，当我有条件跟温老师读书，温老师带着我们做研究的时候，我就发现，很多东西如果放到历史的视野里边去，那些说法就不攻自破了。

所以我的第一个说法是历史是一面照妖镜。课堂上老师们经常拿过来用的很多概念，我去找温老师讨论：这些概念明明是不对的，或者说至少它们不完全成立，为什么还要这样讲呢？然后温老师给我们讲话语权、讲意识形态、讲政治正确等。就是在这样的讨论中，我不经意间发现，在我们面前的不是一般意义上的一座山，碰一下把脑袋撞疼了，而是碰一下可能粉身碎骨。所以我们就慢慢地把历史作为一个技巧，即让很多重要的概念，回嵌到当时的历史背景当中，学生和读者愿意想的话自己去思考。这样的话，在我们的研究当中历史分析就占有了很重要的地位。一方面是我们花了相当多的精力去做，另一方面就是在最后呈现出来的文字内容当中，历史分析的比重较大。我们为了学术发表或者说让著作的学术性更强一些，找了很多词来包装。一个比较典型的词就是历史制度分析（Historical Institutional Analysis），这个词很巧妙，一方面是所有历史上的事情、历史上的制度，对它们的分析都可以归入这个词；另一方面就像我们做《解读苏南》那样，对一个地区的历史进程做的分析也可以归于这个词。这样的话，这个词多多少少还是被学术界接受一些的。当然，我们遇到的更多情况是不被接受。如果以冰山作比喻，我想我们呈现出来的最终的文字稿，不管是出书还是文章，只是冰山在水面上的那一小部分，水面之下的部分还相当多，占的比重更大。一方面，我们的研究成果在现有的学科领域很难正常发表；另一方面，我们的研究成果投给历史领域的期刊，也会碰壁。碰壁多了之后我们就发现，其实现在的历史研究者感兴趣的不是新的史料。有人说他们感兴趣的新的史料近乎考古八卦，就是用大量的文献材料形成一个非常细微的史料发现。大多数情况下，我们除了做乡建的历史研究之外，既没有能力通过现场考古去发掘一手新资料，也不可能通过阅读那种第二手典籍去形成观点。所以我们看上去是在用历史事实说话,但是这样的成果是不被历史界所接受的。一开始我以为我们做的和他们做的本来就不是一回事儿,只是在大家弃耕撂荒的地方做了一点事儿而已。我本来是理科生,当我愣是把那些历史故事焐得热乎一点,知道什么词在什么条件下产生的时候,我才明白我们的历史研究好像是一条藏不住的狐狸尾巴。

为了今天的汇报,我总结了三个短语:一是戴着历史眼镜的审视和觉醒;二是披着历史外衣的叛逆和挑衅;三是新观念体系的锤炼和建构。

在整个称不上研究的干活儿过程中,第一个感触是我们的一种"迷之自信"。因为我们跳出了原有的定律,或者准确地说是拿过来不加质疑地接受的那些概念。可能受了自信的影响,所以后来在读书或者做其他工作的时候,总觉得可以抛去短期的功利来做一点长远的,至少是能让自己感动或者说让自己去相信的东西。这个过程中温老师也给了我们很多自信,我们就一直坚持着"无用之用,乃为大用",尽管这些研究成果暂时可能不会发表,但是我们追求的是大用,不是那种短期功利。

第二个感触就是在这个过程中,我们并非面对一片沃野,很多资料是零散存在于一些书籍当中的,只偶尔提到一句。

第三个感触,我并非历史专业出身,也并不擅长专业的历史研究方法,也被历史学的人批评为业余。但是我觉得书读百遍,其义自见,很多东西熟了之后,做一些关联,就能产生一些新的发现。比如说我们原来常作为元叙事的,如自由、民主、市场、技术,以及现在所推进的市场化改革,这个话语与新中国成立前30年的话语是有所不同的。温老师所讲的市场失灵、政府失灵,等等,我们已经很熟悉了。但是一直到现在,这些观点仍然不是主流,包括研究生的入学考试的内容仍然停留在十几年前甚至二十多年前。还有不少内容是不加质疑地写进教科书的，如英国实行君主立宪制，如果将其置于当时的历史阶段来看，其实一方面它是新兴资产阶级崛起后把自由、平等等拿来作为反抗王权的话语。另一方面，这些资产阶级的兴起对人民大众来讲，仍然是马克思所讲的资本原始积累和权力剥夺等过程。所以，这些话语其实很大程度上是新兴的或者是正处在地位上升阶段的群体形成的话语包装，或者说社会动员武器。我们看到很多历史进程，尤其是我们在价值关怀上更关注的，比如无产阶级革命、工人运动、劳动法的出台，等等，这些历史事件从某种程度上来说也不是很纯粹的，其中也充满着大量的内部斗争、交易，甚至某种程度上是在外部历史机遇下才有可能达成的成果。我们现在照搬、学习这些所谓其他国家的先进经验，往往只是把概念拿过来，或者说只搬过来一个片段，比如英国工人的劳动法和谷物法等。

谷物法废除的背景是由于当时英国国内的粮食价格相对较高，代表工业化、金融化资产阶级的政党，特别希望将国内的粮食市场放开，从国外进口粮食，从而压低国内的粮食价格。这也是李嘉图一直主张的。另外，我们熟悉的马尔萨斯，他更强调怎样能够让土地形成产出，然后维持人口的基本生存等，他是支持谷物法的。但是在我们的教科书中，李嘉图和马尔萨斯都是大思想家、经济学家，他们的理论都是对的，那么对学生来讲学起来就很混乱，他们得到的只是知识的某个片段，完全没有体会到历史的真实情况。实际上，李嘉图年轻的时候在银行炒股，赚了不少钱；而马尔萨斯出生于大地主家庭，后来成为一位大学教授。这两个人其实也争吵了很多回，但是并没有任何定论。实际的历史是资产阶级为了能够废除谷物法，对工人阶级让了步，这其实是一种交易，结果是大多数工人走上街头拉标语、喊口号，支持废除谷物法。与此同时，英国出台了劳动法，其规定了工人每天的最低劳动时间。也就是说，我们表面看到的是工人斗争促成了劳动法，但实际上背后是资产阶级为废除谷物法所做的交易，也就是说主要矛盾的主要方面和次要矛盾的主要方面都不是工人阶级。

接下来讲讲我们都非常熟悉的《资本论》所讲的绝对剩余价值和相对剩余价值。劳动法规定了最低的劳动时间，才推动大量的技术进步；资本家把工人必要劳动时间压缩，才有了相对剩余价值的产生。看上去工人的劳动时间相对缩短了，但是实际上工人劳动强度更强了。资本家就是用这种手段来加强对工人的剥削的。

总之，这些词在历史过程中并不是特别纯粹的概念，也正是把这些相对的线条梳理清之后，我才觉得历史并不是简单地"读史使人明智"，它更像是一个瞭望塔，能帮我们站到一个较高的位置，客观上就形成了一个认识装置，能帮助我们重新理解和处理我们以前思想上的诸多问题，或者说是对概念做一个清理。它又像是一个传狼烟的烽火台，形成一个报警系统。温老师说长城不是防御系统，而是守军将敌情沿着长城的烽火一站一站地传下去，其实是信息报警系统。其实在历史中我们也能看到很多重大事件，对今天有很重要的警醒作用。

今天我们处在疫情引发的全球化危机当中，通过对近几十年的历史回顾，能明白我们今天所讲的全球化模式，如"美国金融-中国实体"的这种模式开端于2001年，美国IT泡沫破裂之后，大量的产业向中国转移。应该说，每个重大历史关头往往都是格外危险的时候。再往前看，九一八事变也是日本处在经济严重衰退，日本国内矛盾激化时，加大了对中国领土的侵占等，这也是成本转嫁，只不过这种成本转嫁是更赤裸裸的占领。

如果这样把历史摆在面前，我们就不是那么乐观了。相对乐观一点的人会说，其他国家受疫情影响这么严重，中国先恢复过来了。但是在历史上和那些危机时刻相比，其他国家越是危机惨重和中国形成鲜明对比的时候，也越是中国危险的时候，中国越有可能被作为成本转嫁的对象。这样看历史的话，相当于我们是立足研究者的主体位置看历史，我们就不是历史结果的接受者，而是历史过程的接受者。

我们某种程度上是在打开历史的"黑匣子"，以马克思所讲的一个幽灵在欧洲上空游荡为例，在历史过程中，所谓幽灵其实讲的是社会上的好几种力量，如果我们有一点历史经验的话，就可以更加敏锐地识别出当时政治经济社会当中涌动的几股暗流，也可以识别出是哪些阶级、哪些阶层，它们的行为特征、价值取向、可能的做法是怎样的，也就能够识别出来龙去脉。一方面，这样可以对今天盛行的很多理论进行区分，或者说将其重新还原到一个真实的点位上；另一方面，这些观察在形成判断的时候，也就更加客观。

在这种研究当中，我觉得有几个有意思的做法。当我们用手机拍摄的时候有一个功能是延时摄影，还有一个功能是慢动作。首先，我觉得我们的工作有的时候就像延时摄影，录制30秒，最后镜头中呈现的只有1秒。这样的话可以把长时间的历史过程，在短短的时间内回放，看看其中哪些是重复次数较多的，这就有利于经验归纳。所以，抽象一点来说，即在历史的镜头中不断地看那些重复的画面，然后再去总结规律。其次，我们还可以把正常的动作放慢，其实很多重大的事件可能一转眼就结束了。比如我们在做中国"去依附"经验解读的时候，从1948年12月1日人民币开始发行，一直到1950年上半年，中国政府基本上消除了通货膨胀，也就是说只用了一年半的时间。在新中国成立后的70年当中，或者说在中国近百年的奋斗历程当中，一年半的时间很短，但是如果我们再进一步把时间拉长，然后再放大，就能看出中国政府在哪些紧要的历史关头做了哪些比较关键的动作。比如说关于人民币是否需要进一步增发也是有争论的。因为彼时人民币没有信用，不能增发，否则越增发越没有信用，所以，中国政府最后还是做了相对紧缩的政策选择。这些在今天看来都是特别重要的决策，但是在当时可能就是通过一两天的谈话，或者是大家开一两次会，就做了决定。所以我们都是慢慢地把这些细节放大，才相对地把过程认识得更细腻。董必武是主张货币压缩的，他认为如果根据货币的信用来决定货币发行数量的话，恐怕新中国从成立开始就进入了资产阶级主导政权那样的体系了，因为资产阶级最有资产，就像英国早期借钱打仗，最后把财政的收税权力抵押给金融家一样，货币如果建立在少部分有雄厚财力的人的基础上，我们的政体从一开始就会拥有不同的性质。

所以当我们把具体过程这样解构时，我发觉尽管学术文章不好发表，但是我们的研究成果社会还是接受的。我们其实不是从历史去看历史，而是对今天的宏观环境进行观察，然后再看从哪些角度解剖历史。这样的话，我觉得历史可以用两个更形象的词表述，第一个是"寄存灵魂的肉体"，我们很多东西是醉翁之意不在酒的；第二个是"真相面具"，即可以在某种程度上掩盖我们内心和笔头下的离经叛道和不安分。

所以，做自己喜欢做的事情，这时候就相当于不仅把历史作为方法，而且是作为一种工具来表达自己的目的。

我在看史料的过程中，主要关注的一方面是重要概念和理论产生的历史背景，另一方面就是社会中主要的经济基础、社会的主要矛盾张力。比如说新自由主义特别想隐藏的是殖民化的历史痕迹，但是我们不断地指出今天世界当中仍然有很强、很深而且很长的殖民化的投影。

最近我的兴趣点又转移到更强调把空间分析作为一种方法，因为历史的叙述其实相对比较客观，但是只有把不同空间的历史立场摆在一起，才能对历史形成更完整的认识。马克思特别强调空间正义，这就是带有天然的价值判断。所以我们最近不断地强调，青藏高原作为地球的第三极，对中国小农社会的产生和运行的影响，以及在很多区域解读当中，回顾很多历史的过程，尤其是区域的特殊历史等。我觉得这也是把空间分析作为新的方法或者新的研究维度纳入进来。我在这方面还是很肤浅的探索，希望大家多多指教。

结合体制内工作
反思乡建理论体系及其实践性

高 俊

一

温老师的理论核心是成本转嫁论，是对新中国成立以来十次危机的经验提升和理论总结，从时间维度上分为资本原始积累时期、产业资本时代和金融资本时代三阶段，在空间结构上涵盖国际对国内、中央对地方、城市对农村等多种形式的成本转嫁，反思的是资本和政府两个异化物主导的激进现代化和发展主义思潮，批判的是强势利益集团对弱势利益集团无止境地成本转嫁，也对决策中的多目标平衡、大道理决定小道理以及两害相权取其轻表示理解，始终秉持的是加强乡土社会作为宏观危机"软着陆"载体建设的改良立场，对乡村的政治价值、经济价值、社会价值、文化价值和生态价值既有工具理性的分析，也有价值理性的阐述，主张依托乡村的内源性发展向生态文明转型，实现对所谓现代化的"去依附"。这是一种宏观层面的战略思考，而绝不是微观层面的缝缝补补。

二

"三农"问题作为全党工作的重中之重,承载的是我们党的性质、宗旨和使命,习近平总书记在就实施乡村振兴战略进行第八次集体学习的讲话中充分肯定农民在革命、建设、改革各个历史时期作出的重大贡献和牺牲。21世纪以来,从新农村建设到实施乡村振兴战略,主要是从工业反哺农业、城市反哺农村的角度归还"欠账",从实用主义的角度稳住"三农"这个基本盘。"重中之重"的应有之义本来是认同乡村的政治价值、经济价值、社会价值、文化价值和生态价值"五位一体"的价值理性,但在实际工作中,我深深感到,因受制于产业资本、金融资本和部门利益等多重制约,代表"三农"的话语权非常薄弱,在实际的政策执行中常常落入工具理性层次,最后变成单纯的农业产业政策、农村人居环境和农民工市民化,这些就是一直以来地方的"三农"工作重点。

三

2019年暴发的全球新冠疫情阻断产业链进而导致全球大危机,不管是学术界讨论,还是政策界吹风,建议的政策思路从本质上看仍然没有超出以往的决策逻辑。一是强调要继续深化改革、扩大开放,目的是保住市场主体、稳住外资外贸基本盘。尽管思想理论建设的任务被提到前所未有的高度予以强调,但谁都不能拔着自己的头发离开地球,因此,很多现实行为就被直接提到政治纪律和政治规矩的层面予以约束。二是强调要继续以发展大城市为核心,基于投入产出合理性和促进要素资源集聚发展都市圈经济,京津冀、长三角、粤港澳大湾区、长江经济带、黄河流域生态保护和高质量发展、成渝地区双城经济圈接连上升为国家战略。除此之外，还有很多地方层面的经济圈，目的是进一步扩大投资空间，起到扩大内需的作用。三是让乡村成为宏观经济危机"软着陆"载体的思路有一定市场，但受到各方利益集团及其代言人的批评不少，包括从被批评为"别老拿农民的事吓唬中央"到"农村的很多投资都是无效投资""农村迟早是要被城市化的"，等等。温老师近期反复强调的是，将构建"三级市场"，让农村的资源性资产变成资本市场交易题材作为深化改革的具体方向，通过货币换锚用主权货币自主完成农村尚未被定价的山水林田湖草沙生态资源的货币化。

四

利用旧体制发育新体制，循序渐进推进"三级市场"的新实践。一级市场的核心是要完成再组织化和内部资源整合，对村内三产资源进行普查相对比较好操作，但依靠村集体进行资源整合、实现内部定价、股份量化到人遭遇的最现实的障碍是，目前职能部门督查化、基层政府"甩锅化"、村级组织行政化。

较为可行的办法还是要借助旧体制，首先做通最低一级且功能完备的县级政府工作，思路上要认同"三级市场"的路径设计；政策上由县级政府以一定的行政目标赋予乡、村两级；执行上要落实《中国共产党农村基层组织工作条例》，以基层党组织为中心，帮助村集体完成内部资源整合，同时要选取山水林田湖草生态资源存量高且前期政府投资量相对大、群众工作基础相对较好的乡村试点，这样对生态资源的价值量化和内部整合相对容易，然后主动地、有针对性地与负责政策供给的省直相关部门对接需求。比如，2020年3月12日国务院授权和下放用地审批权，将永久基本农田以外的农用地转为建设用地的审批事项授权省级政府，将永久基本农田转为建设用地的审批事项授权试点政府；3月20日中共中央、国务院出台《关于构建更加完善的要素市场化配置体制机制的意见》，明确五大要素的市场化配置，首先就是土地，要求制定出台农村集体经营性建设用地入市指导意见，等等。这些顶层设计与一、二级市场设计高度相关，要撬动相关政策性金融机构进入，才能对已经完成内部定价的生态资源进行二次定价，由村集体将整体资产包合理分拆，与分散市场主体对接，进一步推动资产增值。只有试点取得一定成效之后，才有可能影响宏观决策，推动建立板外市场。

乡建如何相见

潘家恩

我认真看了今天的分享会,发现各位老师和乡建同人都有一个特点:要么跟着温老师拿过正式学位,要么与温老师开展过博士后合作等。我好像没有正儿八经地跟着温老师读过书,但我认为这恰恰是我们乡建团队的特色。乡建团队说"有教无类",温老师也是言传身教。因此,所谓的"桃李"不仅仅存在于象牙塔里,还存在于实践中,在广阔的田野和无垠的云端里。现在看到温老师有越来越多的"云学生",我特别想表达和这些"编外"学生一样的感激之情:虽然我们没有正式地跟温老师读过书,但是和温老师一起从事乡村建设,改变了我们的人生。我自己很感慨,因为差不多二十年前,温老师在中国农业大学的一场讲座,解决了我的困惑,从此我就走上乡村建设这条路。其实对老师们来说,最好的回报就是把他(她)们的精神一代代地传下去,这就是我的开场白。

一、解题

第一个问题是,我为什么取"乡建如何相见"这样一个有意思的题目？原来我们这些乡建人经常会说"乡建总相见"，这是一种乐观的表达，但实际上我们没有那么乐观，因为很多时候是"视而不见"：一方面是我们自己没能以"乡建视野"看到身边的"乡建实践"，另一方面是别人看不见我们这些乡建实践和实践者。

乡建实践者用二十多年的血汗和泪水得出了丰富的实践经验。一个现实是乡建实践者很多时候在低头拉车，却没有空闲或意识去抬头看天，或者与其他"车夫"交流，导致"见木不见林"。比如，当代乡建五大板块中的实践者，大家都知道对方在干什么，但不明白他（她）们所做的和自己有什么关系。同时，乡建实践者们做的事情常常被标签化和简单化，这是必须看到的现实。

另一个现实是，乡建实践者多是实践多于传播。最近这段时间这种情况有所改变，其中有个重要原因是，我们意识到了做传播也是一种乡建。这也是我要讲这个题目的一个原因。

第二个问题是，我们为什么要讲历史？董筱丹老师已经讲了对于"历史乡建"的看法，但我认为"历史乡建"绝对不仅仅是研究那些已经不在的人的乡建，更重要的是把乡建"历史化"。因此，乡建人一定要有一种历史感。我们要做的事情一方面是要记录历史、阐述历史。但不要忘了，另一方面我们也一直在创造历史。

很多人可能会有一种感觉——当一件东西或事情已经存在十年以上，它就已经是历史了。在这个过程中，我们乡建人需要抱着对历史负责的态度及对后人有所交代的情感，来总结乡建团队的过往实践，努力记录并搜集相关资料，不能白白地让二十年实践过去，而不给后来者留下点什么，难道要让他们又从头开始吗？从这个意义上来讲，所谓"历史乡建"的研究，绝对不仅是历史研究者的工作，而且是每一个乡建人，包括一线实践者的工作，大家一定要有这种使命感和历史自觉。

第三个问题是，历史学中有一个学派叫年鉴学派，该学派强调一种整体历史观。我们乡建研究团队过去在反思的时候，通常会说自己"比较擅长宏观分析，而不擅长微观解释"，我觉得这个说法本身就有问题。前两天我和张俊娜、王松良老师跟着温老师去福建省宁德市调研，让我们非常有感触的是，同样在看一个东西，温老师就能够通过宁德市正在发生的一些事情，迅速联系到1988年中国发生了什么；1988年的经济危机、1991年的通货膨胀，对宁德市有什么样的影响；为什么宁德市会成为当时的沿海经济的"断裂带"。如果说没有宏观视野，是解释不了微观现象的。

很多人都问，乡建团队中有些人是做历史乡建研究的，有些人是做当代乡建实践总结的，你们之间有没有关系？当然有关系，而且应该是贯通的。比如说1927年，卢作孚在重庆北碚发布了上任以来的第一篇文告，文告的内容是关于北温泉公园如何招募股金的。按照我们今天的理解，这就是一篇关于生态资源如何实现其价值的经典文献，而卢作孚用的方法也就是现在的"众筹"。这些实践经验难道会被认为就是过去的吗？当然不是，虽然当前现实更加复杂，实践难度也更大，但我们应该有更大的雄心，把宏观、中观、微观结合，把历史乡建和当代乡建更好地融合在一起。这是我想说的第一点体验。

二、不要什么，不是什么

第二点体验就是"不要什么"和"不是什么"，其实温老师已经多次强调希望我们的研究不要停留在"好人好事"的层面上，而应该有整体性和内在深度。可以说，乡建研究不要所谓的"好人好事"，也不是所谓的"好人好事",其不应停留在微观实践层面,而要结合宏观的时代转型背景和国家社会的发展需求。这一点既适应于民国,也适应于现在,也就是说我们不能"就事论事"。希望乡建人能够书写自己的历史,发出自己的声音,但这绝不是为了辩护,不是为了说"你看我们多不容易"——梁培恕先生在为父亲梁漱溟作传时说道,他在写书时反复提醒自己不要变为"做辩护",因为传主的一生不需要辩护,我相信乡建事业和乡建人也不需要辩护。那么,我们要什么?我们要的是真正有深度、有反思的理解,一种能够超越"成王败寇"逻辑和精英式历史观的理解。

三、百年乡建的内在性

紧接着,我想说百年乡建的三个特点:内在性、复杂性和辩证性。百年乡建的第一个特点是内在性,温老师也点到了,乡建有它的客观思想脉络,绝不是个别人登高一呼那么简单。如果说当代乡建的背景之一,是 2001 年中国加入 WTO,让中国更深刻地内在于世界,各种风险随之加剧,所面对的问题也更为复杂。我们看看近代,那时候面临的局势比当代更为严峻和急迫,因为那时面对的是整个中国还能否存在下去的问题。再向前看,中国试过各种各样的变革,不管是军事上的、器物上的、文化上的,还是制度上的,其实都遇到了困境。也就是说,中国一直面临着大危机,就是李鸿章说的"三千年未有之大变局"。

在这样一种情况下,有人尝试去做"另类"探索,百年乡建这种"另类"探索相对于什么而言呢?它相对于工业化和以都市为中心的发展而言。怎么理解"另类"?大家很容易把"另类"与标新立异、时尚潮流联系在一起,但我们这里的"另类"是 Alternative 的中文表达,Alternative 是什么意思?用这个词来表达是因为英国的撒切尔夫人和美国的里根总统推行新自由主义时的一句名言"There is no alternative",简称 TINA,意思是这里别无选择,好像我们只能跟着新自由主义全球化这条路走。这或许是一种主流现实,但其也可能会激发出一些不一样的反应,也就是温老师所说的"不忍",我觉得在晚清和民国的乡建之中,在张謇、米迪刚、卢作孚、梁漱溟、彭禹廷等乡建人身上都有这种"不忍"。

与此同时,乡建人身上还有种"不甘"。在我的印象中,温老师经常说:"我这个人就是不信邪,不信乡村和我们的父老乡亲就应该这样被连根拔起。"从梁漱溟到温老师,我们可以发现他们身上有两个共同点:第一,他们都不是所谓的"农二代",不像其他先贤一样,自己的家乡在乡村;第二,他们都有某种"国情自觉",都把乡建作为体现"国情自觉"的实践路径。梁漱溟的《乡村建设理论》又名"中国民族的前途",而温老师认为,乡村建设很重要的一点是"怎样走出一条对中国、人类和世界的可持续发展有贡献的道路"。

正是这些主观和客观的原因,让我们聚在了一起,生生不息地走了二十年。它产生了一定的广泛的包容性,这种广泛的包容性包括不管我们是不是农民的孩子,不管我们学的是不是农业技术。当代乡建是这样,历史乡建也是这样,参与者十分多元,这是百年乡建的内在性,也构成了乡村建设的内在动力和社会土壤。与此同时,我们也发现乡村建设充满张力,因为每个人做乡建的理由和从事乡建的故事都不一样。乡村建设就由此形成了一部复杂的、社会广泛参与且丰富多元的、与中国现代化历史和革命历史交织在一起的民众民间建设史。

四、百年乡建的复杂性

我想说百年乡建的第二个特点是乡建的复杂性。推荐大家去读梁漱溟的《乡村建设理论》，书的开头就提出了一个比较重要的问题：为什么会有乡村建设？梁漱溟给出了四个方面的原因："乡村自救""乡村破坏而激起救济乡村""中国社会积极建设之要求""面对千年社会组织已崩但新者未立时，重建社会构造"。这四方面也可以说是某种意义上的"社会保护"，但是乡土的"自我保护"既是自救，也是救济，还是救中国。

温老师2019年提出"亿万农民救中国"，也可以说救乡土就是救中国，或者说因为有乡土中国才有救。如果说"自我保护"是"消极"的乡村建设，那么也存在"积极"的乡村建设。也有乡建老师提到，历史上一直存在着"有实无名"的乡村建设，比如从张謇、卢作孚到费达生（费孝通胞姐）的实践。费孝通晚年曾经回忆说："姐姐一直走在我的前面，是我的表率……我确是在她后面紧紧地追赶了一生。"不仅费孝通的成名作《江村经济》中的"江村"就是费达生所进行实践探索的"开弦弓村"，而且他所写的那本跟《乡土中国》同样重要的《乡土重建》，其实也是受他姐姐的影响，抑或是费达生的实践让他看到了一种可能性。这种过程当然都是探索性的，不会简单地把我们自己包裹起来。

乡村建设的复杂性，首先体现在乡村建设的"双主体"。你会发现一方面是知识分子，另一方面是农民；一方面"化农民"，另一方面"农民化"，双主体在现实过程中不断互动并相互引发。同时，它也是"双空间"的，包括乡村和城市；还是一种全面的立体空间，即习近平总书记近年来不断说的"山水林田湖草沙"立体空间资源。因此，我发现所谓的"有实无名""没有乡建派的乡村建设"等就成为可能。

其次体现在全球化和在地化。邱建生老师也讲到了在地化,但是别忘了我们同时也在全球化的背景下做当代乡建。在这个过程中,不管承认不承认,我们今天都已经被全球化覆盖,乡村已经跟城市捆绑在一起,已经形成了某种深刻的关系。这次疫情比起2003年"非典"疫情,最大的区别是这次农民即使可以在"封村"情况下自给自足,也仍然可能存在困境,因为此时农民可能因没有现金收入而没有钱还房贷,2003年的时候没有那么多农民贷款买房,今天呢?

所以说这个命题给我们什么样的启发呢?启发是"去依附"之后我们可以依靠什么,而不是依附什么。20世纪50年代,我们依靠工农和乡土,今天呢?所以,"去依附"的故事一定要和"没有乡建派的乡村建设",和整体的乡村建设及国家建设结合起来说才完整。从这个意义上讲,全球视野与在地行动一定要结合在一起。我们这批乡建同人有幸在刘健芝老师的影响下,形成了一定的全球视野,同时在此基础上往下扎。在我参与当代乡建的过程中,听到的最感人的一句话是"天下农民是一家",不管是印度、拉丁美洲国家还是其他国家和地区的农民,不管农民是在家还是到了城中村,都应该得到我们充分的关注与尊重。

最后体现在生态思维。乡建不仅是一个社会运动,同时也是一个生态系统,一直生生不息。我们绝对不应该把"前浪""后浪"对立起来,也绝不能用一种声音掩盖或替代另外一种声音,而是希望真正地各美其美,这才是真正的生态。

五、百年乡建的辩证性

乡村建设的第三个特点就是辩证性。辩证性的第一个层面,是我们常说的要不断解构,但也别忘了还要建构。温老师有本书叫作《解构现代化》,通过解构现代化,我们也发现了多元化乡建,同时也发现了革命的多面性。进一步说,我们反思城市和发现乡村是要同步进行的,真正的思想创新不可能一劳永逸,需要"左右开弓"和"见招拆招",例如,"乡愁"有可能变成"浪漫化乡村"的新偏见,这也就意味着解构现代化之后,还要解构乡建、解构革命等,它将一直在路上。

辩证性的第二个层面,是关于"危"和"机"。乡村建设发端于整体性的"三农"危机,虽然当下"三农"工作已进入了乡村振兴阶段,然而我们一定要有一种自觉——我们有可能又要面对新的危机。在这个过程中,一定要看到辩证性,就像城市化一方面产生了负外部性,但另一方面它又催生了广大的中产阶层;一方面城市化产生了对乡村和乡土的"挤压",但另一方面逆城镇化又给乡土创新提供了可能性。我们要看到,其实乡建一直在"主流化"和"化主流"的辩证关系中前进,绝不是简单的自娱自乐或自说自话。我们看历史上的乡建,虽然曾经受日本"新村运动"的影响,但中国的乡村建设与之存在一定差异,它不是外来人或知识分子自己去搞"模范村",而是强调与农民互动,尝试把现代生活方式与传统农村的生活方式,与乡土社会的五千年农耕文明融在一起。当代乡建也一样,从"三农"问题到当代乡村建设五大体系,其实是一种主流化尝试。但是当主流开始认可乡村建设后,我们则要警惕"叶公好龙",要见招拆招,不断开拓新领域。

辩证性的第三个层面,是关于"再乡土化"与"去乡土化"。百年乡建的各种努力都可以理解为某种"再乡土化",但是别忘了,这种"再乡土化"一直面对着各种各样的挤压和拉扯,因为大环境和主流仍然是"去乡土化"。今天我们一方面在努力地"去资本化",但另一方面又都知道,我们是离不开资本的,我们是在一个全球范围内资本过剩的社会里面。因此我们要尝试把资本作为工具，让资本回嵌社会。实际上，我们团队当下做的关于"两山""两化""三级市场"等理论与实践的探索都是这方面的努力。

六、展望新的二十年

最后，我想展望一下新的二十年。温老师七十岁了，十年前还在梁漱溟乡村建设中心的时候，我们给他过六十岁生日。温老师说，他希望六十岁之后不干具体实务了，只是写。但是过去十年里，因为外部环境更加紧迫，同时我们年轻人成长得不够快，让温老师还冲在一线，为我们又多撑了十年。我们真的还忍心让一个七十岁的老先生帮我们去应对问题吗？我们不应该再"啃老"了！这既是自我批评，也是一种自勉，希望我们不断开拓创新和自我革命。

说到这里，我觉得也不用太沉重。一方面我们要有历史耐心，习近平总书记说过，我们对"三农"要有历史耐心，又说，"我们对于时间的理解，不是以十年、百年为计，而是以百年、千年为计"[1]。那么，乡建的时间是什么？二十年乡建背后是百年乡建，更是五千年的中华农耕文明。从这个意义上讲，一方面我们要有"时不我待"的紧迫感，但另一方面也要看到"来日方长"。

其实，每位乡建者都应该反思，当我们动不动就说自己搞了五年乡建，搞了十年乡建时，我们既容易产生惰性和厌战情绪，也容易产生某种路径依赖，我们应该思考如何不断地把原来的东西放下，不断地再出发。温老师一直批评我们"小资"，但我记得温老师六十岁生

---

[1] 任仲文：《中国共产党历史自信从哪里来》，人民日报出版社2022年版，第16页。

日的时候，曾经送给我们他的座右铭——"自以为轻、自以为非"。我印象中刘健芝老师也在那次聚会上提出来"以德服人、以情感人、以身作则"，希望我们大家共同努力。

在实践领域，现在各个乡建团体已经从不同的角度，开始有一些中观方面的联合了。其非常重要的共同点是"价值实现"：一方面我们应该把生态价值实现，另一方面我们还应该把文化价值实现。我们不仅有农民合作社、CSA、爱故乡这样的全国性网络，而且有百年乡建的厚重历史，这些东西如何自我实现？价值实现的过程中，自我是谁？这需要真正的自我组织，如果自我只是个体，那一定不是我们的真正目标。也可以说，乡村建设也要强调"不忘初心"，社会企业不忘社会，乡建企业不忘乡建！

在研究领域，希望大家能够一起努力，实现"乡建学术化、学术乡建化"，在实践中研究，同时让研究更好地回馈并滋养实践，在此过程中打破学科壁垒及与实践的无形藩篱，进行多种形式的融合和协作，真正地互相搀扶，同向而行。

从全球化到在地化，
一个老乡建人实践和认知的变迁

邱建生

以下分享的是我以一个个体的生命，在这一新乡建20年中的喜怒哀乐，有一点思考，也有一点实践，希望成为我们乡建大历史当中的一朵小小的浪花吧。

在开始接到分享任务的时候，我犹豫了一下，我的身份到底是什么？是一个实践者还是一个研究者？我参与乡建20年了，对自己的思想认知过程正好可以借这个机会做一个小的梳理。我从两个方面展开，一方面是这20年来我的实践和认识的变化，另一方面是我作为一个半路出家的研究者，是怎么成长的。

一方面，关于我实践和认识的变化，我又分了五个时期。第一个是孩童期，我在上大学之前就朦朦胧胧地萌发出一些跟"三农"有关的情感。我初中时开始萌发跟"农"相关的情感，高中的时候就在同学当中讲出要组建"农民党"的豪言。这个时候主要是处于情感阶段，我想改变像父母一样的农民的辛苦生活。这个阶段还有一个事儿就是高考压力，这种压力使我开始对中国的教育产生叛逆心理。大学期间我开始了广泛的阅读，特别是革命者的传记，这类书看得比较多，对我影响也比较大。加上当时的"叛逆"心理，我萌发了政治热情，然后广贴征友启事，组建青年会，编辑"新青年"。

我的这种热情延续到参加工作，在社会的现实面前，我常感到无能为力，这就进入了我实践和认识的少年期。在这种无能为力的境况当中，在机缘巧合之下，我跟民国的教育家相遇，当我阅读他们的东西时，特别是晏阳初的著作，我高中时在心里面埋下的教育的种子被点燃了，梦想一下被激活了。所以，我的革命式改造中国的认识瞬间就转变为改良式的建设乡村。之后我就辞职到北大、北师大旁听相关的课程，这期间我去拜访晏阳初的研究者，寻找乡村建设同道，并寻找机会进行实践。当时我找到两个实践机会：一个是通过书籍，我了解到河南有一个企业家要办农民大学；另外一个是北京的程炜老师，她要在当年下乡的山西大宁搞产业扶贫。我去了这两个地方，想做志愿者，但是最终在生存的压力下无功而返。在此后差不多三年的时间里，我的实践包括编辑《告语人民》白皮书，创办中国乡村网，筹办厦门晏阳初教育思想研究会，这个研究会也是北京晏阳初平民教育发展中心的前身。从思想认识层面来说，这个时期我还停留在民国乡村建设同道给定的思想框架当中，革命式思维还有，但是已经淡化了。

我的乡建青春期是从2001年年底第三次到北京开始的，我参与《中国改革·农村版》的创建，到各地农村调研，举办乡村建设论坛，参与大学生支农调研项目，直到2003年夏天到河北去筹建翟城试验区。这里被称为全国第一所免费的农民培训学校，有些媒体也把它叫作农民的"黄埔军校"。在这个时期，翟城试验区的工作使我开始有了梦想落地的感觉。这个时期我的认识变化比较大，包括几个方面：第一是因为参加温老师还有刘健芝老师等人举办的乡村建设骨干交流会，我的视野开始扩展到全球，逐步把世界问题纳入自己的思考范畴；

第二是在北京期间参加工合国际搞的合作社培训，还有在翟城试验区期间具体参与推动翟城合作社的工作，使我对农民组织化在乡村建设中的位置有了新的认识；第三是参加中国改革杂志社的一些编辑会议，还有对相应的一些议题的采编工作，使我对国内问题的认识也有所加强；第四是参与翟城试验区的生态农业工作，使我对生态问题有了一个粗浅的认识。这是我这个时期的认识变化。

古人讲三十而立，紧接着是我的乡建而立期。我在翟城试验区待到 2006 年年初，同年 3 月到海南儋州和政府合作推动新农村建设，办了石屋农村社区大学——号称全国第一所乡村型的社区大学。2007 年我回到福建办了厦门工友之家、工人夜校。2009 年我办了安溪福田文化中心，办文化中心的目的当时是想要延续晏阳初学院开展的农民合作社培训，这一年在北京举办了第一届平民教育论坛。2010 年我在福建培田办了培田社区大学。2011 年我办了汀塘社区大学，在此期间，我还在江西、山西办了社区大学，其中江西南昌的大湖社区大学是我们在城市创办的第一所社区大学。2012 年我办了故乡农园，发起爱故乡计划，这是我的乡建而立期的实践部分。这个阶段我开始形成自己的教育思想，对乡土文化开始有了一些概念，在厦门工业区工作期间，我认识到工友工作对乡村建设的重要性，我把它视为"半壁江山"，我认为乡建应该一只脚在农村，一只脚在城市。在培田工作期间我对乡土文化和生态文明之间关系的认识开始形成。

实践和认识的不惑期是在 2015 年我博士毕业，入职福建农林大学后形成的，2017 年我筹办了永春县生态文明研究院，2018 年我筹办了永泰县乡村振兴研究院，同时我在福建农林大学筹设了全国首个乡村振兴班。目前，我的实践就是在推动永春县生态农业促进会和永春县合作社联合社的成立，推动县域的组织化建设工作。从这个时期开始，我感觉自己的认识逐步趋向稳定，正在形成一个认识体系。当然，实践部分是一个台阶一个台阶上的，每一个台阶都上得跟跟跄跄，包括现在。这五个时期，就是我的实践和认识的变化过程。

另一方面我给大家汇报一下，作为一个乡建研究者的成长，我自己感觉是"成长"。2005年，《开放时代》杂志向何慧丽老师约稿，由我根据在翟城村的工作，写了一篇文章《知识农村化，农村知识化——翟城试验区的疑虑和希望》，这算是我公开发表的、有那么一点研究味道的处女作了。更早的时候是2001年写了一篇关于晏阳初、梁漱溟、陶行知在某些方面的一个简单的比较研究，但是没有发表。这个时期的研究和写作的内容，可以说是一个教育理想主义者对民国平民教育的感性认识。如果说这个时候有什么研究贡献的话，那就是在过去乡村建设目标提出的两大创新，即组织创新和制度创新的基础上，我提出第三大创新，即教育创新，并且逐步形成了"三平主义"和"三民主义"等关于新时期平民教育的一些思想认识。2008年我开始有理论不够用的感觉，刚好这个时候人大招农推硕士，所以2009年我就开始读人大的农推硕士，继而读博。我的博士论文就以福建两个社区大学作为案例进行比较研究，这使我对知识和教育的关系有了进一步的认识。2015年我入职福建农林大学，2016年完成中央社会主义学院"乡村交流促进两岸认同"课题，2017年申请了一个国家社科项目，做新乡村建设研究。

综合起来我的研究创新点有两个，一个是提出在地化知识的概念，并且将它与互助型社会建设联系起来。关于生态文明的知识基础和问题，在地化知识的纳入可以丰富对这个问题的回答。在地化知识这个概念的提出，可以说是面对西方话语一统天下的局面，进行的一种话语建构。互助型社会这个概念，可以说是对在民主主义话语建构下的民主社会想象的一种替代性话语。在互助型社会构建的研究中提出互助型经济、互助型教育、互助型农业，"三驾马车"齐头并进的思路，与之相对应的是对互争型经济、互争型教育、互争型农业的反思。在这个基础上也提出互助资本的概念，将它和货币资本进行对应。同时取代被随意使用的社会资本的概念。所以说从全球化到在地化，从互争型到互助型，从民主主义和市场主义到互助主义，相应的话语建构需要持续和广泛的努力。我的研究称不上有成果，但是我隐隐感觉这是我们乡建系统可以共同努力的一个方向。

我的第二个研究创新点是提出全域生态综合体概念。因为永春县生态文明研究院的设立，我开始在实践层面上思考，思考具体的生态文明建设工作。2017年我提出全域生态综合体的概念，作为生态文明建设的抓手。生态文明战略作为国家重大战略，同时也是中国话语走出去的主要话语，可以成为人类走向未来的共同战略。但任何话语的建构，都需要踏实的实践作为支撑。所以我在英国访问的时候，人们问得比较多的就是，你们的生态文明建设是怎么建的，是真的还是假的。很多英国人都认可这个概念，把生态文明非常直接地提出来，但是他们提出的转型城镇运动，怎么转，从哪里转到哪里，实际上是不明确的。所以我跟他们交流全域生态综合体，这个概念可以说既是实践的指导，也是理论的创建。

在这个概念下，我提出经济生态化转型、教育生态化转型、社会生态化转型和农业生态化转型四大转型，而这四大转型需要三位一体综合合作系统构建和六次产业促进系统构建两大支撑。它的第一基础就是县域，以县为单位形成全域生态综合体的构建，而乡村是综合体的基础性载体。应该说关于四大转型、两大支撑，任何一个单方面的论述都已经有不少了，但是将它们综合起来，纳入生态文明建设研究的论述还是比较少的。实践层面的展开，应该说也还很不够。所以不管是实践还是研究，全域生态综合体都有很大的拓展空间。

最近我在做关于新乡村建设方面的课题，也是在进一步丰富对这方面的认识。因为我是半路出家，各种理论还有实践都有待提升，应该说脚下的路还很长。乡建 20 年，感恩一路相伴相随的同道们，以上的分享也希望与同道共勉。

理论本是灰色，生命之树长青

王 平

我是温老师早期的部下和学生。在这个回顾和总结的纪念活动中，受大家之托，对乡建二十年来温老师和团队的研究、实践及学术成果等内容进行一个梳理，我既感荣幸，又很忐忑。

温老师经常说"理论本是灰色，生命之树长青"，因此我用这句话作为开篇。

我根据时间顺序大致把温老师的学术框架做一个回顾。我认为这是乡建理论及实践研究的思想脉络，以及我们必须拥有的知识体系。

一

从1988年"危机论"发表至今的三十多年间，温老师的研究领域基本可以概括为批判政策学与批判政治经济学。首先包括国际层面的、以民族国家为边界的国家间竞争关系，以及中西方文明的对比；其次是国内层面的财税、金融、土地等宏观制度变迁，中央地方关系演变和生态文明的转型；最后是国内中观层面的区域发展与比较研究，以及微观层面的"三农"与"三治"研究。

温老师多年来一直坚持去意识形态化和跨学科的研究，注重实地调研、试验区实践和各地历史文化考察，努力实现逻辑起点和历史起点相一致，宏观、中观、微观相结合，致力于扎根中国本土文化和经验的理论创新，并将理论创新和实践紧密结合。

近期温老师用"危机论"和"成本转嫁论"来统摄其大部分理论学说，这也与中国作为资源禀赋较差的后发工业化国家，发展工业化和城市化前期只能依赖自我剥夺，尤其是依赖"三农"领域消化问题的最大国情相符。"成本转嫁论"是基于具有中国经验的中国特色政治经济学的理论创设的。温老师的学说，努力突破左右两方面的意识形态藩篱（即意识形态化的马克思主义政治经济学和教条化的新古典经济学），立足中国实际，从中国发展的本土经验中归纳出有现实指导意义的一般规律和特殊规律。由于学说形成过程的对话性、论战性与政策实践性，相关成果呈现出现实针对性强、纯理论阐述少、形势分析胜于数理分析等特征，具有浓厚的现实关怀和鲜明的立场，系统性的理论阐述往往基于分时期整理的专著，而非单独的文章。

温老师现有理论的源流，是批判借鉴政治经济学、新制度经济学、发展经济学、依附理论、世界体系理论、生态文明理论等流派的理论工具和方法论，始终贯穿其中的是改革政策界常见的政策成本—收益分析与对策论的思维。其研究特色，主要是运用去意识形态化、跨学科的综合研究方法。内容主要分成以下三个方面。

其一是资本积累和经济增长学说，包括地方政府公司主义的成因与机理、20世纪四次工业化的划分、国家资本再分配、社区内部资本积累路径、主权外部性理论、土地供应之下的绝对地租理论等。

其二是中国经济危机理论，主要研究内容是粮食供求与宏观经济的关系、三次"圈地"运动、新中国成立以来的十次危机、20世纪90

年代赤字危机中的激进改革、对中国资本过剩的经验归纳、危机成本向"三农"领域转嫁的成因与方式等。

其三是农村改革政策学，研究领域包括农村基本经济制度的本质、粮食问题、土地制度、村社理性、社区合作制、农村金融、社会治理、国家退出理论、林权制度改革、劳动力转移理论、城镇化理论等。

二

从1988年发表《危机论——结构性危机向周期性危机波动的转化》①，到20世纪90年代对粮食问题及改革试验区的持续关注和跟踪研究，还有国家资本再分配与民间资本再积累等，这些都是温老师比较重要的文章和研究。21世纪最初十年温老师出版了一些文集，包括《我们到底要什么》《解构现代化》②《"三农"问题与世纪反思》等一些专著和重要的文章。

具体而言，20世纪80年代主要是《危机论——结构性危机向周期性危机波动的转化》，这篇文章首次将改革中出现的城市激励机制失调和城乡改革不配套作为经济危机来分析，并将其概括为"发生在城市里的农业危机"，揭示了经济"转轨"过程背后的深刻变化。在此之前的1987年，温老师提出了"微观农业经济学理论可能不完全适合指导中国农村政策研究，因为在我们这个农民人口大国里，政策研究主要面对的是农民、农村和农业这'三农'问题"。20世纪80年代另外一篇比较重要的文章是《深化农村改革的政策思路分析》③，主要针

---

① 原刊登在1988年5月15日《经济学周报》。
② 本书于2020年由东方出版社再版并做了部分修订。
③ 发表于《改革》1988年第5期。

对农民经济主体地位模糊和农业生产社会化服务不足问题，提出了有预见性的应对方案，即"社区型合作社的方向"，并预判了20世纪90年代大规模的农民工转移就业。

20世纪90年代是温老师学术和思想成果比较丰富的时期，并且他逐渐增加了国际视野。包括1992年的《前苏联、东欧七国私有化的观察与思考》①，这是在东欧剧变期间，温老师在东欧几个国家做了一个多月的实地调研，对当地人进行深入访谈得来的，这个系列的考察报告，曾经在报纸连载。

1993年发表的重要文章有《国家资本再分配与民间资本再积累》②，这篇文章中的观点与近年来的八次危机和十次危机其实是一以贯之的，这是温老师多年来不断深入的研究领域。1994年发表的《国际金融资本体系的总体性危机与中国改革》③，是对林顿·拉鲁什的一个访谈，对当时中国尚未深度参与的国际金融市场的风险与脆弱性进行了讨论，并推荐了被访对象关于20世纪的历史现实与理论探讨之间矛盾的论述。1994年另一篇比较重要的文章是《我国农村股份合作经济发展态势及其对策意见》，这是他首次公开发表关于农村股份合作制改革的意见和观点，也与他之前希望通过改革实现"国家资本社会化"这一主张一脉相承。

1996年，《中国的粮食问题》白皮书上首次提出我国粮食自给率不低于95%的目标，同年世界粮食首脑会议通过了《世界粮食安全罗马宣言》，温老师于这一年发表了《粮食涨价并不是粮食生产的问

---

① 发表于《发现》1992年第Z1期。
② 发表于《发现》1993年第8期。
③ 发表于《战略与管理》1994年第6期。

题——中国粮食的生产周期和供给周期分析》①，总结了粮食总产量与人均产量同步变动的规律，这在全球范围内属于较为独特的现象，是中国 2.5 亿的小农自给自足生产的体现。1996 年，温老师还发表了另一篇文章《政府资本原始积累与土地"农转非"》②。当时正值我国新一轮的城市化浪潮，温老师提出了城市化的主要驱动因素是地方政府的资本积累的论断，这些是他早期的一些重要观点和论述。

1997 年时温老师基于农村改革试验区十年历程进行经验的归纳总结，以期实现理论和实践的结合，因此，这一时期他主编了《认识与实践的对话》（1997 年）和《WTO 原则对我国农业的影响》③。当时正是中国加入世界贸易组织（WTO）谈判的关键时期，温老师提出了 WTO 原则与我国当时"三农"政策之间存在诸多不匹配，中国农业的根本出路在于大规模的非农就业。之后是 1999 年发表的《农村合作基金会兴衰史》，这是对农村合作基金会比较早期的观察和判断。

到了 21 世纪初，温老师最重要的专著之一《中国农村基本经济制度研究》（2000 年）出版，在该专著中他做出"中国的问题，基本上是一个人口膨胀而资源短缺的农民国家追求工业化的发展问题"的判断，也可表述为"一个资源禀赋较差的发展中农民国家，通过内向型自我积累追求被西方主导的工业化发展问题"。这个基本判断 20 年来一直不停地被丰富、完善，一些新的研究和发现不断地加入进来。

2001 年发表的文章是《百年中国，一波四折》④，2002 年发表了

---

① 发表于《改革》1996 年第 2 期。
② 发表于《管理世界》1996 年第 5 期。
③ 发表于《经济与信息》1999 年第 12 期。
④ 发表于《读书》2001 年第 3 期。

《"市场失灵+政府失灵":双重困境下的"三农"问题》①,提出了"在'三农'领域范畴内,甚至政府也是失灵的"这一判断,这也是一个基于长期一线观察提炼出的结论。

2004年出版了文集《我们到底要什么》,温老师这个时期还在印度、阿根廷、墨西哥等发展中国家进行广泛的考察和比较研究,并发表了一系列调研报告,包括《无地则反——印度北方农民运动考察报告节选》②、《阿根廷社区另类货币》③、《埃及农村地权冲突调查分析》④,以及《现场目击墨西哥"蒙面军"》等,这一系列介绍发展中国家发展经验和面临的困境的文章,为国内知识界打开了一个全新的视野,引起了广泛的关注和思考。

2007年发表《中国的"城镇化"与发展中国家城市化的教训》⑤,提出中国应该借鉴国际经验,避免其他人口过亿的大型发展中国家大城市盲目扩张导致的大量贫民窟、黑社会犯罪等造成现代化进程中辍的不稳定问题。当然有一些贫民窟,现在也仍然存在争议,但是温老师这些很早期的警示,以及基于国际调研做出的这些判断,我认为是非常有价值的。

2004年出版的另一本专著《解构现代化》,是温老师的演讲录合辑,该书围绕"现代化"的学术概念和政治范畴的两重性,指出"现代化"在其物质、经济表现之外,本质是各宗主国"以殖民化为手段的资本形成、资本扩张的过程",并强调这种发展路径对中国现状来说

---

① 发表于《华夏星火》2002年第Z1期。
② 发表于《中国改革》2004年第2期。
③ 发表于《银行家》2006年第5期。
④ 发表于《世界农业》2007年第6期。
⑤ 发表于《中国软科学》2007年第7期。

已经不可复制,已经无助于缩小工业和农业、城市和乡村、脑力劳动和体力劳动这三大差别。

2005年温老师比较重要的成果包括《产业资本在乡村扩张的四种模式》①,该文章对于近两年在乡村振兴背景下资本大规模下乡引发的问题仍然具有参考价值和启发意义。同年还出版了《"三农"问题与世纪反思》,该书是温老师对在"三农"领域的阶段性观点的梳理和总结,通过对粮食问题、耕地问题、农村发展、金融税费、乡镇企业、县域经济,以及城镇化等问题的深入反思,引发我们从资源禀赋的角度思考,中国究竟是一个什么样的国家,我们的工业化、现代化的实质和目标是什么。

出版于2006年的《新农村建设理论探索》和《新农村建设实践展示》这套书,分析国家提出的社会主义新农村建设政策背景、历史经验,以及乡村发展的理论提升,也对全国各地的一些实践经验进行了梳理总结和理论探讨。2007年还出版了《农村基层干部丛书》,这套书对基层领导干部如何做农村工作具有指导价值。

2008年出版《对改革开放30年来农村改革的三个思考》,在总结改革开放历史经验的基础上,鲜明地提出反对"空间平移、集中贫困"式、靠土地兼并推动的城市化模式。2009年出版的是《"三农"问题与制度变迁》,该书仍然是以长期历史视角,对我国"三农"问题进行的全面反思,该书覆盖了几乎所有农村改革的重要议题,这也是我们每一个人必须精读的一本专著。

---

① 发表于《银行家》2005年第8期。

三

温老师带领的科研团队研究的另一个领域是对全国各地的典型改革经验的挖掘和总结。例如《解读珠三角》（2010年）是对广东摆脱"三来一补"工业化模式、实行"腾笼换鸟"政策时，对广东发展经验的总结，同时对珠三角工业发展模式以及经济结构调整提出建议；另外一本2010年出版的《中国林权制度改革的困境与出路》，从制度变迁的视角来探讨改革开放以来，我国林业发展及改革政策的演变，也对一些地方的创新实践进行了挖掘和总结。

2010年还出版了《中国新农村建设报告》，这本书是在温老师主持的国家社科基金重点项目"建设社会主义新农村目标、重点和政策研究"基础上编撰而成的，对新农村建设的宏观背景和战略意义进行了全面阐述，指出了新农村建设是一项国家战略。该书的写作方法是"社会试验法"，基于分布于全国14个省的30多个村级和县级新农村建设试验区，对一系列重要问题进行了干预性试验和参与性试验，而研究中的许多重大发现恰恰来源于这些试验。

2011年出版的《社会主义新农村的基础设施建设与管理问题研究》，同样对于农村基层干部在新一轮的乡村振兴实际工作中面临的现实问题提供一些参考和指导，可以说是教科书式的一本书。

温老师科研团队对地方典型发展经验的分析和解读，主要包括《解读苏南》（2011年）和《再读苏南》（2015年），这两本书通过分析苏南乡镇企业的产生、发展、破产、重生，拨去重重表象，"去意识形态化"地解读苏南模式的核心经验，并将其表述为追求产业资本发展的地方政府内生性地发生公司化演变，所导致的"地方政府公司主义"（Local State Corporatism），得以结合村社内部化处理外部性问题的理性机制，低成本地完成了地方工业化原始积累，并在随后顺势发生的适应产业资本结构调整和产业扩张需求的市场化改制和金融资本全球化条件下，主导了一系列制度变迁；而进入21世纪之后的苏州工业园区二十年的发展经验，则是在全球化挑战下中国外向型经济发生阶段性变化的一个缩影，《再读苏南》把对园区发展过程研究纳入国内外的重大变化之中做相关性分析，以更为广阔的历史和国际视角提炼出新时期的"苏南经验"。

2013年发表的论文《"中国经验"与"比较优势"》，则在"低劳动力价格"一直被认为是中国参与国际分工的比较优势，是中国经济腾飞的关键因素的主流观点声音中首次指出：中国的国家独立主权才是区别于其他发展中国家的主要"比较优势"。

2013年出版的《八次危机：中国的真实经验1949—2009》的影响很大、传播很广，以翔实的数据、生动的图文带我们回顾了中国的八次危机及其"软着陆"的历史轨迹，引起了很多公众甚至自然科学领域的学者的关注，近期"十次危机"英文版已经出版。关于中国真实发展经验的总结，另一本著作是2019年出版的《去依附：中国化解第一次经济危机的真实经验》，这本书是1949年新中国成立后化解第一次危机的经验总结，新中国成功化解了1949—1952年的第一次通胀危机的经验不仅对其他深陷"发展陷阱"的发展中国家具有指导意义，而且正是解决中国现在经济问题之关键。

另外一本书是2016年出版的《居危思危：国家安全与乡村治理》，该书重新确立全球化挑战下发展中国家的自主"安全观"。书中首先对发展中国家安全风险的复合性和复杂性进行分析，亦即来自国际的外部性风险，叠加国内的内生性风险，内容涉及国内外宏观形势分析、国家安全与乡村治理的历史比较、乡村文明复兴与乡村治理模式探讨，以及对社会化农业、粮食金融化与粮食安全等领域的探讨，亦有对中国百年乡村建设思想与实践、当前农业农村政策的分析评述。该书指出：全球化挑战、发展中国家不得不应对输入型危机，遂有成本转嫁，而承载危机代价的乡村唯有加强善治才能内部化处置外部性风险。

2016年出版的另一本专著《告别百年激进》，是温老师2004—2014年十年的演讲选集，贯穿其中的理论脉络主要是用"成本转嫁论"对先发国家或地区工业化、现代化的成功经验的另类解读，使我们对中国及后发国家或地区现代化的困境的深层原因有了更加深入而清醒的认识。同年出版的另一本专著《"三农"与"三治"》则是对微观领域的研究和实地调研的总结。这本书通过对"中国经验"中被不断强调为国家战略的重中之重的"三农"（农民、农村、农业）问题和已经足够严重却尚未引起足够重视的"三治"（村治、乡治、县治）问题的认识和探讨，提出了不同于主流话语的、对发展理论有重构意义的主张和观点。

2017年温老师科研团队出版了《中国农业的生态化转型》，该书选自2015年在北京召开的第六届全国CSA（社区支持农业）大会的会议文集。本次大会以"社会参与"和"农业创新"为主线，系统总结了国内社区支持农业和新型社会化农业自2008年至今的经验教训，并结合行业动态、热点案例与最新趋势进行深度探讨，回应百年乡村建设先驱们对"三农"问题的探索与努力。

2018年温老师发表了一篇重要文章《生态文明与比较视野下的乡村振兴战略》，这篇文章从国际比较的视野出发，把气候变化导致的农业稳态社会和游牧流动民族之间的长期互动、亚洲大陆气候地理的多样性等因素纳入国家历史发展的脉络，可以更深刻地理解中国的国家政治形态、文化延续性、乡土中国的低成本自治等真实经验的内在逻辑，从而更充分地把握生态文明战略与乡村振兴战略的历史意义。2018年温老师还发表了《乡村振兴背景下生态资源价值实现形式的创新》，出版了《中国乡村建设百年图录》，以及最新的研究成果《中国三大气候与资源区域"板块互动"》。这些最新的研究探索，体现了温老师开放的学术理论系统和探索精神。

温老师带领的科研和乡建团队多年来一直坚持理论与实践相结合，挖掘真实的中国经验，探索可持续的发展道路，倡导生态文明理念。这些丰富的理论和实践成果，在政策和学术研究领域中独树一帜，指导和启示着无数关心国家发展和民族命运的仁人志士。

最后我以一阕词表达我个人及家人对温老师及我们乡建事业的景仰和祝福。

木兰花慢

张晓永、王平

今幽州形胜，繁花迸，数英雄。

念东路小楼，鸿儒往来，策对迎逢。

明德弟子虽散，师恩重，梦魂萦四通。

远观黄河如带，天堑会合云龙。

乡建路漫有春风，秋实满关中。

更南美踏荒，闽渝定远，苍鹰击空。

人生百年华寄，定开怀，一饮尽千钟。

回首吕梁红日，再召后浪飞鸿。

传统平原农区乡村振兴路径探索与创新

杨殿闯

传统平原农区是我国主要的农业区和人口集聚区,传统平原农区乡村振兴的实现程度事关国家乡村振兴战略的总体成效。然而由于传统平原农区既缺少"山水林田湖草沙"等可供综合立体开发的先天资源禀赋,也缺乏历史文化遗存,再加上现实中具有典型意义的新样板的缺乏,学术界对传统平原农区乡村振兴的关注度并不高。但这是一个无法回避,也不能回避的现实,我们需要在深化认识农村现状的基础上,围绕一系列现实问题关切,探索传统平原农区乡村振兴的可能路径。本文主要围绕三个方面谈谈个人近期的一些思考。

一、农村发展现状及其不可逆性

新中国成立以来,经过持续不断的努力,农村地区发生了天翻地覆的变化。对传统平原农区而言,这种变化在今天主要突出表现在以下五个方面。

一是农业产业结构单一化。在市场化、产业化的政策导向下,传统耕作中的间作、套作等模式已基本消失,农产品的品种越来越单一、固化，如曾经在江汉平原、黄淮海平原大面积种植的棉花，现在已基本消失；芝麻、绿豆、豌豆等杂粮作物也很少种植。当前平原农区的农业产业主要演变成两大类型：一是以水稻、小麦、玉米为主的粮食作物的规模化种植；二是以果蔬为主的经济作物的规模化种植。这种单一的、产业化导向的规模生产方式也使平原农区的生态环境日益恶化。

二是农村空心化、老龄化趋势越发严重。这是一个很早就被认识到并在实践中被政府重视的现象，老年农业已成为一个不争的事实，即便是家庭农场这样的种粮大户，也面临老龄化的困境。农业劳动力短缺、劳动力价格上涨，已成为很多地区制约新型农业经营主体发展的新问题。如果这一现象得不到改观，再有10—15年的时间，"谁来种地"可能真的会变成一个棘手的问题。

三是村庄空间布局日益被打破。自2006年国家正式启动新农村建设以来，推进农民集中居住便成为很多平原农区地方政府的一项重要任务，建立的居住区又被称为新型农村社区。这一现象是多方面因素叠加的结果，既有地方政府应对农村空心化、老龄化的现实考量，也有地方政府利用各类土地政策解决财政困难的现实需要。应该说，这是地方政府探索乡村振兴的一个思路，但急功近利式的推进和对土地增值收益分配的不公，以及对后续乡村（社区）治理制度安排的缺位，使问题掩盖了成效。但那些存在十几年的新型农村社区，其现状、经验和问题都值得关注。

四是乡村干部结构发生重大变化。这一轮村干部换届完成后，将会有越来越多的年轻、高学历、有产业的人充实到村干部的队伍中，并成为村庄发展的主导力量。导致这一现象出现的原因在于当前大多数村缺乏后备干部和能带领村庄发展的干部，地方政府出于农村长远发展的考虑，近年来主要从两个方面开展工作。一是开启新村干的培养模式。新村干不同于之前的大学生村官，主要面向在地化的青年大学生招聘，他们相对熟悉本地风土人情，不少人还有自己的产业，便于开展工作。二是加大本地"能人"回村任职的工作力度。这些回村的"能人"大都有自己的产业，理论上具有带动村庄发展的"能量"，也不缺乏人脉、资源和资本。

五是农民的行为和身份发生根本性改变。伴随经济发展水平的快速提升和农业外部就业机会的大量增加，恰亚诺夫笔下"生存小农"的环境发生了根本性变化，农民的经济行为也发生了根本性变化。伴随外出务工人员的大量增加，越来越多的农民将土地流转出去，不再从事农业生产，农民的身份也发生转变。目前，不论是否居住在农村，也不论是否还从事农业生产，大多数农民的生活方式已越来越城市化，传统上家家户户用于堆肥的粪坑已很难见到，大多数居住在农村的年轻人也因为嫌"脏"，不再养殖鸡鸭鹅，猪牛羊更是少见。

农村的这些变化也是多方面因素综合作用的结果，国家政策导向、市场机制、地方政府行为等是主要原因。在这些因素面前，单一个体是无法抗拒，也是无法改变的。从这个意义上讲，当前的这一趋势也是不可逆的。如果任其自然发展，大部分农村的衰败和消亡是不可避免的。

二、传统平原农区乡村振兴面临的三重困境

传统平原农区乡村振兴面临的问题可概括为三重困境，通俗地讲就是人、钱（资源）和政策三个方面的困境。

一是主体困境。乡村振兴中"政府主导、农民主体"是一条基本

原则，然而现实中"政府主导"是切实发挥作用的，"农民主体"却很难行得通。主要原因不在于青壮年劳动力流失导致村内"无主体"，而是大多数农村实质上处于软弱涣散的状态，组织自身的维系都成问题，农民更是缺乏有效的组织，留在村内的农民难以通过个体的力量表达对乡村振兴的真实诉求。现实中就出现农民个体发不了声，而代表农民利益的村级组织又不能发声的情况，村级组织大多只能作为乡镇政府的派出机构发挥作用，农村行政化倾向越来越重。

二是资本困境。当前资本过剩是一个客观事实，农村也不缺乏前来投资的各类社会资本，但对于村庄整体的发展而言，资本缺乏是一个普遍现象。对于传统平原农区，资本的缺乏主要表现在两个方面：一是其自身缺乏先天资源禀赋，既无法进行空间资源立体开发，也没有进行生态资源资本化的条件；二是大多数农村非但自身没有资本积累，很多还处于负债状态，自身运转都成问题。这种情况下，即便推进以"三变改革"为核心的新型农村集体经济发展，也是没有实质意义的，最后只能是空挂一块村级股份经济合作社的牌子。

三是政策困境。从国家主体功能区规划的角度来看，平原地区是我国的农产品主产区，因此，保障主要农产品供给，特别是粮食供给便成为传统平原农区的主要功能，这直接从国家制度层面限制了传统平原农区土地的开发利用。因此，在日益收紧的国土政策、生态保护政策和地方政府的财政压力下，大多数平原农区的农村土地除了种粮食外，是很难去"种工厂""种房子"的。即便允许，收益的大头也是被地方政府占有，跟农村并没有太大的关系。现在看来，即便是理论推演上可行的"市场化的兼种植—养殖小规模家庭农业"，也很难有生存的空间。从一定意义上讲，当前的政策剥夺了农村和农民的发展权。

三、传统平原农区乡村振兴路径的思考

乡村振兴作为国家战略，在实施过程中需要将统筹处理好国家、村集体和村民三者之间的利益作为前提，在此基础上重点开展四个方面的工作。

一是合理设定乡村产业振兴的目标。从政府推动工作的角度来说，政府习惯上将"五大振兴"作为实施乡村振兴战略成效的考核目标，并设置相应的考核体系，其中产业振兴又往往被置于首要地位。但对传统平原农区而言，因其承担保障粮食安全的责任，除了稳定粮食生产外，乡村产业振兴在现阶段并没有太大的发展和创新空间可言。对政府来说，能够将"谁来种地"这一现实问题解决好，如期完成保障粮食安全的任务，便可以作为产业振兴的目标。但围绕"种地"主体的选择和培育，则是大有文章可做的。

二是持续推进村级组织建设。组织振兴也是实施乡村振兴战略的重要目标，从当前农村发展的实际情况看，在地方政府考核指标体系中，应当将服务型村级组织建设作为首要目标。强有力的服务型村级组织，特别是村级党组织，是乡村振兴中农民主体地位发挥作用的根本保障，也是事关乡村振兴战略全局的核心。村级组织建设，关键是选好带头人。鉴于当前越来越多的"能人"回村任职担任"带头人"，地方政府在此过程中要妥善处理村集体发展与"能人"自身发展之间的关系，在充分发挥"能人"自身资本作用的同时，也要做好"节制资本"的工作。

三是发展新型农村集体经济。发展村集体经济离不开好的带头人，在村级组织建设问题得到解决的前提下，发展新型农村集体经济要作

为村级组织的核心经济职能。在大多数传统农区，村集体经济发展最核心的资源也大多只剩下土地，只能在土地问题上做文章。有两个方面的工作可以开展：一是始于江苏省徐州市邳州市的乡村公共空间治理，可通过开展类似工作，将长期被侵占的村集体土地收回村集体，然后统一发包或者自行经营；二是依托农村产权改革建立的村级股份经济合作社这一机构，推进土地流转，建立村级土地股份合作社，由村集体进行直接经营。经验表明，只要建立好利益联结机制和激励约束机制，妥善处理好村集体、经营管理者和入股村民之间的利益关系，村集体直接经营是可以实现可观收益的。

四是开展城市消费者合作。城市消费者合作是乡村生态振兴的重要保障。在传统平原农区，大多数村庄没有发展乡村旅游的资源禀赋，近些年由地方政府打造的乡村旅游点也大都入不敷出，寄希望于发展乡村旅游推进生态振兴是不切实际的。但城市消费者消费生态农产品的需求是客观存在的，核心问题在于建立生产者和消费者之间的稳定信任关系。因此，推进城市消费者合作，建立消费合作社之类的合作组织尤为必要。通过消费者合作组织与村级股份经济合作组织对接，便可以建立两者之间长久的信任关系，然后通过订单农业的方式实现对生态农产品的消费。这种合作将成为农村多样化的作物业态和生产业态复兴的推进器，也是生态文明战略落地的重要制度保障。

第四部分

做好中国研究,构建文化软实力[①]

[①] 本部分内容选自2022年7月19日第九届南南论坛暨"温道撷萃"读书会。

做好中国研究,讲好中国故事

温铁军

一、去殖民化知识生产的历史经验与新条件下的危与机

最近20多年,我一直在做的一种努力,就是继承当年去殖民化斗争中所形成的,第三世界的思想家们的遗志。我将他们留下的去西方中心主义的思想建设,变成今天我们在面对全球化挑战时,需要锤炼的话语体系。不仅是我,很多在国内外开展乡村建设试验的学者,以及各个方面的社会组织等,大家都在向老一辈中像萨米尔·阿明这样的思想家请益,不仅是阿明,我们也向同时期世界上能够提出不同于西方中心主义思想体系的学者请益。

例如,我曾经和近几年在国内有一定影响力的小约翰·柯布(中美后现代发展研究院)进行过长时间交流,并且和他的智库团队的主要成员进行了多次座谈。我还与美国世界体系论的重要理论家伊曼纽尔·沃勒斯坦(美国耶鲁大学)、方索瓦·胡塔(比利时天主教鲁汶大学),以及写出《华北小农经济》的黄宗智(美国加州大学洛杉矶分校)、写出《亚当·斯密在北京》的乔瓦尼·阿瑞吉(美国约翰

斯·霍普金斯大学）等进行过面对面长谈。我们试图用老一代有批判性的西方学者具有理性高度的思想，来帮助我们分析在发展中国家调查研究所形成的感性认识。

某种程度上，在发展中国家占据主导地位的西方中心主义的思想体系与我们的认识是具有质的差异的，或者叫道的差异。道之不同当然就很难直接进行所谓的对话、交流等互动。所以，客观上说，我们只要坚持长期以来在发展中国家广泛客观存在的"反殖—解殖—去殖"道路，就一定要形成去西方中心主义的话语体系，因为西方国家是数百年殖民化的始作俑者。

如果从道之不同的角度来看，我认为所谓的"道不同，不相为谋"应该是常态。由此看，我往往虚心地接受社会各界对我提出的批评，并且认为我们都有道理，只不过我可能更多考虑的是去殖民化，那就要对殖民化的话语体系及其背后的整个文化、制度等做出解构，并开展某种程度的批判，因此可能会产生一些不容易被主流接受的提法。可将其归纳为"道不同"的体系之下话语建构的差异。

"三个世界"理论就是对冷战时期殖民化话语体系的解构，是新中国的开国领袖毛泽东在老冷战如火如荼、1969年中苏边界冲突之后的1974年提出的。

因为"三个世界"理论的提出对于冷战具有比较重要的话语解构的作用，某种程度上，第三世界国家信奉的19世纪以来的老一辈的西方马克思主义理论家们普遍认同的国际主义理论体系，逐渐被毛泽东思想的"三个世界"理论所替代。"三个世界"理论把当时冷战阶段被西方认同的、"一个世界两个体系"框架下的苏联东欧联盟阵营构建的共产主义和国际主义话语体系做了相当程度的解构，努力地团结了大多数仍然没有完成解殖运动或正在处于去殖民化斗争之中的发展中国家。

因此,"三个世界"理论是对这个世界话语体系重构具有价值,也是对世界地缘政治重构具有重大历史意义的话语建设。所以毛泽东主席的"三个世界"理论至今仍然应该是我们应对以美国为首的西方国家发起的"新冷战"的重要的思想理论武器。于是,当代中国年轻人大量阅读《毛泽东选集》,形成21世纪的"毛泽东热"……

新中国成立时,美国带领西方国家对中国做了"硬脱钩",制裁、封锁中国。相对于1900年八国联军侵华战争演变为列强分割、强取豪夺,1950年则是十六国联军针对中国发起朝鲜战争,最后以停战告终。虽然从结果看,朝鲜战争不分胜负,但是我们把战线从鸭绿江边推回了三八线,所以双方都不认为最后签订的是终止战争的协议,只是一个停战协定。历史地看,这意味着冷战阶段爆发的美国以联合国名义参与的热战,至今仍然没有达到决出胜负才彻底停战的条件。① 所以,当今天"新冷战"再度爆发的时候,20世纪50年代以来的整个演变过程对我们来说仍然具有重大的历史借鉴意义。

1960年,中国与苏联也发生了"硬脱钩"。此后,中国因须支付双重成本而困难重重:一是偿还朝鲜战争的军事援助和战后结盟时期无须即期支付的援助额,这是显性成本;二是还得支付改变对苏依附阶段形成的产业结构和社会经济、政治等制度结构的隐性成本。1950年的"硬脱钩"和1960年的"硬脱钩"是美、苏两个占据世界主导地位的超级大国推出的,并不是中国主张"硬脱钩"的,因为当时的中国正处于需要建设,特别是工业化建设的资本极度稀缺的阶段,"硬脱钩"对中国来说损失很大。不论哪一方发起的"硬脱钩",中国都

---

① 参见《毛泽东战争指导艺术》:"经过激烈的较量,朝鲜战争虽然是以交战双方用停战(休战)宣告结束,但是中国人民所进行的抗美援朝战争却是以伟大的胜利告终的。"

付出了巨大的代价。否则，西方霸权主义就不这么搞了。

但是，两个超级大国的"硬脱钩"也使中国虽然被动却彻底实现了"去依附"。中国在完成了主权独立的政治条件下，接连进行了独立自主、自力更生、艰苦奋斗的建设。在这个过程中，除了在经济建设过程中的艰苦努力，在政治建设、文化建设上，如何真正实现一个有着悠久历史的、文化延续的大国的自主发展道路更是一个历史性的问题，至今仍然没有画句号。同理，我们在教育、医疗、文化、思想、理论、意识形态等各个方面，仍然没有形成在真正意义上可以支撑我们的独立话语体系。

当谈到我们如何继承老一辈的遗志时，我们应该明确，即使在今天全球化解体的大潮之中，我们能够使用的话语仍然是非常羸弱的，我们还没有在意识形态领域中，拿出能够保证我们应对西方中心主义的话语体系挑战的完整的话语。所以，今天我们所做的努力，不仅是应对现在的全球化挑战，也并不只是在经济上、政治上摆脱自帝国主义问世以来，长期形成的殖民化的话语体系。虽然我们都清楚，去殖、解殖运动在全球化大潮下处于相对弱势，但并不意味着因此我们就要放弃去殖、解殖赋予我们大国的历史使命，而是要坚持下去。

因此，我们在知识体系上、在思想理论建构上，尤其要自觉地做到去依附，才能有效地服务于发展中国家去殖、解殖的历史的经验过程，尤其是现在全球化解体所表达出来的资本主义已经走向内爆的演变过程。

萨米尔·阿明去世之前，我们深谈过多次，他对中国寄予厚望。在分析资本主义进入金融资本阶段必然走向内爆的规律的同时，他指出，中国的同志应该讨论如何规避金融资本阶段资本主义必然走向内爆所形成的全球化解体带来的巨大代价，如何使我们这些试图摆脱西方中心主义体系的国家、民族和地区，能够在全球化向区域化重组的过程中继续坚持走独立自主、自力更生的道路。解决这些问题仍然是我们今天的重要任务，尤其是思想理论建设、话语体系构建的重要任务。

在网络时代，我们有幸看到各类人群都有相对低成本介入网络的条件。所以，相当多的年轻人不满足于长期以来西方中心主义在教育文化领域一统天下的局面，早就开始了自己艰难的求知探索。同样，受益于网络上的学习条件相对容易获得且成本较低，我们通过调查研究所获取的大量资料、针对这些资料所开展的交流讨论分析，以及话语建构的多种努力，也都得到了广泛传播；在社会上，特别是在年轻人中间已经开始有了一定的反响。大家愿意学习这些对发展中国家大量调查研究所形成的经验性的讨论，并最终演化成的知识积累和话语传播，这说明年轻人的那种求新知的自觉性还存在着。

我们希望大家多交流，不要太急于把在经验层次上形成的认知借助某个现代学术方法上升到理论的高度，我们还是要尽可能坚持脚踏实地的作风。在深入实际调查研究的过程中，我们要善于形成问题意识，只有清晰的问题意识，才能有效地指导我们对信息资料的搜集、筛选、研究和交流。

二、树立基于客观历史和在地经验的世界观

中华文明能够传承万年在于这个文明的传承不是人为的。世界范围内的文明的延续都不是简单人为的，既不是因为人种的先进，也不是因为其他的精神因素，而主要是因为外部的环境差异，亦即形成人类文明的禀赋条件的不同，从而导致人类文明的差异。所以，文明确

有差异但没有对错，更不应该区分先进与落后。人类文明多样性存在自有其合理性，这些合理因素是内在的，比如，很多人认为非洲的部落制度是落后的，他们生存的方式好像很原始，但这种原始生存方式自有其在特定禀赋条件下维持生存的内在合理性。

文明的差异本来就应该是客观的现象，先进和落后是资本主义时代，西方中心的殖民主义话语强加给人类文明差异的一种主观判断，所以得去掉这种价值观来看。人类文明的发展主要是随着气候周期变化而派生的适应性演化，而气候周期变化又是被气候带区分开的。不同文明在不同的气候带的覆盖之下，就会因气候周期性变化而形成不同的客观生存条件。除此之外，气候带直接影响浅表地理资源，人类社会在早期从原始蒙昧进入农业和狩猎文明的时候，是依赖浅表地理资源生存的。

所以，不同区域的气候周期变化和不同气候带覆盖之下的浅表地理资源的变化，导致了人类文明的差异性。

乡建研究者的世界观应该是更为贴近客观的历史演进的。从这个角度来说，人类进入被殖民化所决定的意识形态，其实体现的是西方中心主义世界观，认定西方的演化过程是先进的、有普适性的。如果抛开西方中心主义，可以说无论东西方文明，无论南方北方国家，各种生存方式本身就是被不同文化构建的人类世界，当然具有文化多样性的合理内因。

从这个角度说，我们通过乡建推进人和自然之间的紧密结合，可以形成一个完全不再用殖民化以来的世界观来看待这个世界的新的生态化世界观和价值观。

《从农业1.0到农业4.0》一书出版，给我们提供了一种基于在地经验的世界观。这本书在定名的时候我很犹豫，其实想让大家了解的是中国何以中国，想让大家了解为什么我们和西方不一样。那么要想建立一个清晰的问题意识来面对现在这个纷繁复杂的客观世界，就需要有一个相对比较稳定的"南方世界观"。诚然，由于大多数年轻人都处在现在这种制式教学体制下，对于客观世界的认识还是受到制式教育给定的知识板块的桎梏。由此，这本书突破性明显。

我们是想从青藏高原成为地球第三极对中国这个文明古国，以及对我们形成中华文明的客观物质决定作用着手。在这些问题上，我们有和一般学到的知识不太一致的思想创新。创新在于强调北纬30度线附近，唯独中国是一个长期传承不间断的文明，客观条件就是青藏高原隆起成为地球的第三极，把周边的气流带到3000米以上的高空形成冷凝水，因此带来降雪、降雨，使青藏高原有了世界最多的冰川和湖泊。由于太平洋板块撞击亚欧板块造成中国地势呈三级阶梯状逐级下降，水流也顺势而下，在整个中国大陆中东部地区形成了十几条大江大河及多个大型湖泊。不仅东亚，包括整个东南亚、南亚在内的亚洲大部分地区都得益于青藏高原下泄的水流形成冲积平原。据此看青藏高原是这一带文明长期延续的客观条件。

从青藏高原成为地球第三极入手，是一个非常唯物的、从自然资源环境条件出发形成的亚洲原住民世界观。以自然条件等因素看待世界文明形成的差异性，不至于陷入把某一种理论当成人类唯一的真理的困境，我们就会愿意更多地借鉴各方面的思想理论创新。

三、乡建理论的形成和方法论的发展

2003年7月19日，我们团队在河北定州市翟城村开展了翟城乡建试验，我被推为负责人，同时担任首任理事长。但这并非我本意，因为初创者并不是我，其实是当年搞乡村建设工作的几个中青年骨干，包括已经去世的刘相波，还有今天仍然活跃在乡建工作一线的邱建生等。当时，我觉得贸然进行翟城试验既无经费也不具备任何工作条件，仅凭几个人的热情恐怕不能持续下去。所以创办翟城试验的其实是从事乡村建设志愿者工作的中青年骨干，我则是愚公移山故事里那个"智叟"。但我当时认为既然村干部已经出资买回了那所废弃的学校，群众也已经认准要做了，那就要尽可能做好。于是，我就尽量发动各方面的力量，动员大家广泛参与，在条件不具备的情况下勉为其难、竭尽所能将这个 21 世纪乡村建设试验维持下去。当然，这个社会试验又跟老一辈建立的乡村建设试验区有相似之处，也就是在官方主办的试验区外主要由民间力量开展的另类试验。

我们这些在中央政策研究机关任职的改革者从 1987 年起，以党中央、国务院的名义创办了各地农村改革试验区。我当时是试验区办公室分管立项和监测的工作人员，在试验方法的运用上很认真。因为各地试验发现的问题及其应对方式对于政策思路的检验和政策调整的思考是比较重要的。

当年开办的试验区都在官方体系内，当时我在中共中央农村政策研究室（简称"中央农研室"）和国务院农村发展研究中心工作，单位的"中共中央""国务院"两块牌子比较利于协调与"三农"相关的各个方面工作，包括财政、税收、金融、流通、民政等。中央农研室也是当年中央一号文件的主要起草单位，是对农村工作提出政策引导的主要部门。当年推出家庭联产承包责任制的时候有过争议，搞农村政策研究的人并不认为应该意识形态化地描述，把家庭联产承包责任制当作绝对正确的伟大创举。在讨论中有人提出，"家庭联产承包责任制所解决的问题远不如它引发的问题更多，因此才要进一步深化改革"；我也曾提出"如果农民分产经营就是市场经济新体制，那么小农经济几千年来岂不就是最现代化的制度"？

中国本来就是一个在地理、气候、资源、物种、人文社会等各个方面都千差万别的超大型大陆国家，要想深化改革，就得将改革内容分成几个大的领域，结合不同地区因地制宜。因此，当社会上期盼中央一号文件变成全国统一部署的标准政策时，在我们自己内部先形成了在各地搞试验区的讨论，我们认为继续用一个中央文件指导全国一盘棋、齐步走的改革，不是千差万别的农村地区真正需要的改革。真正的改革政策应该是分散风险的低成本制度变迁，所以需要分区试验，根据不同地区的情况形成不同的政策导向，这才是一个客观合理的政策过程，才能真正有效地用政策来指导各地不同的发展类型。虽然客观上也出现了一些不同意见，但是，中央农研室在1987年暂停发布中央一号文件，改为以不同地区的改革试验来指导农村政策研究，形成对各地真正有实际意义的政策体系；即使是同一个类型的政策，也要在不同条件的地区做试验。比如，制定土地政策时我们就选了贵州湄潭——山区土地分割细碎，碍难再做调整；江苏——乡镇企业高度发达地区，有足够的工业产生剩余来支持农田水利基本建设；山东——平原地区水利条件完善，适合规模经营；广东南海——高度发达的大城市郊区，农民的工业收入高于农业收入。由此可以看出，当年一个制度调整的试验，我们要选至少三个不同地区。

1987年，试验区办公室初创时，我负责项目审批的前期调研工作，有大量机会到不同类型的试验地区做比较研究，每个地区各有经验，也各有教训，没有对错好坏的一定之规。没有哪个地方的经验就一定是全国普适的。在开展试验区工作之前，我被派出国学习试验研究方法，从方法论角度看所谓的后实证主义的研究方法，最为有效的、对社会科学理论建设最有意义的,也是试验研究,即通过不同条件下的比较试验,来观察其效果,通过比对其客观发生的成本收益,形成科学理论。回国后,我参与各地试验设计、开展不同项目的审批立项工作。当年,这套科研体系在中国差异巨大的土地上推进,恰恰使得我们有条件得到大量的资料和数据,我使用的分析方法又是以量化分析为基础,于是我就在各个试验区建立抽样框来采集数据,然后做不同地方数据资料的对比分析研究,再加上还有一个试验区国际化的情况,需要补充进来。试验区建设初期,因为中国在20世纪80年代负债情况很严重,我们以此为据得到世界银行的一笔"部门调整贷款"。这是以中国政府名义申报下来的政策性软贷款,是一笔极低利息和极长还款周期的资金,相当于给了我国一笔长期美元贷款用于短期还债。但,我们也得将世界银行对中国转制的要求融入改革试验,所以就有一定的西方意识形态、西方制度体系对中国改制的介入,这套科研体系由此而成为一个多方面因素构成的有国际影响的试验体系。

因为长期参与试验区的技术类工作,所以开始我被任命为项目调研处负责人,等做了几年试验,已经有大量的数据、案例,可以做试验报告的时候,我被改任为监测评估(Monetary and Evaluating Project)处处长,要向世界银行提供监测报告。世界银行作为债权人每年组织两次评估检查,他们请世界上各个领域的顶尖专家来评估中国的改革试验,我们就得准备数据、资料应对专家组,这些情况要求我必须认真。有领导当时对我的评价是"得之于认真,失之于认真"。诚然,我对被试验数据体系证伪的汇报是认真的,无论最初的政策设计源于何处,我愿意修改的表述只不过是把"证伪"改为"不能证明"。诚然,所谓科学试验,要求的就是一个不断证伪才能逐渐地接近客观真实的调整过程。

20世纪80年代全球主流是"新自由主义",在国内也已经比较意识形态化了,所以导致我在试验区的认真证伪就跟有关人员意识形态化的政策倾向相悖,形成了一些不太一致的意见,我提出证伪是从数据分析得出来的,但那些试验项目的主持者并不在意监测数据,要求体现的是被他们认为是"普世价值"的道理。此外,在官方体系内的试验需要的是证明试验成功的过程,而我做的是证伪,又是必须报忧的,所以最后是报忧得忧。

总之,参与政策研究试验区工作这11年是一个非常锻炼人、考验人,也是使人能够在研究中不断取得思想进步的过程。得到对客观世界的接近于真知灼见的认知过程,是非常可贵的经历,失去多少都不算什么,因为有了大量的数据分析来证明或者证伪使我在研究上更贴近了客观真实。从1987年到1998年参与政策试验的这个研究过程让我形成了"'三农'问题取代农业问题"的政策建议,是我现在的思想认识的基础研究过程,值得看重。

2001—2003年"三农"工作成为党和国家工作的重中之重。2003年1月,时任中共中央总书记胡锦涛在中央农村工作会议上指出,"三农"工作是全党工作的重中之重;同年7月19日,我们开始了在河北定州市翟城试验。2004年3月,时任国务院总理温家宝提出,"三农"工作是全部工作的重中之重;同年4月,我们开始了农民骨干、青年学生、知识分子三结合的乡建培训。当时之所以这样做,也是想继续我们在1998年被中断的试验。我1998年离开试验区的工作岗位,5年之后,当再有条件到村里开展试验的时候,就换了一个新的试验主题:生态农业与环保农村。当时中央刚刚提出了"科学发展观"。诚然,那时的我们开展农村生态化试验困难重重,并未预见到2007年党的十七大报告提出生态文明,2012年党的十八大提出大力推进生态文明建设,全国上下开始强调生态化。所以,如果讲科学实验、讲方法论,我确有相对比较长时期地坚持脚踏实地地一点一滴去做不同地区、不同条件下的数据采集、资料分类、案例调查,然后做出各种数据分析报告的,坚持这些科学研究方法让我的认识能力有了一定的改变。

我们学术界的很多研究方法是工业化时代产生的,比如结构主义、功能主义、结构功能主义等,这些分析方法的基本思想,跟工业化时代多种标准化部件装配的结构化的工业生产方式高度相关。到了信息化时代,学者们提出系统论,同时期其与热力学第二定律相继提出的信息系统内的熵增熵减等紧密结合,又从一般意义的系统论发展到所谓的混沌理论。建议大家多了解这些作为科学研究方法论基础的重要思想。

现在,随着生态化的提出,借鉴了"道家思想"的整全科学的方法论体系,又成为一个新的、对以前的多个不同的方法论的思想体系的挑战。最近我也在要求科研团队要考虑更多地去借鉴整全科学。最近福建团队几十个人在做采用整全科学方法论指导之下的村庄调查,只是由于学习能力不足,他们难以对调查产生的资料及时做分析,尚未与工作中的问题结合,资料还没有被很好地开发和利用。希望大家理解,旧式农村调查应该更新,只有运用这些不断更新的科研方法,我们才能更接近于客观真实,要利用下乡机会去了解不同的资源、地理、气候环境条件下,经济、社会、人文等领域的差异,我们才能够逐渐地形成提炼出相对抽象的客观真实的,或者叫作思想理论升华的基本条件。

特别得提醒参与乡建的年轻人,现在学校要求大家都做计量分析,但是往往很多老师所获取的数据本身是没有做检验的,尤其是那些被当作学术成果发表的,很多都是只提及抽样数据而没有技术报告,这样如何做抽样，如何清理数据保证准确度，如果这些基础性的操作都搞不清楚，这样形成的数据分析到底是否可靠很难说。计量分析毋庸置疑是个很重要的方法，但在做数据采集之前至少得有点前测验或者预调查，只有对于所研究的客体本身有了一定的问题意识，才能开展研究。其实方法论上讲得是很清楚的，如果没有一定的前测验或预调查，是不可能形成问题意识的。研究报告开宗明义，是"The Background and The Problem"，得有问题意识才能讨论它的背景，弄清问题是在什么背景下产生的，然后才有概念、才能重新界定，据此形成假说及验证假说的变量结构、指标体系的设计，以及涉及实际调研方法的讨论。所以，我到高校工作之后，有些远离实际的老师跟我强调所谓的方法科学，我只好睁一只眼闭一只眼，不与其争执。无论项目审查还是论文审查，只要是坚持以这套所谓科学的方法为名的人，他们实质上大都是不愿意下乡做艰苦细致的调查研究的。对此类项目我只好任其通过，因为这不是哪个学生或教师的问题，而是学术研究体系出了意识形态化的指导思想偏差的问题。在这个体系下，任何试图坚持真正科学方法的人难免被排斥，这种情况不能怪哪一个人，也不能怪哪一个部门，主要是一段时期以来有些倾向性的问题没有被提出来讨论。

我始终认为所谓学者，就是要"终身当学生的人"。在经济、社会、政治、文化等非常复杂的领域面前，我还是初学者。越是深入做调查研究，特别是越多做国际比较研究，就越发现我们的知识非常有限。

人类的自然科学到现在为止对自然界的认识有限，自然界变化多端的复杂性恐怕大大超过人类现在的认知能力。同理，医学对于人体的认知能力也有限。若然，则大家应该有一种认知上的不断进取，并且敢于自以为非。我们远远没有达到更为全面地认识客观世界的层次，也更谈不上深度。希望大家理解功成不必在我，只要一代一代地做下去，总会不断地丰富我们自己的认识能力，逐步地改变一百多年来亦步亦趋地跟在别人后面去吃嚼剩下的残羹冷炙的境遇的。我们还是要从调查研究出发，从国际比较研究出发，来形成客观的经验的归纳总结，这样我们才能逐渐地提升认知。

我们要以实际行动续写百年乡建史，这个工作很重要。2005年我在开展现实调查研究和试验项目的同时，就把曾经从事乡村建设的几个年轻的小知识分子召集起来，我们认为需要构建一套历史观，要在中国近代化被西方制度和思想全面冲击下，做一点经验归纳和思想梳理。我特别强调，不要再做好人好事般的经验梳理，而是要看到知识分子与广大群众相结合的实践中形成的思想演变的历程。同理，我们对于过去前辈们从事乡村建设的经验过程和他们的思想演变过程，尤其要做出尽可能客观的梳理，不要延续让后来者读起来催人泪下的那种故事会。这样，可以使得几代中国知识分子追求思想自觉的努力，以及这些知识分子深入乡土社会与广大群众结合所做出的一些社会改变，能够得到客观公正的评价。

四、知识生产的历史观与现实困境

我要做乡建百年历史研究的计划由来已久，早在20世纪80年代，我就开始关注如何理解中国在发展的问题上所形成的自主的发展经验，其中不只涉及从1949年中华人民共和国成立以来的当代史，我希望能够把乡建研究的触角前伸到整个近代史，甚至再往前延伸到古代史，特别是秦汉、隋唐等大一统崩解后的大族迁徙，这样我们才能够对我们从何处来、我们在何处、我们向何处去这样的基本问题有所解读。

我当时形成的认识，也和当时的形势相关。诚然，当时的年轻人没有像今天的年轻人这样，为了高考而耗尽全部精力深陷在制式教育的做题体系中，大家没有条件系统地形成知识基础。我形成知识的年代，还没有一考定终身的"制度藩篱"，所以当时大家可以凭兴趣读很多书。我从小养成的习惯是"乱读书不求甚解"，所以很多人问我最喜欢哪本书，对哪本书的印象最深，我回答不出来。

其实，我从小乱看书一般都记不住书名、作者，也不喜欢抄金句，翻到有意思的书就留心多看两眼，没意思的书就速读浏览后扔到一边。而且，我也没有非得按照书里的内容或作者给定的逻辑做思考的兴趣，这就造成我从小到大的考试除英语之外成绩都不太好，因为我吃不下那些所谓建构逻辑来解释世界的教科书及其遵循的学科理论，后来的工作中我也总是不太愿意照搬成套的学科理论给出解释，因此，我更不愿意照搬根据制式教育的教科书所形成的历史分析。后来，当我带着年轻人一起研究近现代史中的乡建进程的时候，我希望至少应该把几代人从事乡村建设100多年的历史中不同的做法做出归纳，把到底怎么应对大势演变搞清楚。

众所周知，梁漱溟和晏阳初都是乡村建设中的大家，大家普遍认为他们做事业的时候都是思想比较清晰的，他们的实践也都是不断成功的，然而，后人更应该看到这些社会改良事业往往是非常坎坷，且充满各种艰难险阻的，参与者有时候甚至有生命危险。晏阳初是"海归"，他初期接受洛克菲勒基金会的近100万美元[1]的资助用以推进乡村建设，接受资助也意味着得接受基金会的要求。从其所对应的思想

---

[1] 参见张瑞胜等：《壮志未酬——美国洛克菲勒基金会在中国农村 (1934—1944)》，《中国农史》2017年第3期。

看，晏阳初一开始对中国农民的认识是初步的，他认为中国农民"愚、贫、弱、私"：第一大特点是愚昧；第二大特点是贫困，因为愚昧所以贫困；第三大特点是弱势，因为贫困所以弱势；第四大特点是自私，因为弱势所以更为自私。但，当他工作了一段时间以后，才明白要丢掉城里人的眼镜，更要丢掉西洋人、东洋人的眼镜，必须换上一副农民的眼镜，才能看得清楚农民、农村是怎么回事，这是他在工作中有了实践经验之后才领悟到的。当他应政府要求去改变农村上层建筑的时候，尽管拥有县级的治权、警权，能够把县级的地方武装力量和警察力量整编成一个体系，甚至能够让这个武装体系下沉到乡镇，但他最终没能改变地方的精英势力盘根错节所形成的地方治理结构。晏阳初主持的乡村建设、乡村改良，可以说是成功甚少，甚至可以说是在屡战屡败的过程中屡败屡战。

梁漱溟在山东和豫东一带开辟的乡村建设区域跨省、跨县，面积很大，他能做到大面积扩展，是因为当时中国各个地方其实都处在割据状态，山东省当局也向梁漱溟赋予了县级的治权。但河北、山东、河南三省交界处这个"三不管"地带，可不是个容易待的地方，梁漱溟的做法不同于晏阳初，他要搞至今都被认同的"小政府"，提出"裁局设科"，把上级部门下沉到县的局改为县级政府内设机构的"科"，同时推进合署办公。① 任何乡民来县府，进一间大屋子就能把所有的手续都办完。梁漱溟对乡村治理结构的改动也是相当大的，为了维持这种改动，为了压得住地方精英群体和豪绅势力，他在邹平建立了民兵自卫系统，邹平的十三乡就建立了自己的兵工厂，共造了

---

① 参见山东省政协文史资料委员会编：《梁漱溟与山东乡村建设》，山东人民出版社1991年版。

1300多支枪,能够武装这一方设在基层的治安力量。① 他的乡村治理之所以成功,一定程度上是他在"割据"大局中有自己的武装。同理,被泰戈尔称颂的、民国乡建中被立为"村民自治"模范省的山西,也在一定程度上得益于在阎锡山武装力量维护"割据"条件下推进村治改良。

晏阳初、梁漱溟是乡村建设两大重要人物,他们在过去的经验教训并没有被后来者认真总结过,我们今天应如何看待前辈的工作,如何一代接一代继续我们的努力。如果在这些历史问题上没有梳理,只是简单照搬了别人的研究,那么我们想要客观地看待整个乡村建设的演化过程就会有障碍,得去除这些障碍才有真研究。

今天年轻人逐渐地学有所成,尽管他们在现有的教育体制内很难生存,但他们仍然坚持着,其实我自己在体制内也是个另类,只不过历经各种各样的困难总算是坚持住了一定要实践出真知的初衷。我认为,乡建人应该坚持的是陈云同志强调的"不唯上,不唯书,只唯实",能做到这样的人少,但我们还是应该将这种态度坚持下去。

五、告别西方中心主义思想,应对全球化解体大危机

我有意识地选了几个不同方面跟大家交流,其实可选择的领域还有很多。主要是从所谓第三世界解殖运动也是去西方中心主义的思想体系的建构过程来警醒大家打碎殖民主义的革命尚未成功,应该认识到即使获取独立主权的南方国家也大多没有完成思想和文化上的解殖

---

① 参见察应坤:《二十世纪二三十年代"村治派"对农村危机的思考与拯救》,博士学位论文,山东大学儒学高等研究院,2020年,第149页。

任务。我们在今天所谓全球化解体的大危机面前出现的各种各样的出让民族国家利益的反应也恰恰说明，我们距离完成在思想领域中的解殖任务，尚且有相当大的空间。

当然，客观上今天出现的舆论乱象，本身也是因为我们长期在这方面的工作欠缺，造成我们今天面对着所谓"新冷战"几乎没有软实力，更无以抵抗；面对全球化解体过程中必然发生的危机趋势，对"新冷战"中必然发生热战这种危险的局面，南方国家的思想准备、理论准备、工作准备等各方面都有很大的欠缺，因此我们团队的研究及话语构建工作，需要更多地从客观实践、从国别比较研究来升华我们的认识；当然也包括从历史的研究中来深化我们的认识。

我们针对的就是全球化解体势必连带爆发的大危机，中国身处其中难逃大危机的成本转嫁。在应对这个挑战的过程中，只有坚持底线思维和极限思维，不断理清自己的思想，才能采取相对比较积极的行动来直面这种挑战。

知识生产的历史观与现实困境

张艺英

我非常幸运跟温老师读过书,但这种幸运并不是因为自己多么优秀,而是因为我在大学期间参与了"三农"类社会实践,温老师愿意招收这些有实践感的学生。同时,我也感到非常惭愧,跟在温老师身边学习这么多年,因为自己不够努力,知识面和视野不够宽广、实践经验又不够丰富,导致一直学得不够好。但即使仅仅学到了皮毛,温老师的身体力行、言传身教也已经足够使我终身受益。我主要从三个方面来谈自己的学习感受:

第一个收获是学习做一个"大写"的人。其实我一直觉得做好研究的前提还是要先做好人。温老师这些年一直身体力行,忧国忧民,"不唯上,不唯书,只唯实",就像他刚才所说的,一直到70多岁了,仍然奔波在实地调研的最前线,不肯停下来休息一下,希望能为国家和地方发展出谋划策,为民生呐喊。这些年,我自己从温老师身上学到做人的三个方面:**第一是做一个有良知的人**,因为温老师提出过"三农"问题,为农民发声;提出过区域差别问题,为中西部贫困地区发声;提出过全球化竞争的逻辑,为发展中国家备受西方压迫发声。**第二是做一个有思考能力(反思批判精神)的人**,这些年温老师一直嘱咐我们不要人云亦云，不要跟随网络热点去愤怒和情绪化，防止被"带节奏"，尤其要警惕很多西方汉学研究背后的理论假设，他们经常把西方从"传统"到"现代"的演化道路视为"普世道路"，而这条看似普世的道路却让绝大多数后发现代化国家陷入长久的混乱、战争与饥饿，承担着巨大的发展代价，这条只有依靠殖民他者才能维持的道路也许根本不可行。**第三是做一个坚持人民立场而非精英立场的人**，温老师一直教育我们要克服知识分子身上的许多毛病，尤其是自我优越感，坚持和人民群众站在一起，坚持批判不合理的社会政策，构建一个大众自觉参与的社会互助网络。

第二个收获是学会重新认识自己、认识社会和认识世界，以及反思自己所处的教育体系。我曾经为自己出生于农村而自卑，但温老师的研究却告诉我们，亿万农民数次挽救了新中国的危机，农民对整个国家做出过巨大贡献；我曾经以为优胜劣汰、谁强谁有理是正常的，温老师却告诉我们强者不一定有理，我们知识生产要立足多数人民的可持续生存需求，而不是为了满足少数精英的利益，也不是为了学院派的绣花学术；我曾经认为身边深陷各种生存困境的朋友亲戚是自己不努力所造成的，温老师的研究却告诉我们，这背后有社会结构的问题，尤其是在金融资本下的房地产快速发展阶段，我们看到身边的人都深陷债务，生命一点点被债务蚕食。如果我们认真观察，会发现身边很多不合理的社会现象，但我们从来没有问为什么。即使问了，依靠我们自己的知识体系也回答不了。

为什么我们回答不了？可能需要从我们从小到大所受到的教育体系中寻找答案。晚清以来，我们的教育体系其实就在不断地改革，从耕读传家的私塾到新学，逐渐开始学习西方的技术类学科，也包括社会学、法学、经济学，以至于最终完全放弃和本地社会结合的所有本土知识。项飙说,有过"上山下乡"经历的知青群体,塑造了中国学界20世纪80年代之后的精神特征,正如温老师一样,他们有过丰富的生命经验,带着强烈的使命感进行了开拓性和发散式的探索,但对于1980年之后出生的学者来说,不再具有丰富的人生体验,只能回归学院,追求学术的专业性和独立性,丧失了本土经验的教育体系,自然难以面对现实问题。对于我自己来说,从小学读到博士,最终发现连自己的家乡都不了解。这次回老家,我和在当地做集体经济发展项目的朋友聊天,发现他比我更了解家乡。我们不具有基本的本土性知识,因为考核体系的问题,现在在高校的体制中想去追求这样的"经验"并不容易。就以上半年为例,我一大半时间花在申请项目上,没有项目评不了职称,没有职称做不了事,但是我忙活了几个月,最终学校也没报送出去,我们终日为了学术而学术,为了职称而学术,却不像温老师这一代人,是为解决社会问题而做研究。最近我们在武隆做调研,发现地方政府的需求我们很难满足。整天忙于发论文申请项目的我们怎么能满足现实需求?怎么教育好我们的学生?

第三个收获就是我们自己要做什么样的研究。 我们究竟能不能突破这种教育和学术体制的约束,去研究一些有价值和有意义的问题?温老师这些年指导我们去做百年乡村建设史、百年人民经济史的研究,其实就是为了突破一般的说法,看看这里面真正形成的经验和教训是什么。以"晏阳初乡村建设学院"为例,虽然温老师当年使用了这个名称,但其实乡建团队是在批判中继承晏阳初的乡村建设精神。我们继承了其服务农民、上下求索的精神,但温老师一直提醒我们要注意晏阳初在民国时期所做的乡村建设试验中的教训,晏阳初从小就在教会学校受教育,后又在中国香港、美国等地求学,接受的教育一直非常西方化,在这种思想指导下,他最初希望能教育中国农民建成西方式的"公民社会",后来发现这个方法行不通,就又希望建成西方式的"民主政治",而屡次遭遇民众的反抗。接受美援开展乡村建设的晏阳初事实上遭受了很多挫折,这些挫折有很大一部分来源于援助国的思想殖民。但好在他不断调整自己对于中国社会的认识,这跟温老师20世纪80年代末在农村改革试验区时期拿世界银行的钱在中国开展项目的经历很相似。仅从这么一个小问题就能窥见中国的百年乡村建设史还有与之相关的百年人民经济史发展一直处在一个激烈的斗争之中,这里面有外国力量与国内买办力量的共同参与,我们需要仔细梳理历史,才能认清复杂的现实世界。

正因为从晚清、民国以来,我们就深受很多外部力量和外部知识体系的影响,所以要全面清理这些知识体系并不容易,但目前的复杂局势也许到了需要突破西方所给定的假设和结论的时候了,需要更多的年轻人加入一起研究探讨。所以,期待大家和我们一起读书学习,一起做有良知、有思考能力、有行动能力和认识现实能力的人。

生命总会自己寻找到出路

何志雄

长期以来，我都习惯于用西方的思想和理论框架来认识现实并指导自己的实践，也尝试用其来理解我们的历史，但遭遇了很多失败，也带来了很多困惑。当然，我不是要以此来全面否定西方的思想和理论资源，那些失败和困惑主要还是我过去的经历中缺乏足够的本土经验和阅历。所以，我想强调的是，本土的经验和对基本环境条件的认识非常重要，仅仅只是掌握一般规律和概念逻辑还远远不够。**俗话说，读万卷书，行万里路**。接下来我想从更大的空间尺度和时间尺度来梳理一下我对一些基本经验和事实的认识，以及尝试对一些理论概念进行澄清和重新解释，希望有助于大家在历史和经验的基础上再来考虑所谓理论工具的作用。

首先我们应该从一个更大的空间尺度来认识中国14亿多人口的底层地理逻辑，或许这个范围应该更广大一点，还可以包括和中华农耕文明，或受其影响的整个东亚、东南亚和南亚地区，这里自古以来就是地球上人口最多、密度最大的地方。从2021年的人口数量来看，这块面积不大的陆地占世界陆地总面积不到14%，但生存着42亿人口，几乎占世界总人口的60%。这说明这里特殊的地理气候条件在古代生产力还比较低下的时候就适合承载更多的人口生存，世界上没有其他的地方能够养活这么多人。因为这个地方的天时、地利就是我们常说的亚洲季风区。

所谓亚洲季风区的特殊性就在于，我们可以发现在地球北纬30度附近，大部分的陆地都呈现出干旱的黄色地貌，这样的景象与地球的行星风带紧密相关，后者导致了南北半球两个干旱副热带高气压带的形成。在北半球副热带高气压带的控制下，从北非到西亚形成了东西跨度七千多千米的地表最大干旱区，这一跨度相当于从日本最北端到印度最南端的距离，但后者与前者完全不同。这片从东亚延伸到南亚的弧形地带，虽然也被北纬30度拦腰穿过，却是一片植被茂盛、降水丰富的绿色地带。这就是亚洲季风带的作用，它扭转了行星风带的力量，而这个加强的季风从何而来？这又跟这块弧形地带所围绕着的地球上最凸出的一块高地有关，那就是青藏高原，这里有世界海拔最高的喜马拉雅山脉。因为在这块最大最高的高原，地表吸收了更多的太阳能量，大气受热上升，从而导致地面气压不断降低，抽吸外围的气流进行补给，于是一座规模巨大的"高原抽风机"就形成了，它的力量之强大足以增强来自印度洋的南亚季风和来自太平洋的东亚季风，减弱了导致干旱的行星风带的作用，最终带来丰沛的降雨。并且，这块高原还诞生了低纬度地带规模最大的雪山和冰川，这些冰川融水形成了大量的湖泊，以及大量的降水汇成的江河，因此被称为"亚洲水塔"，成为亚洲诸多文明诞生的源泉。

正是因为这个特殊的亚洲季风区，特别是东亚季风区的中国大地，再加上强劲的西风携带的尘土向东推进，经过漫长的岁月形成了中国西北部的黄土高原，至此，中国的基本地貌、气候、水系就形成了，三级地理台阶的格局也形成了，由此而出现的具有多样性的生物地理环境，只待这片土地上的人类开启独一无二的创造。如此丰富多样的地理气候条件，在一万多年前就诞生了人类最有潜力的农业创造。因为持续的农业实践越来越复杂和先进，这里的人们不得不探索掌握对农业有着决定性影响的农时和节气，于是就有了对天文星象的持续观察和记录，由此也导致了天文历法的诞生和不断改进。中国也是唯一有着几千年天文星象记录的国家，观测星象就是为了确定农时历法。更精确的农时历法，也意味着更有保障的农业生产和更高的产量，就能够养活更多的人口。根据现在的一些考古和现代虚拟天文软件观测相结合的研究，中华大地上的人类在一万多年前就有观测火星的记录了。所以说，我们的传统农耕文化是基于上万年的技术探索和经验积累，才能持续地养活远超地球其他地区的人口规模的。

尽管在两河流域，在古埃及和古玛雅文明等地区，也有着独立的农业诞生，其也伴随着对气候和星象的观测来定位农时，但这些文明所依托的地理区域相对狭小和单一，出于气候突变或游牧民族的入侵等多种原因，没能持久地维持下来，所以这些地区也没能像古代中国那样积累丰富的农耕技术和先进的天文历法科技，进而产生复杂的农耕文明和制度文化。至于那些不从事农业的游牧民族，就根本没有这方面的探索和积累了，如古希腊、古罗马文明，其文明诞生地主粮生产不足，以采集狩猎或商业殖民为主要生存模式，形成的城邦文明人口规模很有限，因而更加直接地依赖于作为生活资料的自然资源，由此就有很大的殖民掠夺的动力和需求，而不是基于农业生产和天文历法技术的创造。如果再结合古代东西方文明都有过的大洪水的传说和记录，进行对比分析就更有意思了。在西方更多的是关于躲避洪水的传说，而在中国则主要是关于治水的传说或记录。从事农业就会定居，越是复杂先进的农业就越要求治理水患而不是逃避到另一个地方。治水总免不了要组织大量的劳动力人口进行巨量的土方工程和水利建设，所以说可能中国自古以来就有"基建狂魔"的内在基因。先进农耕技术对农时天文历法的统一、治水对大量跨部落劳动力的组织等要求，可能是中国古代国家形成的内在原因，当然，防止北方游牧民族的入侵也会使形成国家的需求加强。这可能与西方古代国家的形成原因不一样，因为地理气候决定的早期阶段生存方式不一样，古代西方并不像中国那样将农耕生产方式和农时历法等制度对外传播和扩张，而是发动对外殖民战争导致产生大量的奴隶阶级，为了统治远超本部落人口的奴隶，就产生了西方的国家概念，这与恩格斯所说的西方国家是由于阶级矛盾产生的一致。

以上，我们从更大的空间尺度和时间尺度来认识了中国的历史经验和环境条件。所谓的西方现代文明，本质上就是工业化基础上的资本主义文明，在表现形式上也体现为城市文明，而不是乡村文明。因为资本主义必然要求资本的垄断和集中，而作为资本的生产资料自然也会被集中，无论是资本要素还是劳动力要素也就都会被集中于大城市，分散就无法满足资本所要求的生产效率和利润率。于是，当东亚、东南亚、南亚这片区域的各个国家开始学习西方文明，甚至主动纳入西方金融资本主导的全球化体系，遵循新自由主义的一套文化价值观和制度体系来削足适履地自我改造、自我摧毁的时候，无论怎样努力，最终的结果不过就是搞出了几个极少数畸形的超大现代化城市，比如东京、首尔、孟买，等等，都是大工业带、大城市带、大金融业的空间叠加。在这个地区42亿人口中的少部分人口过上了所谓的现代化生活，其他绝大部分人口都成为现代化的弃民和代价。

这个只有两三百年历史的、人口规模极小的西方现代文明，相对于持续万年的、养活极大规模人口的东亚农耕文明，为何就一定具有

"普世价值",是全人类必须追求的生活方式呢?这个逻辑难道不值得反思吗?现在仍然有很多人,坚持认为要把几亿的农村人口都城市化才算是社会的进步和民族的现代化。在我看来,其实这是对西方一些思想理论教条化理解和照搬的结果。按照目前那些大城市的生活方式,不可能把这个拥有几十亿人口的弧形地带都城市化,因为没有那么多的资源和能源,生态环境也无法承受。我认为,现代西方文明有价值的地方在于,它确实是使古代一些已经不适合的保守的文化和制度解体,让人们得以有追求自由的物质文明基础,比如工业化和现代商业。**但这并不意味着现代化和追求自由的唯一指标就是城市化,在客观上看应该体现为劳动力的市场化,这也是现代化的第一个重要指标,劳动力的市场化并不能等同于劳动力的城市化。**我们知道,传统的东亚小农经济,甚至应该包括东南亚和南亚,都是半自给自足的自然经济,其以家庭为单位的生产生活方式离不开村社共同体,其劳动力因为严重过剩也就必然过密化地投入有限的耕地上,彼时其农业的商品化率也是很低的,所以说,在工业化到来之前,这里的劳动力是受到土地束缚的,也受到村社社区的束缚,也就无法市场化、自由化。这可以说是阻碍了人的自由全面地发展,特别是当人类社会进入工业化时代以来。

中国的工业化基本上完成了,尽管我们还有近一半的人口是农村人口,并没有完成城市化,但很显然中国现在的农业已经在一定程度上资本化了,农业劳动力也已经按照二产定价了,劳动力再生产成本也已经由全国市场决定,不再仅仅取决于村社内部的自给自足。现在有足够的研究数据可以说明这个变化,大致是从 2003 年开始发生的,农业劳动力逐步地完成了市场化定价,尽管他们可能并不生活在城市。因为中国特色的国家体制,对农村进行了大量的基础设施建设投资,这是西方资本主义体制所做不到的,这不仅给农村劳动力带来大量的在地化就业机会,促使农村劳动力进一步市场化,也大大地改善了农村的生活条件,使其基本上和城镇没有多大的差别了。所以从这个角度来说,其符合马克思的理论,并不是只有劳动力都到大城市打工才叫现代化,其实劳动力本身被市场化就意味着现代化了。城市化只不过是一种表面形式而已,它不代表真正的西方现代思想价值的内涵。再者,事实上,从物理极限来看,不可能将几十亿人口都塞到城市里。

现代化的第二个重要指标,我认为是生产资料的社会化程度。如果马克思所说的在较高发展阶段的人类文明里,生产资料具有更大的决定性意义,从而生产资料的社会化则代表了现代文明的更加合理的价值正义,也就是说更加趋向社会主义,那么我认为这正是中国的优势所在,因为生产资料不仅仅是指城市里的那些工厂设备和机器,它们在当前及未来所占的比例将越来越小,更加重要的生产资料将是基础设施,特别是新基建,在中国恰恰这部分生产资料是以国有资本所有为主的,私人资本所有只占一部分。非私人资本所有就意味着它的社会化更进了一步。因此,我们再来看中国当前正在推动的生态文明转型,就具有非常重大的现实意义,也具有历史意义。因为从中国古代就领先的农耕文明和天文历法,以及治水基建,很早就开始波及和影响周边的各个民族,在古代就有所谓的"万邦来朝"。现在作为"基建狂魔"的中国,其实是在不知不觉中创造了不同于西方城市化的另一种现代化模式,未来是互联网、物联网、人工智能的新时代。中国特殊的农业多样性的生态文明,需要改造的是原生态农业文明叠加新基建,这样既能养活更多人口又能实现现代化,更加不必搞大城市、大工业、大金融三叠加的现代资本主义的西方文明现代化。中国利用国有资本投资,形成了超过1600万亿元的国家资产,其中很多都投资到了农村,未来还会继续投资,将极大地缩小区域差距和城乡差距。我想中国的这一模式对整个围绕"亚洲水塔"的 42 亿人口未来的现代化,有极大的参考借鉴意义。

其实古代西方文明,从古希腊、古罗马开始就是以城市为主要定居点的,中国及东亚、南亚、东南亚这里都是以乡村作为早期人类的主要定居点。这个观点是马克思在《资本主义生产以前的各种形式》中明确分析得出的,收录在《政治经济学批判》(1857—1858 年草稿)这部手稿中,只是大多数研究者并未认真对待这部手稿。比如马克思说,"西方古代的历史就是城市的历史,住宅集中于城市,是这种军事组织的基础。他们的剩余时间正是属于公社,属于战争事业等。公社成员不是通过创造财富的劳动协作来再生产自己,而是通过为了在对内对外方面保持联合体这种共同利益……"。我前面提到过,他们不像中国古代的农耕生产是与乡村土地合二为一的,他们集中于城市,只是把乡村当作附属领地,他们没有真正的农业,只是采集狩猎和放牧的结合。

最后,我还想说的是,中国自古代以来就在不断地吸收借鉴其他文明的经验和价值。比如魏晋南北朝时期是中国最大的动乱时期之一,这一时期不仅吸收融合北方的游牧民族,还吸收借鉴来自南亚的佛教文化。可以说,至此围绕"亚洲水塔"周边的各民族各文明都在中国得以融合发展。至于西方文明,只是到了一百多年前才开始学习,并且这一文明有工业化带来的更高生产力作为基础,中国传统文化在吸收借鉴的过程中就必须脱胎换骨。虽然过程可能极其艰难,危机四伏,但我相信,代表多数的生命总会自己找到出路。

构建自主知识的一般路径

杨　帅

今天的主题是做好中国研究，构建文化软实力。我从学术研究的一般要求，结合我在人民大学跟随温老师读硕士、博士以来的学习、研究经历，做一点分享。我想表达的可以简单概括为五句话：于整全处着眼、于批判处着手、于实践处着力、于自觉处着心、于初学处着用。

第一句，于整全处着眼。这是说我们现在对于学术创新几乎有一个共识，就是要打破原有的学科藩篱，形成整全的学科视野。这就要求我们有整全的对世界的认识、整全的对历史的认识、整全的对人类文明演进的认识。

第二句，于批判处着手。批判是学术的生命力所在，因为任何理论都有历史性，任何学术创新都是对前一历史中形成的认识的扬弃。马克思皇皇巨著《资本论》的副标题就是"政治经济学批判"。温老师前面所介绍的理论创新的出发点就是对西方主导的三次全球化，及其派生形成的西方中心主义的理论体系加以批判，对发展主义带来的社会问题、生态环境问题加以批判，对经济依附构成的南北发展差异进行批判，乃至对在此基础上形成的文化殖民、意识形态控制加以批判。不破不立，只有对西方中心主义的理论体系有更彻底的批判扬弃，才能更好地形成真正意义的中国话语。

第三句，于实践处着力。知识来源于人民群众创造历史的过程中。比如通过对我们大一统的民族国家的长期历史实践研究，我们认识到东方群体理性与西方个体理性的差别，进而有了基层社会在群体理性作用下，可以将外部性风险内部化处置的机制。比如从基层宗族村落到国家，都有内部积贮以防天灾兵祸的做法。比如，温老师带领团队通过对中国国家工业化实践的解读，提出了十次危机的分析框架、"三农"在国家工业化中对危机"软着陆"的作用，及至随着国家融入全球化愈深，应对外部输入危机时的逆周期调节认识；通过对中国改革开放以来地方工业化实践的解读，认识到村社理性在苏南早期乡镇工业起步中的作用。通过珠三角发展转型的实践，认识到微笑曲线所揭示的产业价值链全球不均衡分布，大进大出利润流出的产业分工对承接产业的发展中国家升级形成的制约，认识到浙南块状经济为浙北吸收后，形成的在地化产业结构及建之于其上的对多元社会结构的治理创新，杭州提出的"杭州我们"，这种小我到我们概念的转变，其实就蕴含着对传统村社共同体治理经验的延续，以及对群体文化的发扬。

通过乡村建设实践，形成了发展中国家应对全球化中西方的利润挤压引起的一系列问题，可以探索去激进化的发展，可以形成本地化的多样发展路径。在这个领域，提出了组织租等理论讨论。再到当前，生态文明建设的实践中，提出了空间生态要素再定价的理论概念，和构建生态资源价值化三级市场的理论构想。这些学术概念和理论的新认识，都是来源于实践。

第四句，于自觉处着心。就是要有知识生产要为人民群众美好生活服务的自觉。在当前以民族国家为单位的全球化竞争格局下，特别是西方对中国和平崛起进行战略遏制的背景下，尤其要有维护国家利益的自觉。对内则要有关注社会底层、关注弱势群体，关注社会公平正义的自觉。这也是中国知识分子的优良传统。

第五句，于初学处着用。当前，正经历百年未有之大变局，网络上有个流行词叫乌卡时代（VUCA），是 Volatility, Uncertainly, Complexity, Ambiguity 的缩写。四个单词分别是易变、不确定、复杂和模糊的意思，是指我们目前正处于一个快速变化并面临诸多不确定性的世界里。在这个世界，知识生产越来越快，但当我们面对问题时又常常感到知识不够用，信息爆炸、知识泛滥使得我们有时会无所适从。怎么办？就需要我们于初学处着用。什么意思呢？习近平总书记说"不忘初心，方得始终"，莎士比亚说"凡是过往，皆为序章"，中国的禅宗讲初学者亦有大智慧。乔布斯就推崇这一认识，他认为"拥有初学者的心态是件了不起的事"。我们有时兜兜转转回到原点，却在刹那间取得重大突破，不乏其例。换句话来说，初学者往往更少被过往经验束缚，更少被过时的知识遮蔽，也更容易转识成智，做出调整。所以，于初学处着用的意思，正在于此。于初学处着用，当说完这句话，也就意味着我也是一个初学者。在温老师面前，在温老师团队各位老师的理论创新面前，我也是初学者。既是初学者，以上所说，是对是错，是好是坏，是恰当或不恰当，唯有恭请大家指正。